KB104973

신고은

대학교에서 사회심리학을 공부했다. 대학 강의와 대중 강연을
하며 일상 속 소소한 이야기를 통해 심리학의 쓸모를 전하고 있다.
심리학을 공부하며 단단한 마음을 얻었고 다른 사람과도 이 마음을
나누고 싶다는 꿈을 꾸며 다양한 채널에서 사람들을 만난다.
『내 마음 공부하는 법』, 『인간의 마음을 이해하는 수업』, 『이토록
치밀하고 친밀한 적에 대하여』를 썼다.

하루 심리 공부

하루 심리 공부

마음의 작동 원리를 이해하는
기초 지식 365

신고은 지음

들어가는 말

42도가 넘는 고열로 나흘 밤낮을 고생한 적이 있다. 증상은 열과 몸살. 시국이 시국이었던지라 당연히 코로나19를 의심했다. 코로나19 검사는 언제나 고생스럽기에 내시경을 사용하여 덜 아프게 검사해 주는 이비인후과를 찾았다. 아쉽게도(?) 검사 결과는 음성이었다. 혹시나 하고 의심되는 독감 검사를 해 보았지만 역시나 음성이었다. 의사는 발병 직후에는 결과가 제대로 나오지 않는다며 내일 다시 오라고 했다. 그렇게 이틀, 사흘 연이어 이비인후과를 방문했으나 검사 결과는 여전히 음성이었다. 하지만 몸은 좀체 나아질 기미를 보이지 않았다.

"내과에 가 보는 건 어때?" 남편의 말에 "거기는 코를 아프게 쑤신단 말이야." 볼멘소리로 징얼거리며 내과로 향했다. 내과 의사는 대뜸 내 등을 한 대 퍽 쳤다. 극심한 고통을 호소하며 좀비처럼 허리를 뒤로 꺾고 마는 나를 보고 단박에 '신우신염'이라는 진단을 내렸다. 고열과 신장의 관계, 상상도 하지 못했다.

엉뚱한 병원만 오가다 시간을 지체한 나는 그제야 대학병원에 실려 갔다. 그리고 신우신염에 수신증과 신장 결석까지 잇달아 진단을 받았다. 상태는 예상보다 심각했다. 생전 처음으로 등에 구멍을 뚫어 소변 줄을 꽂았고, 입원해서 염증을 잡는 치료를 받았고, 수술까지 했다. 그렇게 한 달이라는 시간을 꼬박 병원에서 지냈다. 조금 더 빨리 내과에 가 보기만 했어도 이렇게 병을 키우진 않았을 것이다.

심리학 책을 소개하면서 무슨 말을 하고 있느냐고 생각

할지 모르겠다. 심리학에서는 마음을 몸에 비유하는 경우가 많다. 몸에서 일어나는 일과 비슷한 일이 마음에서도 일어나기 때문이다. 내가 몸에 대한 다양한 지식이 있었다면 지체하지 않고 내과로 향했을 것이다. 열이 나는 이유가 독감이나 코로나19 때문만이 아니라 신장 때문일 수 있다는 가능성을 염두에 두었다면 말이다. 그러나 내가 아는 지식이라곤 '열이 나면 감기다'가 전부였기 때문에 몸이 상할 때까지 방치할 수밖에 없었다.

　　눈에 보이는 몸도 이 지경인데, 마음에서 일어나는 일은 어떨까? 우리는 마음에 문제가 생겼다 싶으면 상담 센터를 찾거나 정신과 진료를 받고 전문가에게 조언을 얻는다. 그러나 마음에 대한 지식이 없다면, 그래서 자신의 마음 상태를 정확히 알지 못한다면 엉뚱한 곳에 가서 엉뚱한 고통을 호소하고 엉뚱한 도움만 받게 된다. 그래 놓고 효과가 없다고 불평을 하거나 시간만 지체하다 결국 일을 더 키우고 만다. 잠시 멈춰서서 내가 지금 왜 이렇게 느끼고, 왜 이렇게 생각하고, 왜 이렇게 행동하는지를 생각해 보는 문제 의식. 마음에 대한 지식은 이 문제 의식을 갖도록 돕는다. 만약 마음에 대한 다양한 지식을 갖고 있다면 적시 적소에 필요한 도움을 요청할 수 있을 것이다. 때로는 '이 정도는 내가 해결할 수 있지' 하며 문제에 맞서 볼 수도 있을 테고, 채워야 할 무언가가 있다면 딱 필요한 만큼 채울 수 있도록 탐색할 수도 있을 것이다. 그래서 마음을 공부하려면 (당신이 심리학 분야의 논문을 쓸 것이 아니라면) 얕더라도 넓게 공부하는 것이 좋다. 그렇게 공부하는 데는 날마다 용어를 하나씩 접하고 익히는 습관을 들이는 것이 가장 효율적이리라. 이런 생각으로 이 책을 썼다.

수박은 겉만 핥아서는 아무런 맛도 음미할 수 없다. 그러나 심리학은 겉핥기만으로도 많은 도움을 얻을 수 있다. 물론 이 책이 겉핥기식으로 가볍게 쓰였다는 것은 아니지만, 겉껍질을 까지 않아도 맛볼 수 있을 만큼 편하게 읽힐 것만은 자부한다. 심리학은 어렵다는 편견에 맞서 싸우며 살아온 내가 다양한 학문적 개념을 일상에 녹여 낼 수 있도록 흥미로운 사례로 풀어냈으니 편안한 마음으로 읽어도 좋다.

『하루 심리 공부』는 1년 365일에 윤달의 2월 29일까지, 366일 동안 매일 짧은 글 한 편으로 366가지 심리 개념(혹은 이론) 공부를 돕는 책이다. 구체적으로는 성격, 동기, 사회, 이상, 임상, 상담, 학습, 발달, 동기, 인지, 생물, 긍정 심리학 등의 내용을 담았는데, 쉽게 말해 심리학이란 심리학은 다 다룬다는 뜻이다. 아직 심리학이 과학이 아니었던 시절의 고전 이론부터 실험으로 결과를 입증하는 현대 심리학까지 포괄적으로 말이다. 그러다 보니 어떤 내용은 당장에 당신에게 필요하지 않은 내용일지도, 전혀 궁금하지 않은 내용일지도 모른다. 그러나 내가 수신증으로 병원에 입원하게 될 줄 누가 알았을까? 이처럼 당신에게도 당장에 필요하지 않은 어떤 마음의 지식이 필요한 그날이 올 수 있다. 물론 당장에 고민하고 있던 문제를 해결하는 물꼬를 틔워 줄 수도 있다. 당신의 머릿속 한구석에 저장된 심리학 지식은 당신이 문제를 현명하게 해결하도록 도울 것이다. 나아가 더 나은 사람으로 성장하려는 길목에 놓인 이정표가 되어 며칠을 돌아가지 않고도 곧바로 바른길로 나아갈 수 있도록 도울 것이다.

매일 무슨 반찬을 먹었는지 기억하지 못해도 영양소는 우리 몸에 쌓여 우리를 살게 한다. 마찬가지로 매일 한 페이지

씩 이 책을 먹었…… 아니, 읽었다 해서 이 모든 지식이 기억에 남지는 않겠지만, 당신의 마음에 기록된 한 줄의 지식 영양소가 쌓여 당신의 마음을 살게 할 것이다. 내년 이맘때면 오늘보다 찬란한 내일을 맞이할 당신을 기대하는 마음으로 페이지를 넘겨 주시길.

月

심리학

　　　　　　괴짜 교수님이 학생들을 하나하나 불러 세워 이렇게 물은 적이 있다. "심리학이 뭐냐?" 얼핏 보면『죽은 시인의 사회』속 한 장면 같지만 우리는 수업이 끝나기만을 고대했다. 정답이 나와야 멈추겠다는 교수님과 정답을 모르는 학생의 대립은 한 시간 동안 이어졌기 때문이다. 4학년이 되도록 우리는 심리학이 무엇이라고 답하지 못했다.

　　심리학 하면 뺄 수 없는 세 가지가 있다. 사람, 마음 그리고 과학이다. 심리학은 '사람'을 탐구하는 학문이다. 물론 고전 연구에서는 스키너 상자의 쥐, 파블로프의 개처럼 동물이 등장하기도 한다. 하지만 사람을 이해하기 위한 수단으로 동물들이 선택되었을 뿐 우리 궁금증은 사람에 닿아 있다.

　　다음으로 심리학에서는 '마음'을 연구한다. 한데 보이지 않는 마음을 어떻게 연구할까? 당신은 상대의 사랑을 어떻게 검증하는가? 전화를 자주 하는지, 다정한 표정을 짓는지…… 아마 행동을 보고 마음을 추론할 것이다. 심리학자도 마찬가지다. 관찰할 수 있는 행동으로 관찰할 수 없는 마음을 연구한다. 물론 조금 더 객관적인 방법으로 말이다.

　　마지막으로 심리학은 침대, 아니 '과학'이다. 과학이라는 것은 가설을 검증할 수 있다는 뜻이다. 심리철학의 시대에는 검증 불가능한 이론을 다루었다. 물론 이 책에서는 그때의 이야기도 다룰 것이다. 그러나 현대 심리학은 인과 관계를 검증한다. 유사 과학이라는 말은 넣어 두자. 심리학은 과학이다.

성격

성격personality은 가면이라는 뜻의 라틴어 페르소나persona에서 유래한 말로, 가면처럼 겉으로 드러난 모습을 통해 개인의 특성, 행동 방식, 신념 등을 미루어 짐작한다는 의미로 쓰이기 시작했다. 오랜 연구가 이루어졌으나, 성격은 그 흔한 정의조차 정립되지 않았다. 그만큼 복잡하고 추상적인 개념이지만, 그럼에도 다양한 정의에 공통적으로 함축된 의미가 몇 가지 있다.

성격의 가장 큰 특징은 행동으로 판단 가능하다는 것이다. 아무리 가식을 떨어도 오랜 기간 함께하다 보면 본성이 드러난다. 따라서 성격은 행동을 바탕으로 판단할 수 있다.

그렇다면 성격은 어떻게 만들어질까? 자신이 처한 환경에 적응하면서 형성된다. 저마다 다른 삶의 과정에서 벌어지는 생존을 위한 투쟁과 노력이 현재의 자신을 만든다.

사람들의 성격은 대개 외향적이거나 내향적이고, 우호적이거나 배타적이다. 다시 말해, 성격은 보편적인 공통성을 보인다. 그러나 그 안에서 저마다 다른 정도로 나타난다. 외향적인 사람이라고 해서 모두 다 같은 수준의 에너지를 뿜어내지도, 같은 행동을 하지도 않는 것처럼 말이다.

성격은 바꿀 수 있을까? 많은 학자들의 정의에 따르면 성격은 비교적 일관적이다. 웬만해서는 안 바뀐다는 것이다. 그러나 '비교적'이라는 말이 빠져나갈 구멍을 만든다. 환경이 달라지고, 자기지각▼이 생기고, 노력이 더해지면 사람은 충분히 변할 수 있다.

▼ 5월 12일 자기지각 참고.

자기자비

나는 노트 필기를 하다 한 글자라도 틀리면 새로운 공책에 처음부터 다시 필기할 정도로 쓸데없이 완벽주의적인 사람이었다. 그러니 당연히 스스로에게 엄격했다. 인생에 오점 하나라도 남기면 큰일 나는 줄 알았는데, 오점을 안 남길 수가 없으니 늘 좌절하고 불행했다. 그때의 나처럼 자신을 용납하지 못한 경험은 누구나 있을 것이다.

반대로 고통에 처하고 실패를 마주했을 때, 온화한 태도로 자신을 돌보는 사람이 있다. 이것이 스스로에게 자비롭고 친절한 '자기자비'다. 자기자비를 하는 사람은 결과를 회피하지 않고, 상처를 치유하기 위해 스스로에게 위로자가 되어 준다.

자기자비는 타고나는 성향이지만, 노력으로 향상시킬 수 있다. 나를 너그럽게 여겨 주고, 스스로에게 친절해야 한다. 또 나의 마음을 판단하지 않고 있는 그대로 관찰해야 한다. 그리고 나의 부족함이 보편적인 현상임을 인정해야 한다. 완벽한 사람은 어디에도 없기 때문이다.

언제부턴가 '그럴 수도 있지'라는 말을 달고 산다. 책이 잘 안 팔릴 때, 피곤해서 하루 종일 아무것도 안 했을 때, 늦잠 잤을 때, 살이 많이 쪘을 때, 강의를 기대만큼 잘해 내지 못했을 때, 나를 미워하는 대신 "그럴 수도 있지"라고 말해 준다. "사람이 어떻게 항상 잘해"라는 말도 덧붙인다. 그러고 나면 다음에는 잘할 수 있겠다는 희망이 기적처럼 채워진다.

성격 5요인 이론: 외향성

우리는 자신의 성격을 잘 파악하고 있을까? 자신의 성격을 알기 위해서는 먼저 성격이 어떻게 구성되어 있는지를 알아야 할 테다.

첫 번째 요인은 '외향성'이다. 아직도 외향성을 좋은 성격, 내향성을 나쁜 성격으로 인식하고 있다면 반성하자. 외향과 내향은 에너지의 방향을 뜻할 뿐 옳고 그름을 의미하지 않는다.

외향성이 높은 사람은 외부로 발산하는 활동에 편안함을 느끼고 활동적인 행위를 통해 에너지를 충전한다. 그럼 외향성이 낮은 사람은 어떨까? 그들은 자기 내부를 향해 적극적인 사람이다. 자신을 탐구하고, 어제 일을 돌아보고, 글을 쓰고, 되뇌고, 사유하는 것을 좋아한다. 그들 안에서 일어나는 역동 또한 외향적인 사람들만큼 엄청나다.

올라가는 무빙워크에서 카트를 아래로 민다면 쓸데없이 에너지를 낭비하게 되고 시간도 오래 걸린다. 그러나 올라가는 방향에서 카트를 위로 민다면? 훨씬 더 쉽고 빠르게 목적지에 도달한다. 성격도 마찬가지다. 성격을 고치고 싶다는 이유로 에너지의 방향을 바꾸다가는 쓸데없이 시간만 낭비하고 기진맥진해진다. 저마다의 방향을 잘 잡아 마음 편히 사는 것이 훨씬 이득이다. 좋은 사람이 된다는 것은 나다운 내가 된다는 것이다.

성격 5요인 이론: 우호성

외향성을 좋은 성격으로 오해하는 것은 대개 '우호성'과 착각하기 때문이다. 하지만 진짜 좋은 성격은 우호성과 관련이 있다. 우호성은 타인에게 우호적이고 협동적인 사람, 공감을 잘하며 이타적 행동에 능숙한 사람, 존중과 배려의 태도가 묻어나는 사람이 지닌 성격 특징이다.

외향성과 우호성은 상관관계가 높아서 외향적일수록 우호적인 경우가 많다. 하지만 정말 우리를 힘들게 하는 사람 역시 외향적인 사람이다. 정확히 말하면, 우리를 힘들게 하는 사람은 외향적이면서 우호성이 떨어지는 사람이다. 금요일 저녁 회식을 하자는 눈치 없는 상사처럼 말이다. 이들은 자신의 즐거움이 타인의 즐거움이 될 수 없다고는 생각지도 못하기에 넘치는 에너지로 남을 피곤하게 만든다.

물론 우호성에도 취약한 점이 있다. 우호성은 타인의 의견을 존중한다. 그만큼 새로운 아이디어를 제시하지 못하고 창의성을 잃는다. 오디션 프로그램을 보면, 팀전에서 화기애애한 분위기를 자랑하는 팀은 뻔하디뻔한 결과물로 심사위원들을 실망시킨다. 오히려 서로 물고 뜯으며 갈등을 겪던 팀이 참신한 결과물로 감탄을 자아내지 않던가?

세상에는 관계만으로 해결할 수 없는 문제가 있다. 누군가 좋은 사람 역할을 맡아야 한다면, 또 다른 누군가는 잘하는 사람 역할을 맡아야 한다. 각자의 자리에서 할 일을 해 내야 세상은 다방면으로 발전한다.

성격 5요인 이론:
경험에 대한 개방성

괴상한 콘셉트의 유튜브 채널을 즐겨 본다. 그 채널에 매료되기 시작한 건 말벌 애벌레 때문이었다. 커다란 벌집 구멍마다 손가락만 한 애벌레가 꼬물거리면 해당 유튜버는 핀셋으로 그 작은 아이들을 뽑아 씹어 먹었다. 이 유튜버는 이후로도 돼지 육회, 죽순, 군소 등 남들이 잘 먹지 않는 특이 음식을 먹으며 조회 수를 올렸다.

이 유튜버처럼 세상에는 도전과 새로운 시도를 즐기는 사람이 있다. 바로 '경험에 대한 개방성'이 높은 사람이다. 그들은 호기심이 많고 활동적이며 창의적이다. 새로운 곳을 여행의 목적지로 정하고 처음 먹는 음식을 선택한다. 그로 인한 결과가 좋지 않아도 그들에게는 큰 문제가 아니다. 개방적인 경험 그 자체가 좋은 결과이기 때문이다. 반대로 개방성이 낮은 사람은 익숙함을 선호한다. 매일 먹던 음식을 먹고, 가던 곳을 가고, 새로운 경험에서 오는 낯선 느낌을 두려워한다. 그들의 삶은 지루하지만 안전하다.

개방성이 높은 사람들은 새로운 것을 배우기도 좋아해서 다방면에서 박학다식하다. 전공과 관련 없는 책을 읽고, 필요 없는 기술을 배우기도 한다. 물론 도전하는 만큼 난관에 봉착할 위험도 커진다. 그러나 위험을 피하기만 하면 그만큼 도약할 기회도 사라진다. 정해진 정답은 없다. 시대와 노력, 능력과 운 그리고 추구하는 방향의 합이 잘 맞을 때 바람직한 결과가 나올 뿐이다.

성격 5요인 이론: 신경성

같은 소음에도 크게 신경 쓰지 않는 사람이 있는가 하면, 불편함을 견디지 못하는 사람도 있다. '신경성'은 부정적 자극에 남들보다 민감하게 반응하는 성격 요인으로, 신경성이 높은 사람은 상처도 쉽게 받고 스트레스에도 취약하다. 반면에 신경성이 낮은 사람은 감정의 동요가 적다. 매사에 평안한 편이며 스트레스에 둔감하다. 쉽게 말해 인생이 여유롭고 천하태평이다.

성격에는 옳고 그름이 없다지만 신경성은 어쩐지 그름에 가까워 보인다. 그러나 부정 정서에 반응하는 것은 생존에 꼭 필요한 전략이다. 손원평의 소설 『아몬드』에는 편도체가 작아 두려움을 느끼지 않는 아이가 나온다. 그 아이는 눈앞에서 할머니와 어머니가 살해당하는데도 공포감을 느끼지 못해서 무표정하게 그 자리에 서 있다. 소설이 아니었다면 괴한의 다음 타깃은 아이가 되었을 것이다. 맹수와 같은 적들은 호시탐탐 우리를 노려서 무덤덤하게 대응했다가는 큰코다친다. 그러나 신경성이 높다면 그런 위험을 피할 수 있다.

당신이 일자리를 잃은 지 오래라면 지금 필요한 것은 태평함인가, 예민함인가? 신경성이 높은 사람은 최악의 상황을 마주하지 않으려고 최선을 다해 노력하고, 문제를 미리 발견하며, 일이 터지기 전에 해결한다. 완벽한 맛집을 찾고 싶은가? 신경성이 높은 사람을 따라가라. 그들의 선택은 결코 틀리는 법이 없다.

성격 5요인 이론: 성실성

시키지 않아도 자신을 통제하고, 책임감이 강해 매사에 최선을 다하는 사람이 있다. '성실성'이 높은 사람이다. 이들은 규칙적이고 계획적으로 살기 때문에 배울 점이 많고, 남에게 부러움을 사기도 한다. 반면에 성실성이 낮은 사람은 목표와 계획이 없다. 그들의 삶은 산만함과 일관성 없음, 두 가지 패턴으로 그려진다. 충동적으로 결정하고, 쉽게 포기한다. 누가 좋은 사람인가?

성실한 사람의 최대 단점은 효율에 집착한다는 점이다. 목표와 계획을 이루는 데 집중하느라 인간관계는 뒷전이 되기도 한다. 의도했든, 의도치 않든 말이다.

반면에 성실성이 낮은 사람은 들쑥날쑥한 인생의 기복 속에서 새로운 능력을 습득하기도 한다. 예측 불가능한 상황을 빠르게 파악하고 민첩하게 적응하는 능력을 얻는 것이다. 뜬금없이 변화구가 날아오는 세상에서 성실한 사람은 종종 무너지지만, 성실하지 않은 사람은 늘 들쑥날쑥 살아왔기 때문에 그 상황에도 잘 적응해 낸다.

인간의 성격은 다섯 개의 꼭지가 달린 별과 같고, 이 별 모양은 천차만별이라서 나와 같은 사람을 만난다는 건 기적에 가깝다. 나와 다른 사람을 만났을 때 우리는 그 사람을, 그 사실을 당연하게 받아들여야 한다. 그래야 세상은 빛나는 별이 가득한 예쁜 하늘이 된다.

자기중심적 편향

　　사람들은 대부분 자신을 실제보다 좋게 보려는 경향인 '자기중심적 편향'을 보인다. 좋은 일이 생기면 내 노력과 능력 덕분이라 믿지만, 나쁜 일이 생기면 남을 탓한다. 시험을 망치면 시험 문제를 어렵게 낸 선생님을 원망하고 친구와 다투면 그 애 성격이 이상하다 생각하면서 말이다.

　　또 대부분 자신이 평균 이상이라고 생각하는 경향이 있다. 한 연구 결과를 보면, 기업가들은 대개 다른 기업가에 비해 자신이 더 윤리적이라 믿고, 대학 교수들은 동료보다 자신의 성과가 높다고 평가하며, 많은 남편이 스스로 가사 일에 적극적으로 기여한다고 여긴다(그러나 아내의 입장은 달랐다).

　　물론 자신을 과대평가하는 현상이 모든 문화권에서 나타나지는 않는다. 개인주의가 강조된 서양 문화에서는 자신을 높이 평가하는 경향이 강한 반면, 겸손의 미덕과 집단의 중요성을 강조하는 집단주의 문화권에서는 자기를 낮추는 경향이 있는 것으로 나타났다. 우리나라는 집단주의 문화권이긴 하지만 개인주의가 점점 강해지는 추세다. 그래서 많은 사람이 '나 정도면 괜찮다!'는 자신감에 빠지기 시작했다.

　　자기중심적 편향은 자존감을 높인다. 그러나 지나친 그리고 비현실적인 자존감은 자신의 기대와 다른 현실을 마주하게 하므로 공격성을 증가시키기도 한다. '네까짓 게 감히 나에게!' 하고 말이다. 좋게 생각하는 것보다 중요한 것은 정확히 보고, 가능성을 믿는 것이다.

개인 vs 상황

흉흉한 사건이 일어날 때마다 범죄를 저지른 사람의 사연이 공개된다. 그러나 흉악범의 어린 시절의 상처나 학대 경험이 언급되면 국민들은 분노한다. '범죄자에게 서사를 부여하지 마라! 불행한 사연 때문에 모든 사람이 범죄를 저지르지는 않는다. 그는 그저 쓰레기 같은 존재일 뿐이다!' 누군가의 잘못은 개인의 문제일까? 아니면 그 사람이 처한 환경의 문제일까? 이는 심리학 역사상 오랜 논쟁거리이기도 했다.

인간에게는 유전적으로 물려받은 '특질'이 존재한다. 태어날 때부터 해맑은 아이와 까다로운 아이가 구별되는 것처럼 선천적으로 지닌 특질은 일생에 걸쳐 일관적으로 지속되어 바른 행동 혹은 문제 행동을 유발한다. 따라서 어떤 잘못은 그 사람 자체의 문제로 볼 수 있다.

반면에 환경에 따라 행동이 변화하는 경우가 있다. 환경의 영향이 없지 않다는 뜻이다. 아무리 착한 사람도 열악한 상황에 노출되면 잘못된 선택을 할 수 있는 것처럼. 또한 많은 사람이 상황에 따라 다르게 행동하는 일관성 없는 모습을 보인다. 당장 나 자신만 보아도 그렇다. 친구와 부모와 애인을 대하는 태도가 다르지 않나. 상황이 사람을 바꾸는 것이다.

개인이냐 상황이냐, 오랜 논란 끝에 내린 결론은 하나다. '둘 다'라는 것이다. 우리는 타고난 특질에 이끌려 행동하지만, 때로 환경에 의해 휘청일 수도 있다.

상관관계

　　　　　나이, 수면 시간, 우울감 등 변화하는 요인을 '변인'이라 부른다. 그리고 변인이 서로 관계가 있을 때 '상관관계'가 있다고 말한다. 자존감이 높을수록 시험 성적이 높아진다. 그렇다면 자존감과 성적은 상관관계가 있는 것이다. 이처럼 한 변인이 커질수록 다른 변인이 커지는 것이 '정적 상관'이다. 반대의 경우도 있다. 근무 시간이 줄어들면 행복감이 증가한다. 이처럼 한 변인이 커질 때 다른 변인이 작아지는 (혹은 반대로 되는) 것은 '부적 상관'이다.

　　상관관계를 의미하는 상관계수 r은 -1부터 1 사이 값으로 존재한다. 정적 상관이 크면 .76이나 .88처럼 1에 가까운 수치를 보이고, 부적 상관이 크면 -.98이나 -.72처럼 -1에 가까운 수치를 보인다. 두 변인 사이에 관계가 없으면 상관계수는 0에 수렴한다.

　　상관관계는 두 변인 사이의 관계성만 말할 뿐 무엇이 원인이고 무엇이 결과인지는 말하지 못한다. 자존감이 시험 성적을 높일 수도 있지만, 시험 성적을 잘 받고 자존감이 높아질 수도 있으니까. 때로는 둘 다 원인이 아닐 수도 있다. 신발 크기와 어휘력이 정적 상관을 보인다면 무엇이 원인인가? 발이 크다고 단어를 많이 안다는 건 조금 이상하다. 반대도 마찬가지다. 이럴 때는 두 변인의 원인이 되는 '제3의 변인'의 존재를 생각해 봐야 한다. 시간이 흐르면 발이 커지고, 시간이 흐르면 어휘력도 증가한다. 다시 말해, 발과 어휘력의 상관을 설명하는 원인은 '시간'이라는 새로운 변인이다.

인과관계

탈모가 심한 강아지를 위해 탈모 관리 스프레이를 장만했다. 어머나! 석 달쯤 꾸준히 뿌리자 뒷다리에 털이 자라기 시작했다. 업체 홈페이지에도 비슷한 사례 사진이 적잖이 올라와 있었다. 자, 이제 스프레이의 효과는 입증된 걸까? 사실 스프레이를 사용한 보호자는 그 외에도 다양한 노력을 했을 것이다. 영양제를 먹이고 빗질도 잘해 주고. 그런 보호자의 애정으로 스트레스가 줄어 털이 난 것은 아닐까? 스프레이의 효과를 제대로 확인하려면 한 다리에는 뿌리고 다른 다리에는 뿌리지 않고서 그 차이를 비교해야 할 것이다.

'심리학은 과학'이라 당당히 외치는 이유는 '인과관계'를 증명하는 '실험'을 하기 때문이다. 어떤 심리 프로그램을 개발하고 그 효과를 검증할 때, 연구에 참여한 사람들을 두 집단으로 나누어 한 집단은 프로그램에 참여시키고 다른 집단은 아무것도 못하게 해야 한다. 그 후 두 집단의 심리 점수에 차이가 있다면 프로그램의 효과를 입증할 수 있다.

물론 이런 방식에는 의심이 따른다. 프로그램 참여 집단에 우연히(혹은 의도적으로) 심리적으로 더 건강한 사람이 몰릴 수도 있으니 말이다. 그래서 진행되는 절차가 '무선 할당'이다. 무선 할당이란, 참가자가 실험집단 혹은 통제집단에 할당될 확률을 비슷하게 만드는 것이다. 제비뽑기와 같은 방식처럼 말이다. 참가자를 특정 집단에 무작위로 할당하면 외부 요인이 통제되어 두 집단의 동질성이 높아진다.

최초의 심리학 실험실

　　심리학의 창시자는 누구인가? 마음에 관심을 둔 사람을 거슬러 올라가자면 아들러→프로이트→소크라테스→인류의 시작인 아담까지 이를지도 모른다. 마음에 관심을 둔 철학자는 많았기에 누구를 딱 집어 지목하기란 쉽지 않다. 그러나 심리철학이 심리과학으로 탈바꿈하게 된 전환점에는 빌헬름 분트가 있었다. 심리과학의 아버지 분트는 인류 최초로 심리학 실험실을 꾸린 학자다. 그는 라이프치히대학교의 한 공간에 실험실을 만들고 실험심리학을 주창했다.

　의학을 전공한 그는 물질이 원소로 구성되어 있듯이 정신세계에도 구성요소가 있으며, 이를 찾아내야 한다고 믿었다. 의식의 구조는 타인이 관찰할 수 없으므로 그는 스스로 내면을 들여다볼 수 있는 훈련법을 개발했는데, 바로 '내성법'內省法이다. 분트의 연구에 참여한 학생들은 메트로놈 소리를 듣거나 꽃향기를 맡는 것처럼 자극을 수용하고 떠오르는 감각을 정확히 말하도록 훈련받았다. 경험으로 편향되려는 생각의 중심을 잡으면서 나의 정신 상태가 어떤 요인들로 구성되어 있는지 스스로 들여다보도록 말이다. 정확히, 어떻게? 물질의 구성요소처럼 정신의 구성요소를 찾으려 시도했지만 그 방식은 막연했다. 내성법은 현대 심리학에서 활용되고 있지 않다. 그럼에도 불구하고 마음을 구체화하려는 분트의 시도로 인해 행동주의가 발전했으며 이는 지금의 인지심리학에 지대한 영향을 미쳤다.

요구특성 효과

학위 논문을 쓰느라 학생들에게 실험에 참가해 달라고 부탁한 적이 있다. 실험의 목적은 반려동물이 무의식적으로 심리적 안정을 주는지 확인하는 것이었고, 무의식적 처리▼를 위해 강아지 사진을 16밀리초(1밀리초는 1초의 1000분의 1이다)라는 짧은 시간으로 제시했다. 정상적인 사람은 순식간에 지나가는 이 자극을 인지하지 못한다.

그런데 문제가 발생했다. 일부 학생들이 연구 목적을 어설프게 예상하고 무언가를 찾기 위해 애쓰기 시작한 것이다. 결국 그들은 보아서는 안 되는 강아지를 보고야 말았고, 그들의 데이터는 폐기되었다.

실험의 의도를 파악하고 그에 맞는 결과를 내고자 애쓰려는 심리를 '요구특성'이라고 한다. 분위기상 우울하다고 답해야 할 것 같으면 평소보다 더 우울하다고 답을 한다거나, 수행을 저조하게 해야 할 것 같아서 일부러 틀리는 식이다. 노력은 가상하나 결론적으로는 데이터를 오염시킨다.

요구특성 효과를 줄이기 위한 방법은 참가자에게 실험 목적을 거짓으로 알려 주거나 관련 없는 과제인 척 설명하는 것이다. 실험이 끝나면 참가자들이 실험 목적을 예상하는지 알아보고, 만약 목적을 파악한 참가자가 있다면 이 데이터는 폐기한다. 가끔은 연구자가 자기도 모르게 실험의 목적에 대한 단서를 제공하기도 한다. 이를 막기 위한 절차가 '이중맹검'으로, 연구자마저 참가자가 어느 조건에 할당되었는지 모르게 실험을 진행하는 것이다.

▼ 1월 17일 역치 참고.

신뢰도

새로 산 체중계가 어제는 65킬로그램, 오늘은 48킬로그램을 가리킨다고 기뻐하긴 이르다. 체중계가 고장 났을 가능성이 크기 때문이다. 심리학을 연구할 때도 마찬가지다. 심리검사 결과가 매일 달라진다면? 지능이 일주일 만에 변하고, 우울 점수가 하루 만에 달라진다면 도구를 신뢰할 수 없다. 그래서 연구할 때는 결과의 안정성을 확인하는 '신뢰도' 검증을 하게 된다.

신뢰도를 측정하는 방법은 여러 가지다. 먼저 '검사-재검사 신뢰도' 검증은 같은 측정 도구를 다시 한 번 사용했을 때 결과가 유사한지를 살피는 것인데, 같은 시험지를 두 번 풀면 자연히 점수가 오르듯, 이미 노출된 문항에 영향을 받을 수 있다는 단점이 있다. '반분 신뢰도' 검증은 검사 도구의 문항을 반으로 나누어 두 점수를 비교하는 것이다. 모든 문항이 잘 개발되었다면 임의로 나뉜 두 묶음의 문항들은 서로 결과가 비슷하게 나와야 한다. '평가자 간 신뢰도' 검증은 어떤 평가자가 검사해도 비슷한 결과가 나오는지, 평가자의 주관적 해석으로 인해 결과가 달라지지는 않는지를 확인하는 것이다.

온라인 성격검사를 해 보고 성격이 달라졌다고 하는 경우가 있다. 정말? 성격은 쉽게 변하지 않는다. 신뢰도가 검증되지 않은 검사일 가능성이 크다. 검증된 검사를 사용해야 하는 이유다. 물론 재미로 하는 테스트가 큰 문제가 되지는 않지만, 그래도 과몰입은 금물이다!

타당도

　　　　신뢰도가 높다고 검사 도구가 늘 훌륭한 것은 아니다. 허리둘레를 잴 목적으로 체중계를 사용한다고 치자. 결과는 늘 같겠지만 정작 궁금한 허리둘레를 알 수가 없다. 마찬가지로 우울감을 측정하려면 우울감을 재야지, 지능을 재면 안 된다. '타당도'란 검사 도구가 목적에 맞게 개발되어 있는지 확인하는 정도를 말한다.

　　'내용 타당도'는 검증하고자 하는 내용을 정확히 담고 있는지를 확인하는 것이다. 비전문가가 봐도 뭘 묻고 있는지가 보여야 내용 타당도가 높은 것이다. '준거 타당도'는 이미 검증된 검사 도구와 비교해서 비슷한 결과가 나타나는지 확인하는 것으로, 새로운 지능검사를 개발했다면 현재 가장 널리 통용되는 웩슬러 지능검사 결과와 비교하여 타당도를 확인할 수 있다. '예언 타당도'란 검사 도구가 미래를 얼마나 잘 예측하는지 보는 것이다. 기업에서 어학 능력 점수를 확인하는 이유는 어학 점수가 업무 능력을 보증한다고 믿기 때문이다(그러나 스펙이 높다고 외국어를 유창하게 하거나 일을 잘하는 것은 아니기에 스펙의 예언 타당도가 높은지에는 의문이 든다). 지능▼이 실용적, 창의적, 분석적 지능으로 구성되듯이 모든 심리 개념은 하위요인들로 구성되어 있는데, '구성 타당도'는 해당 개념을 구성하는 요인들이 타당한지 보는 것이다. 관련 있는 요인끼리는 유사하고, 다른 요인은 서로 구분되게 나타난다.

　　신뢰도가 높은 검사가 언제나 타당하지 않지만, 타당도가 높은 검사는 언제나 신뢰도가 높다.

▼ 3월 29일 지능의 삼원 이론 참고.

역치

드라마 『무빙』에서 봉석은 500미터 이상 떨어진 곳에서 엄마 미현의 목소리를 듣는다. 초능력자라서 그렇지, 우리로서는 상상도 못 할 일이다. 평범한 우리는 얼마나 가까워야 소리를 들을 수 있을까?

인간은 평균적으로 6미터 떨어진 곳에서 나는 시곗바늘 소리를 들을 수 있고, 맑은 밤 50킬로미터 떨어진 곳에 있는 촛불을 볼 수 있다. 8리터의 맹물에 설탕 한 숟갈을 타면 단맛을 감지할 수 있고, 1센티미터 높이에서 벌의 날개가 뺨으로 떨어지면 무언가 닿았다고 느낀다. 이처럼 지각이 일어날 수 있는 최소한의 자극 수준을 '역치(절대역)'라고 한다.

심리철학은 무의식▼을 성욕과 같이 내면에 존재하지만 인정하기 싫은 욕망의 저장고로 해석했지만, 현대 심리학에서의 무의식은 자극이 역치보다 낮은 '역하(서브리미널)' 수준으로 제시되어 인지할 수 없는 상태를 말한다.

인간은 무의식 수준으로 노출된 자극에도 영향을 받는다. 영화 상영 중 '팝콘을 먹어라'라는 메시지를 1/300초로 제시하면, 메시지를 볼 수는 없어도 팝콘의 판매량이 증가한다. 이것이 그 유명한 비커리의 실험으로, 이 실험을 통해 '역하 광고'라는 개념이 탄생했다. 물론, 추후 반복 검증에 실패하면서 윤리적 문제가 제기되기도 했지만 여전히 역하 자극을 통한 연구는 진행되고 있고, 또 증명되고 있다(나도 역하 자극을 주제로 석사 논문을 썼다).

▼ 6월 18일 마음의 지형학적 모형 참고.

차이역

소리가 안 들린다고 TV 볼륨을 점점 키워도 이상하게 계속 똑같은 느낌이다. 그래서 볼륨을 계속 올리다 보면 어느 순간 확 커진 소리에 까무러치게 놀란다. 우리의 감각 능력은 자극의 미세한 변화는 알아차리지 못하다가, 일정 수준 이상의 차이가 있을 때라야 비로소 변화를 감지한다. 이처럼 두 자극 간의 차이를 감지할 수 없는 감각기관의 한계를 '차이역'差異閾이라고 하고, 변화를 감지할 수 있는 차이 수준을 '최소 가지 차이'라 부른다.

차이역의 개념은 마케팅 장면에서 유용하게 활용된다. 샤오미의 로고가 새로 나왔을 때 디자인 비용이 3억 원이라는 소문이 돌았다. 소비자는 돈 낭비라고 조롱했다. 이전 로고와 이후 로고의 차이가 전혀 느껴지지 않았기 때문이다. 그러나 이것은 샤오미의 고도의 전략일 가능성이 크다. 소비자는 변화를 싫어한다. 로고가 눈에 띄게 바뀌면 이질감을 느낀 고객이 이탈할 수 있다.

물론 긍정적인 변화라면 차이역이 넘는 수준으로 어필 되어야 한다. 이를테면 과자 양을 늘리거나, 가격을 내릴 때는 확실히 티가 나야 한다. 신라면 블랙이 처음 등장했을 때, 소비자의 원성이 자자했다. 가격은 두 배 이상 올랐지만 맛에는 큰 변화가 없었기 때문이다. 가격은 눈치채지 못하게 올리고 맛은 도드라지게 개선해야 하는데, 반대로 할 줄이야.

베버의 법칙

'최소 가지 차이'의 기준은 정해져 있을까? 이를테면 얼마나 살을 빼야 변화가 느껴질까? 60킬로그램인 사람이 30킬로그램을 빼면 반쪽이 될 것이다. 그러나 200킬로그램인 사람이 30킬로그램을 빼면 극적인 변화가 느껴지지 않는다. 만약 30킬로그램짜리 어린이가 30킬로그램을 뺀다면? 세상에서 사라져 버린다.

변화를 느낄 수 있는 정해진 기준은 없다. 모든 변화는 상대적으로 감지되기 때문이다. 정신물리학자 베버는 지각할 수 있는 변화의 양은 원래 자극의 크기에 비례한다고 주장했다. 이를 '베버의 법칙'이라고 부른다. 원래 자극이 크고, 넓고, 많고, 강하면 변화량도 크고, 넓고, 많고, 강해야 한다. 그래야 변화를 알아차릴 수 있다.

우리는 왜 몇백 원이라도 싼 물건을 찾겠다고 종일 검색해 대면서, 경차 살 땐 '그 돈이면 차라리 2백 더 보태서, 3백 더 보태서……' 하다가 중형차에 기웃거리고 있을까? 치킨 시킬 때 배달비 4천 원은 아까워하면서 고급 레스토랑에서 8천 원짜리 탄산수는 왜 이렇게 쿨하게 시킬까? 추가 지출을 허용하는 기준도 원래 자극의 크기에 비례하기 때문이다.

2만 원짜리 티셔츠를 팔 때는 2천 원을 할인하면 소비자의 마음을 움직일 수 있을 것이다. 하지만 20만 원짜리 코트를 팔면서 되지도 않는 2천 원 할인은 소비자의 빈정만 상하게 할 뿐이다.

WEIRD

　　　　　심리학 연구 논문을 보면 정형화된 참가자 설명을 자주 마주한다. '○○시 ○○구 소재 ○○대학에 재학 중인 대학생 100명을 대상으로 진행했다.' 연구자가 대학에 소속되어 있기 때문에 실험 참여자로 해당 학교의 학생을 선택하는 일은 빈번하다. 미국의 유명 대학들은 학문의 발전을 위해 졸업 전까지 심리학 실험에 몇 번 이상 참여하는 것을 졸업 조건으로 걸어 놓기도 한다. 그런데 대학생을 연구 대상으로 삼는다면, 그 결과는 과연 일반화할 수 있을까?

　　'WEIRD'란 Western, Educated, Industrialized, Rich, Democratic의 약자로 '서구의, 교육 수준이 높고, 산업화된, 부유한, 민주주의' 문화에 사는 사람들을 칭하는 말이다. WEIRD는 전체 인구 중 고작 12퍼센트밖에 안 된다.

　　60억 인구를 100명으로 축소한 그림책 『지구가 100명의 마을이라면』에 따르면 20명은 영양실조, 1명은 아사 직전, 43명은 위생 시설이 갖춰지지 않은 곳에 살며, 18명은 깨끗한 물조차 마실 수 없다고 한다. 시간이 흐르긴 했지만, 지금도 WEIRD의 비율은 크게 높지 않을 것이다. 평범하다고 믿었던 현실은 사실 굉장한 특권인 셈이다.

　　인간은 WEIRD로 한정되지 않는다. 우리가 진정 '인간'을 연구하고자 한다면, 먼 곳에 있는 사람에 대한 관심을 놓지 말아야 한다.

인간중심 치료

인본주의 심리학자 칼 로저스는 엄격한 기독교 가정에서 태어났다. 그의 부모는 자녀들을 사랑했으나 그 방식은 다정하지 못했다. 자녀들에게 신앙과 근면성을 강조하고 철저히 통제했다. 로저스와 그의 형제들의 사교적 활동을 금지했으며 세속적인 이웃들과 교류하지 못하게 했다. 이런 가정환경에서 자란 로저스는 예민하고 자주 아팠다.

그러나 대학에 입학하면서 로저스의 삶은 달라졌다. 그는 국제기독학생연합회의 미국 대표가 되는 경험을 통해 처음으로 부모의 통제에서 벗어나 자율적으로 종교 활동을 해 보았고, 진정한 자유로움을 느꼈다. 그 후로 그는 목사가 되고자 신학대학에 들어갔지만 자신의 의견을 강요하고 타인을 통제하는 일과는 맞지 않는다고 판단하여(그랬던 부모와 반대로 살고 싶지 않았을까?) 임상 심리학으로 전공을 바꾸었다.

어린 시절 경험은 로저스가 심리 치료에 임하는 자세에 큰 영향을 주었다. 그는 아이들에게 온전히 성장할 수 있는 잠재력이 있지만 이를 적극적으로 지지받지 못하는 환경에서 자랄 때 문제가 생긴다는 사실을 이해했다. 그러나 그 잠재력 덕분에 해결 또한 내담자 자신이 가장 잘할 수 있다고 믿었고, 그 과정에서 잠재력을 잘 발휘하도록 좋은 환경이 되어 주는 것이 바로 상담자의 역할이라고 여겼다. 그렇게 로저스는 '인간중심 치료'의 서막을 열었다.

실현 경향성

중학교 때까지 반에서 3등을 웃돌던(물론 뒤에서다) 나는 평생 공부하고는 담 쌓고 살 거라고 믿어 의심치 않았다. 그러나 열일곱 살에 만난 공부방 선생님의 할 수 있다는 격려를 곧이곧대로 믿고 새로운 인생을 살기 시작했다. 독학으로 수능을 보고 살던 지역에서 가장 좋다는 국립대에 입학해 장학생으로 다니다 조기 졸업했다.

해바라기는 해가 뜨면 하늘을 향해 얼굴을 들었다 해가 지면 고개를 숙인다. 해를 따라가려는 선천적 경향 때문이다. 인간도 마찬가지다. 우리는 모두 잠재력을 가지고 태어난다. 그리고 그 잠재력을 실현하려는 선천적 경향이 내면에 가득하다. 적절한 격려의 햇빛만 비춰 준다면 우리는 잠재력을 발휘하는 방향을 향해 자연스럽게 성장한다. 로저스는 이를 '실현 경향성'이라고 불렀다.

실현 경향성을 좌절하게 만드는 것은 환경이다. 해가 없는 곳에서 해바라기가 자랄 수 없듯이, 적절한 인정과 보살핌, 지원 없이는 잠재력의 꽃을 피울 수 없다. 그러나 보도블록 틈새로 돋아나는 풀을 생각해 보자. 장애물이 있어도 포기하지 않고 장애물을 따라 순회하는 모습을, 기어이 구부러진 채 싹을 틔우는 모습을. 우리는 조금의 틈만 있어도 성장해 내는 존재다. 나에게 나를 믿어 준 선생님이 있었던 것처럼, 주위를 둘러보면 당신의 삶에도 빛이 드는 작은 틈새가 있을 것이다. 혹여나 없다 하여도, 이 책이 그런 역할을 할 수 있기를 바란다.

가치 조건화

우리는 어린 시절부터 말 잘 듣는 착한 아이가 되어야 한다고 배웠다. 어른들 말씀에 항상 순종하는 것이 옳다고 믿었다. 어른도 때로는 틀릴 수 있다는 사실은 아무도 알려 주지 않았다. 학교에서 선생님의 부당한 체벌에도, 회사에서 상사의 부당한 업무 지시에도, 집안 어른들의 간섭과 강요에도 끄덕끄덕 고개를 조아리며 상처를 받아 온 것이다.

로저스는 아동은 성장 과정에서 부모를 비롯한 중요한 타인과의 상호작용을 통해 성인의 가치를 내면화한다고 했다. 이것이 바로 '가치 조건화'이다. 아이들은 어른들의 존중과 인정을 받으면서 자기 존중감을 높인다. 그러다 보니 인정받고 칭찬받을 수 있는 상황에서 그럴 만한 행동을 하려고 눈치껏 노력한다. 그러나 이런 식으로 습득된 가치는 타인에 의해 부여된 가치다. 원하지 않는 양보와 희생을 하면서 뒤에서는 불만을 표하고, 그런 자신이 위선자처럼 느껴져 괴리감에 괴로워하게 된다.

나는 청소년 때부터 자주 이런 고민을 해 왔다. 나는 왜 착한 사람이 아닌 걸까? 착한 사람이 되어야 한다는 가치 조건과 내 안의 이기심(인간이기 때문에 너무도 당연한)이 갈등하며 나타난 것이다. 이제 나는 알고 있다. 좋은 사람이 되려면 먼저 나 자신에게 좋은 사람이 되어야 한다는 사실을.

무조건적 긍정적 존중

반려견을 사랑할 수밖에 없는 이유는, 우리를 재지 않기 때문이다. 개는 우리가 못생겨도, 냄새가 나도, 가난해도 우리 곁에 머물러 준다. 때로는 학대당하고 버림받을지라도 한결같은 자세로 기다린다. 개와 함께 있는 한, 우리는 가치 조건화로부터 자유로워진다.

로저스가 제안한 개념 중 내가 가장 사랑하는 개념은 '무조건적 긍정적 존중'이다. 말 그대로 무조건, 긍정적으로, 존중하라는 뜻이다. 이 좋은 세 가지 뜻이 혼합된 (개도 해내는) 행위를 우리는 쉽게 해 내지 못한다. 아이를 위하는 마음에 부모는 아이를 다그치고, 조건에 부합해야 칭찬을 한다. 더 마음에 드는 사람이 되어 주었으면 하는 기대가 자녀를 비난하는 명분이 된다. 그래서 도통 긍정적으로 대해 주질 않는다. 이런 경험 때문에 아이는 자신에 대해 고민하게 된다. 나는 잘해야만 사랑받을 수 있구나, 있는 그대로는 사랑받을 수 없구나, 이런 결론을 내리고 만다. 그래서 있는 그대로의 자신을 사랑할 수 없게 된다.

로저스는 말한다. 인간의 가치는 조건에 의해 만들어지지 않는다고, 무조건적 긍정적 존중만이 내면의 잠재력을 최대치로 발휘하게끔 한다고, 그제야 인간은 충분히 기능할 수 있다고.

충분히 기능하는 사람

　　　　　스마트폰을 살펴보다가 놀라운 기능을 발견했다. 얼굴을 갸름하게 수정해 주는 사진첩의 보정 기능이었다. 그것도 모르고 나는 날마다 수정 앱에 들어가 번거롭게 얼굴을 고쳐 대고 있었다. 이미 있는 기능을 온전히 사용할 수 없다는 건 얼마나 아쉬운 일인가? 우리는 스마트폰처럼 저마다의 놀라운 기능을 보유하고 태어난다. 누군가는 미적 능력을, 누군가는 암기력을, 누군가는 공감과 위로 능력을, 누군가는 수학적 사고 능력을. 한 번 사는 인생, 그 기능을 잘 활용해야 후회 없이 살아갈 수 있으리라.

　　로저스는 자신을 완전히 지각하고 능력을 발휘하여 실현 경향성을 추구하는 사람을 '충분히 기능하는 사람'이라고 불렀다. 충분히 기능하는 사람에게는 어떤 특징이 있을까? 그들은 우선 개방적이다. 하나에 몰두하지 않고 경험해 보지 않은 새로움에 도전한다. 익숙하고 안전한 곳에만 머물지 않으며 낯선 것을 통해 자신을 발전시킨다. 그들은 현재에 충실한 삶을 산다. 과거에 얽매여 후회하거나 미래가 불안해 동동거리지 않는다. 자신을 신뢰하고 타인의 결정에 의존하지 않는다. 그러면서도 개방적이기 때문에 타인의 의견을 수용한다. 휘둘리는 것은 아니다. 언제나 주체는 자기 자신이다. 이들은 창조적이며, 자유롭게 선택한다. 어려움을 직면하고 부정적인 것 또한 받아들이며 대처할 줄 안다.

진실성

검색창에 에고 서치를 하던 중 한 독자의 리뷰와 조우했다. '이 책의 저자는 찌질한 여자 사람이다.' 띠용! 순간 당황했으나 이내 고개를 주억거렸다. 그래, 나는 찌질한 여자 사람이야.

내 책의 가장 큰 특징을 꼽자면 내 이야기가 많다는 것이다. 그것도 부족하고 허접한 이야기투성이다. 에세이 작가에게는 매력이 되겠지만 교양 작가에게 이러한 시도는 모험이다. 권위를 지켜야 지식을 전하는 영향력도 강해지기 때문이다. 그러나 나는 글쓰기에서 인간중심 치료의 핵심 조건인 '진실성'을 따르기 때문에 나를 숨기지 않으려 노력한다.

로저스는 내담자의 성장을 촉진하는 가장 중요한 조건을 '진실성'으로 꼽았다. 전문가 역할 뒤에 숨지 않고 꾸밈없이 자신을 보여 주라는 뜻이다. 이런 모습으로 대할 때 내담자는 상담자를 신뢰하고 자신을 돌아볼 수 있게 된다.

진실성은 상담 현장에서만 필요한 조건이 아니다. 모든 소통의 과정에서 우리는 서로서로 마음을 돕는 역할을 하기 때문이다. 완벽한 사람과 대화하면 진이 빠진다. 그와 비교하며 한없이 낮아진 나의 모습을 발견하게 되니 말이다. 반대로 솔직하고도 허술한 자신의 이야기를 고백할 때 공감과 위로의 힘이 발현된다. 그래서 우리에게는 자신을 노출할 용기가 필요하다. 부족함을 들킬 때 그것은 상대를 세우는 힘이 된다.

위계 욕구 이론

사랑하는 사람과 데이트를 하는 중에 배가 싸르르 아파 온다. 식은땀과 소름을 무시해 가며 괜찮은 척해 보지만, '급똥'의 기미가 드러나는 순간 눈앞이 아득해진다. 이제, 잘 보이고 자시고 필요 없다. 다급하게 화장실을 찾는다. 해결되고 나서야 민망함이 밀려오지만 후회해도 소용없다.

어떤 욕구는 다른 욕구보다 강력하다. 미국의 심리학자 매슬로는 이처럼 욕구에 위계가 있다고 주장한다. 첫 번째 욕구는 '생리적 욕구'로, 음식과 물에 대한 욕구, 수면과 성에 대한 욕구, 배변 욕구처럼 생존에 필요한 욕구다. 이 욕구가 충족될 때 비로소 다음 욕구가 발생한다. 두 번째는 '안전 욕구'다. 이는 세상을 예측하고 공포로부터 자유롭고 싶은 욕구다. 두려움이 가득한 순간에는 나부터 챙기는 이기적인 모습이 나오기 마련이다. 이 안전 욕구가 채워져야만 세 번째 욕구인 '소속 욕구'가 생겨난다. 소속 욕구는 집단에 소속되고 타인과 연결되기를 원하는, 관계를 향한 욕구다. 소속 욕구가 어느 정도 해소되면 타인으로부터 유능함을 인정받고 영향력을 끼치고픈 '존중 욕구'가 생긴다. 여태까지의 네 가지 욕구는 심리적으로 부족한 상태를 채우려는 욕구로 '결핍 욕구'라 부른다. 결핍 욕구가 모두 해결되어야 우리는 비로소 '자아실현의 욕구'를 느끼게 된다. 자아실현 욕구는 지금보다 나아지려는 '성장 욕구'로 내가 지닌 잠재력을 인식하고 이를 발현하고자 하는 마음이다.

자아실현

이런 말이 있다. 스티브 잡스가 한국에서 태어나면 동네 컴퓨터 가게 사장이었을 거라고. 주어진 환경에 따라 재능을 발휘하는 정도가 달라진다는 사실을 비꼬는 말이다. 그러나 달리 생각해 보면 동네 컴퓨터 가게 사장에게도 스티브 잡스가 될 만한 잠재력이 있다는 뜻 아닐까? 당신에게도 나에게도 아직 발견하지 못한 능력이 분명히 있을 거라는 희망!

자아실현이란 자신의 잠재력을 인식하고 이를 발현해 내는 것이다. 매슬로는 자아실현을 이루어 낸 위인들을 연구하여 그들의 특징을 종합했다. 그들은 충분히 기능하는 사람▼과 닮았다. 현실을 효율적으로 지각하고 자신과 타인 그리고 환경을 수용할 줄 안다. 휘둘리지 않으면서 받아들일 줄 아는 것이다. 그들은 자발적이고 초연하며 세상을 신선한 방식으로 인식할 수 있다. 또한 신비한 경험 또는 절정 경험을 자주 한다. 자신의 이득만 취하지 않고 사회에 관심이 많으며 대인관계에서 깊이를 중요하게 생각한다. 그들은 민주적이고 창의적이며, 틀에 박힌 문화에 저항하여 변화를 추구한다.

누군가는 이렇게 말한다. 잠재력은 됐고, 잠과 재력이나 주세요. 그러나 잠재력을 발휘할 수만 있다면 잠과 재력은 자연히 따라오리라. 자아실현한 사람의 모습을 닮아 간다면 우리도 잠재력을 발견할 수 있지 않을까?

▼ 1월 25일 충분히 기능하는 사람 참고.

절정 경험

몇 해 전, 제주 물영아리 오름을 다녀오고 사흘 동안 다리가 후들거렸다. 오름에도 그 정도인 내가 한라산 등반을 하겠다고 으스댔으니 꼴이 참 우스웠다. 이처럼 괴로운 등산을 대체 왜 하는 걸까?

산과 사랑에 빠진 사람은 꼭대기에 도달했을 때 경외감을 느낀다. 자연의 위대함에 압도되고, 자신이 한없이 넓은 우주 안의 먼지 한 톨처럼 느껴지면서 경건함마저 느낀다. 이러한 느낌을 맛보는 것을 '절정 경험'이라 한다.

절정 경험은 산을 오를 때뿐만 아니라 살면서 겪는 다양한 일에서도 마주한다. 큰 어려움을 이겨 냈을 때, 사랑에 빠졌을 때, 부모가 되었을 때, 엄청난 자연 경관을 마주했을 때, 미적 창조를 이루어 냈을 때, 엄청난 통찰력으로 깨달음을 얻었을 때, 기도로 신을 만났을 때…… 그럴 때 우리는 최상의 행복감과 완성감, 만족감을 느낀다.

사람들은 숭배, 불가사의, 경악의 감정에 압도되길 꺼리는 경향이 있다. 신비로운 경험이 마치 사이비에 빠지는 것처럼 느껴져 거부감이 생기는 것이다. 그래서 절정 경험을 무의식적으로 거부하며 차단하려 한다. 그러나 자아실현자에게는 인생에 여러 번 절정 경험이 찾아온다고 한다. 우리가 살아 숨 쉬는 일 자체가 신비하지 않나. 마음을 열고 특별한 경험을 맞이해 보는 것은 어떨까?

행복의 정의

　　"하고 싶은 일만 하고 살 수는 없어." 학창 시절에 가장 많이 들었던 말이다. "왜 안 되는데요?" 되물어도 납득할 만한 답은 돌아오지 않았다. 어른들에게 하고 싶은 대로 사는 삶이란 놀고 먹고 자는 삶이었기 때문이다. 그러나 나에게 하고 싶은 일을 한다는 것은 망나니처럼 막 사는 게 아니었다. 어른들과 나의 행복에 대한 정의는 달라도 너무 달랐다.

　　행복의 정의는 '쾌락주의적 입장'과 '잠재적 자기실현적 입장'으로 구분된다. 쾌락주의적 입장에서는 당장에 만족을 느끼는 상태를 행복으로 여기고, 자기실현적 입장에서는 잠재적 가능성을 충분히 발휘할 때 행복을 느낀다고 설명한다.

　　"여자는 문과에 가서 선생님을 해야 안정적으로 살 수 있어." 이 말을 정말 귀에 피가 나도록 들었다. 그러나 어쩐담, 나는 이과 체질인걸. 나는 나의 잠재력을 발휘하고 싶었다. 그래서 결국 학교를 그만두고 좋아하는 일을 찾는 데 오랜 세월을 보냈다. 지금 나는 행복하다. 하고 싶은 일을 하면서 살고 있기 때문이다. 방탕하거나 나태하게 사는 게 아니다. 내가 좋아하는 일을 잘해 내려 애쓰고 있다.

　　우리 삶이 괴로운 이유는 어울리지 않는 곳에서 견디고 있기 때문이다. 모두가 하고 싶은 일을 찾아 나서길 바란다. 행복은 혼자 누리기에 너무 아까운 경험이다.

행복 기준점

　　노력으로 행복을 얻을 수 있을까? 행복에 관한 연구를 살펴보면 강렬한 사건으로 아주 행복해지거나 아주 불행해지더라도 이는 일시적인 현상일 뿐이다. 결국 기분은 일정 수준의 상태로 돌아온다. 그러니까 저마다 유지되는 '행복의 기준점'이 디폴트 값처럼 정해져 있다는 얘기다.

　　기질◀은 '선천적으로 타고난, 사건에 대한 정서 반응'이다. 똑같은 사건에도 아주 큰 행복을 느끼는 사람이 있는가 하면, 시큰둥하게 받아들이는 사람도 있다. 이를 보면 행복 역시 기질의 영향을 받는 셈이다. 그래서 어떤 사람은 좋은 일이 없어도 늘 웃으며 기분 좋은 하루하루를 보내고, 어떤 사람은 특별한 사건이 일어나지 않아도 기분이 바닥을 치는 나날을 보낸다.

　　아니, 유전적으로 행복할지 말지가 결정된다면 행복을 차지하려고 굳이 노력할 필요가 없지 않을까? 그렇지 않다. 성격이 기질과 환경의 상호작용으로 이루어지듯, 행복도 기질과 환경의 상호작용으로 만들어 갈 수 있다. 누군가에 비해 현저히 낮은 행복 기준점을 가지고 태어났을지라도, 기질에 맞춰 포기하고 살아가는 것보다 그 안에서 가능한 만큼 행복을 끌어올리려는 노력이 필요하다.

　　행복은 타고난 기준점을 중심으로 오르락내리락한다. 그 변동 폭을 결정하는 것은 상황과 의지다. 의지로 행복을 선택하는 사람은 틀림없이 마땅한 결과를 마주하게 될 것이다.

◀ 4월 3일 기질 참고.

月

쾌락의 쳇바퀴

장난감 선물이 제일 싫어요! 한 어머니의 글이 눈길을 사로잡았다. 아이가 장난감을 선물로 받으면 겨우 이틀 정도 재미있게 놀고 구석에 처박아 놓으니, 정리하는 자신만 곤욕이라는 것이다. 좀 오래 가지고 놀면 안 되니, 아가?

인간은 자극에 노출되면 될수록 점점 둔감해진다. 처음에는 짜릿하던 것도 금세 지루해진다. 이런 현상을 '적응' 또는 '습관화'라 부른다.

짜릿한 영화도 여러 번 보면 졸음이 몰려오는 법이다. 처음 접한 자극은 강렬해 쾌락을 높은 수준까지 끌어올리지만, 이내 적응하여 바닥을 치게 내버려 둔다. 아무런 쾌락도 느끼지 못했을 때보다 더 나쁜 상태로 고꾸라지는 셈이다. 새로운 자극을 만나면 쾌락은 다시 정점을 찍고, 곧 둔감해져서 바닥을 향한다. 다람쥐 쳇바퀴 돌듯 기분은 고조되었다 내려앉기를 반복한다. 그래서 우리는 끊임없이 새로운 자극을 탐색한다. '쾌락의 쳇바퀴'를 타는 것이다.

간절한 목표를 달성한 후에 허무함이 몰려오는 이유도 여기에 있다. 성취하는 순간 쾌락이 꼭대기에 닿아 이제 내려갈 일만 남기 때문이다. 매일 감사하며 살면 좋겠지만, 적응하는 우리에겐 쉽지 않은 일이다. 행복은 강도가 아닌 빈도다. 어차피 내려갈 것, 하나의 거대한 목표를 향해 처절히 달리기보다는 작은 쳇바퀴를 여러 개 돌리자. 그날그날의 즐거움으로 가볍게 다시 올라갈 수 있도록!

절정-대미 이론

기구한 사연을 품고도 행복을 노래하는 사람을 본다. 반대로 평범한 삶 속에서 지옥을 경험하는 사람도 있다. 행복은 객관적 사실보다는 주관적 기억으로 남기 때문이다.

행동경제학자 카네먼과 트버스키는 괴로운 경험이 사람들의 마음에 어떻게 남는지 알아보기 위해 얼음물에 손을 담그고 견디는 실험을 진행했다. 한 집단은 60초 동안 얼음물에 손을 담갔다가 뺐고, 다른 집단의 사람들은 60초 동안 얼음물에 손을 담근 뒤에 물 온도를 1도 높인 상태로 30초 더 있다가 손을 뺐다. 어느 쪽이 더 큰 고통을 호소했을까? 객관적으로 볼 때, 90초 동안 찬물을 견딘 집단이 60초를 견딘 집단보다 더 고통스러워야 한다. 그러나 결과는 반대였다. 60초를 담근 집단은 내내 고통만 경험했지만 90초를 담근 집단은 조금 나아지는 경험을 했기 때문이다.

우리는 유쾌/불쾌한 경험이 얼마나 지속되었는지에는 관심이 없다. 우리에게 남는 것은 오직 마지막 기억이다. 아무리 고생했어도 마침내 나아졌다면 좋았던 경험이 되고, 내내 힘들었다면 그 한결같은 고생만 기억한다. 이것이 '절정-대미 이론'의 주장이다.

어제보다 나은 오늘이 되도록 노력하자. 그렇다면 이전의 고난은 더 이상 고난으로 기억되지 않을 테니까. 우리는 마지막을 기억하는 존재다. 마지막이 나아지면 고통은 잊힌다.

몰입

30분 이상 달리다 보면 뇌에서는 고통을 감소시키려고 엔도르핀▼을 방출한다. 이는 헤로인이나 모르핀을 투약했을 때처럼 행복감을 가져다준다. 그래서 달리는 사람은 도가니가 마르고 닳도록 뛰고 또 뛴다. 이처럼 달리는 행위에 빠져드는 상태를 '러너스 하이'라 부른다.

심리학자 칙센트미하이는 러너스 하이처럼 무언가에 흠뻑 빠지는 심리적 상태에 '몰입'이라는 이름을 붙였다. 과업을 수행하다 보면 온 마음과 에너지를 쏟으며 몰입하게 될 때가 있다. 무아지경 상태에 빠져 내가 과제를 하는 건지 과제가 나를 삼키고 있는 건지 구분이 되지 않는다. 시간의 흐름도 망각하여 벌써 이만큼이나 지났나? 싶은 상황이 찾아온다.

몰입은 전문가의 특별한 활동에서만 일어나는 일이 아니다. 프레젠테이션 자료를 만들거나 문서 작업을 하거나 청소를 할 때도 몰입에 빠져들 수 있다. 나는 어제 정부 지원 사업에 제출할 서류를 수합하다가 몰입 상태에 빠졌다. 정부24, 워크넷, 국민건강보험공단 등 온갖 사이트에서 인증을 받고 보안 프로그램을 깔고 서류를 받는 과정에 압도되었다. 정신을 차리고 보니 네 시간이 순식간에 지나가 있었다.

누군가에게는 아무것도 하지 않는 평온한 상태가 행복이라지만, 몰입에 빠져 무언가를 완수하고 나서 느끼는 만족감은 이루 말할 수 없이 경이롭다.

▼ 10월 22일 엔도르핀 참고.

긍정 정서의 원상복구 가설

이혼을 하네 마네, 며칠째 냉전 중인 부부가 있었다. 서로를 향한 원망은 자꾸만 커져 돌이킬 수 없는 단계에 이르렀다. 아내는 밤마다 펑펑 울어서 몰골이 말이 아니었다. 그러던 어느 날, 남편은 화장실에서 나오는 아내와 눈이 딱 마주쳤다. 화장기 없이 퉁퉁 부은 우스꽝스러운 얼굴을 보자 남편은 푸핫! 웃음을 터트렸다. 두 사람은 깔깔거리다가 다시 예전의 행복한 부부로 돌아갔다.

불안이 감도는 분위기가 참지 못한 웃음 때문에 뒤집히는 일은 종종 일어난다. 긍정 정서는 부정 정서의 해독제이기 때문이다. 심리학자 프레드릭슨의 '원상복구 가설'에 따르면, 긍정 정서는 스트레스로 유발된 신체적·심리적 후유증을 원상태로 회복시킨다. 부정 정서 자체를 없애는 것은 여간 어려운 일이 아니지만 긍정 정서가 나타나면, 부정 정서는 저절로 사라진다.

화해를 한 뒤에 반드시 해야 하는 일이 있다. 웃을 만한 일을 찾는 것이다. 사과를 하고 용서를 했다 해도 불편한 느낌은 지속된다. 이때 장난을 치거나, 웃기는 동영상을 함께 보는 것이 좋다. 일단 웃으면, 분위기는 해독된다.

기쁘'면서' 화나는 사람 없고, 우울하'면서' 행복한 사람 없다. 긍정 정서는 부정 정서와 공존하지 못하기 때문이다. 부정 정서를 없애려 노력하기보다는 긍정 정서를 만들자. 그게 훨씬 쉽고 효과적이다.

경험적 구매

300원이면 아이스크림 하나를 사 먹을 수 있던 시절, 1800원짜리 브랜드 아이스크림을 사 먹는 나를 한심하게 여기며 그 돈을 모아 가방이나 바꾸라고 잔소리하던 언니가 있었다. 그러나 나는 근사한 가방을 들고 다니는 언니보다 행복했다. 달콤한 경험이 주는 행복이 내 마음에 오래오래 남았기 때문이다.

'물질적 구매'는 실물이 남는 것을 구매하는 것이고 '경험적 구매'는 체험에 비용을 지불하는 것이다. 소유는 행복을 보장할까? 심리학자들이 입을 모아 말하는 행복해지는 방법은 '같은 값이라면 물건보다 경험을 구매하라'는 것이다.

오랜만에 만난 동창과 무슨 이야기를 나눌까? 안부를 잠시 묻지만 사실 서로가 어떻게 사는지는 그다지 관심이 없다. 슬슬 분위기가 좋아지면 과거 이야기를 끄집어내기 시작한다. 맛집에서, 여행지에서, 영화관에서 있던 일, 심지어 그날 유치하게 다투던 일까지 떠올리며 추억을 소환한다. 작년에도 분명 했던 이야기지만 또 해도 재밌다. 아마 내년에도 또 할 것이고 또 재밌을 것이다.

경험은 시간이 지날수록 긍정적으로 다가온다. 부정적인 사건마저도 지나고 나면 추억이다. 그러니 같은 돈으로 물건을 사는 대신 추억을 산다면 행복은 더 오래 머물 것이다. 물질은 이내 지루해진다. 그러나 경험은 우리를 매일 그날로 돌려놓고 영원히 남아 행복을 선사한다.

이스털린의 역설

돈이 많으면 행복할까? 일주일에 두 번씩 먹던 커피도 다섯 번씩 먹고, 배달 음식을 시키는 대신 파인 다이닝도 방문하고, 엄마랑 쇼핑하다가 이쁘다는 물건이 있으면 화끈하게 선물도 하고. 생각만 해도 마음이 풍족해진다.

그러나 미국의 경제학자 이스털린이 30개 국가의 행복도를 살핀 결과, 행복과 소득의 관계가 비례하지 않는다는 사실이 밝혀졌다. 오히려 가난한 국가에서 사람들의 행복지수가 높고 선진국에서는 행복지수가 낮은 아이러니한 현상이 나타나기도 했다. 어느 정도 수입이 보장되면 그 이후로 행복이 딱히 커지지 않거나 심지어 불행해지기도 하는데, 이처럼 일정 수준에 도달하면 수익의 증가가 행복의 증가를 보장하지 않는 현상을 '이스털린의 역설'이라 부른다. 이스털린의 역설 그래프를 보면, 수익이 증가함에 따라 행복도 증가하다가 어느 순간부터는 행복의 정도가 유지되는 패턴을 보인다.

그러나 나는 이 '일정 수준'에 주목하고 싶다. 언제 일정 수준 이상의 경제력에 도달한단 말인가. 그 수준을 향해 열심히 달리고 있는 우리에게 돈과 행복은 여전히 '정적 상관'◀이다.

돈은 원한다고 얻을 수 있는 것이 아니라 '일정 수준'에 도달하기도 어렵다. 또한 돈 때문에 불행과 조우하기도 한다. 돈으로 행복을 사는 건 역시 쉽지 않다.

◀ 1월 11일 상관관계 참고.

인지 이론

　　인지 이론의 창시자 벡은 정치에 관심이 많은 유태인 이민자 부모 아래서 자랐다. 그는 5남매 중 막내로 태어났는데, 두 자녀가 유아기에 사망하면서 벡의 어머니는 심하게 우울증을 앓았다. 어머니의 정서적 불안이 벡의 성장기 동안 크게 영향을 미쳤음은 부정할 수 없는 사실이다.

　벡은 세 살 때 천식을 앓아 고생했고, 그 무렵 형의 짓궂은 장난으로 베개에 짓눌려 숨이 막힐 뻔한 경험까지 했다. 그 뒤로 벡에게는 질식 공포가 생겼고, 시간이 지나면서 터널 공포증으로 연결되어 터널을 지나갈 수 없는 극도의 두려움을 느끼게 된다. 그러나 벡은 자신이 터널 안에서 숨이 가빠지고 가슴이 조이는 증상을 질식의 징조로 잘못 해석하고 있다는 사실을 깨닫고, 그렇게 자신의 잘못된 해석을 수정하며 터널 공포로부터 자유로워진다. 벡의 이 귀한 경험은 정서적 문제를 인지적 접근을 통해 해결할 수 있다는 믿음의 뿌리가 된다.

　불안 증세로 학업에 부진했던 그는 늘 야단을 맞으면서 자신이 무능하고 어리석은 사람이라는 잘못된 신념을 가졌지만, 터널에서의 경험처럼 이 신념을 수정하기 위해 노력한다. 마침내 그는 예일대 의과대학에 진학하여 정신과 의사가 된다. 현실을 부정적으로 왜곡하는 관점이 우울증을 유발한다고 본 벡은 세상을 바라보는 비틀어진 시각을 바꾸는 인지 치료의 중요성을 강조하였고, 이와 같은 주장은 '인지 이론'의 토대가 되었다.

인지 치료

우울한 사람과 대화를 나누다 보면 벽에다 말하는 기분이 들 때가 있다. 위로가 가닿지 않고, 조언이 통하지 않는다. 그들의 내면에는 이미 딱딱하게 굳어진 잘못된 마음이 있기 때문이다.

벡에 따르면 우울증을 비롯해 심리적 어려움을 겪는 사람들은 일반 사람들보다 부정적인 감정을 더 자주 경험하는데, 통제가 어렵고 갑작스럽게 떠오르는 부정적 사고인 '자동적 사고'가 그 원인이 된다고 한다. 또한 내담자들은 사건의 의미를 해석하는 과정에서 체계적인 왜곡을 하는데, 이를 '인지적 오류' 또는 '인지적 왜곡'이라고 부른다. 체계적이라는 건 한 사람이 저지르는 오류가 늘 한결같은 방식으로 나타난다는 것이다.

내담자에게 부부 갈등, 직장 부적응 등의 문제가 있다면 이 현실적 문제를 해결하는 것도 중요하지만, '인지 치료'에서는 궁극적으로 편향되고 경직된 사고를 유연하고 합리적으로 바꾸는 데 목표를 둔다. 드러나는 문제 행동의 기저에는 자동적 사고와 인지적 오류가 있기 때문이다. 자신의 사고가 비합리적이라는 사실을 스스로 인지하고, 논리적이고 객관적으로 세상을 바라볼 수 있도록 돕는 것이 인지 치료의 목표다. 인지적 왜곡과 자동적 사고는 우리 모두에게서 조금씩 나타날 수 있다. 그 종류에 대해 하나씩 알아보도록 하자.

파국화

대학 시절 컨디션 저조로 두 과목에서 B+를 받은 적이 있었다. (그렇게 최악의 점수가 아님에도) 생각이 꼬리에 꼬리를 물어 파국에 치닫는 상상을 했다. 성적표에 낙인이 생겼으니 이를 어째. 취업도 못 하고, 돈도 못 벌 테니, 결혼도 못 하겠지. 다 늙도록 가족도 없어 결국 의지할 데 없이 대전역에서 생활하는 노숙자가 될 거야. 지금 생각해 보면 웃음이 난다. 멘탈이 어쩜 그렇게 한없이 약했는지. 지금의 나는 성적증명서가 단 한 번도 필요하지 않은 일을 하며 즐겁게 잘 살아가고 있다.

시험 한 번 망쳤다고 인생 완전 종 쳤다고 믿은 나처럼, 때로 우리는 사소한 사건 때문에 인생이 엉망이 될 거라고 과장되게 해석한다. 이와 같은 인지적 왜곡을 '파국화'라고 한다. 인생이 하루아침에 파국으로 치달을 수 있을까? 생각처럼 쉽지 않다. 모든 일에는 흐름이 있다. 파국은 순식간에 일어나지 않고, 그 지경이 되기 전에 바로잡을 기회가 여러 번 찾아오기 때문이다. 가끔 넘어지겠지만 결국 우리는 털어 내고, 다시 일어나 바른길로 걸어 나갈 것이다.

불행한 걱정이 꼬리에 꼬리를 물 때는 나에게 반박하자. 그렇게 된다는 증거 있어? 정말 그렇게 되도록 손 놓고 있을 거야? 나를 믿자. 나는 결코 내 인생을 그렇게 내버려두지 않을 테니까!

과잉 일반화

뉴스에서 사건이 터지면 득달같이 달리는 댓글이 있다. 그 성별이네, 그 지역이네, 그 종교네. 확률적으로 봤을 때 극소수에 해당하는 일인데도 소수가 그 집단을 대표한다고 착각한다. 특정 집단을 혐오하게 만드는 이런 태도는 '과잉 일반화'라는 인지적 왜곡의 전형적 양상이다. 과잉 일반화는 하나의 사건이나 별개의 사건을 그와 관련 없는 사건이나 장면에 부적절하게 적용하는 비논리적 오류다.

자신에게 부정적인 과잉 일반화를 하는 사람은 한두 번의 실패를 통해 내 인생은 '언제나' '늘' '어김없이' 실패한다고 해석한다. 상처에 취약한 사람은 한 사람의 잘못을 보고 '모든' 사람이 나를 아프게 하리라고 믿는다. 그 믿음으로 세상을 바라보니 세상 모든 사람이 나쁘고, 세상 모든 일이 불합리해 보인다.

왜곡된 시각으로 세상을 바라보면 마음이 뾰족해져서 정말 미움받을 만한 태도로 상대를 대하거나 실패할 수밖에 없는 상황을 만들어 간다. 이런 경험으로 돌아오는 몇 번의 좌절은 자신의 잘못된 신념을 증명하는 근거가 되어 세상을 바라보는 시선을 지금보다 더 뒤틀어 버린다.

'모두에게' '언제나' '어김없이' 일어나는 일은 없다. 물론 나쁘고 부당한 경우도 많다. 그러나 그건 그 사람, 그 상황, 그날의 문제일 뿐 '전부'의 문제가 아니다. 똥 밟은 날엔 똥 밟았다고 생각하고 넘어가면 된다. 오늘 똥을 밟았다고 해서 지구가 똥은 아니지 않는가.

과장과 축소

발표 불안이 있는 사람들의 전형적인 걱정거리가 있다. 사람들 앞에서 발음이 꼬이거나 손이 떨리거나 귀가 빨개지는 사소한 긴장감을 들킬까 봐 불안해한다는 것이다. 그러나 그게 뭐 대수란 말인가? 조금 틀린 발음을 기억하는 사람은 거의 없다. 대부분 그 순간을 알아채지 못할 뿐만 아니라 혹시 알아채더라도 다음 메시지가 나오는 순간 잊어버린다. 사람들은 생각보다 당신의 실수에 관심이 없다. 하지만 우울한 사람은 부정적 일의 의미를 '과장'하는 인지적 오류를 범하고, 사소한 문제를 돋보기로 확대해서 들여다보고 좌절한다.

모든 글이 완벽하지 않아도 좋은 구절이 이따금 등장하는 책은 좋은 책으로 인정받는다. 모든 장면이 아름답지 않아도 명장면이 강렬한 영화는 좋은 영화로 기억에 남는다. 발표도 마찬가지다. 몇 번의 발음 실수, 손 떨림이 있을지라도 전반적인 메시지가 좋았다면 잘했다 칭찬받는다. 그러면 칭찬 그 자체가 사람들이 내린 결론이다. 그러나 우울한 사람들은 좋은 점을 '축소'하는 인지적 왜곡을 범한다. 그냥 하는 말이겠지, 하며 상대의 칭찬을 형식적인 것으로 받아들인다. 내가 잘했을 리가 없어, 하며 자신의 재능을 폄하한다.

잘하지도 못하면서 거들먹거리는 것도 보기 싫지만, 사소한 문제는 확대해석하고 잘한 점을 인정하지 않는 것이야말로 자존감을 갉아먹는 벌레다. 잘한 것은 잘했다고, 못한 것은 그럴 수 있다고 여길 줄도 알아야 한다.

개인화

날이면 날마다 싸우는 부부가 있었다. 두 사람은 감정적으로 격해지면 눈에 보이는 게 없었고, 아이가 바로 앞에 있는데도 험한 말을 주고받았다. 그러나 어느 날 아이가 건넨 편지를 보고 두 사람은 오열하며 자신들의 태도를 반성했다. 편지에는 이렇게 씌어 있었다. "엄마, 아빠. 내가 태어나서 엄마 아빠를 싸우게 해서 미안해요."

논리적 판단이 어려운 어린아이들은 부모가 싸우는 것이 자기 때문이라고 착각한다. 그래서 스스로를 태어나선 안 되는, 무가치한 존재라고 여기는 경우가 많다. 이처럼 자신과 관련 없는 경우에도 사건을 자신과 연관 지어 생각하는 인지적 왜곡을 '개인화'라고 한다.

어떤 일이 일어나는 데는 여러 가지 원인이 복합적으로 작용한다. 그런데 이 일이 자기 때문에 생겼다고 믿기 시작하면 (필요하지 않은) 죄책감에서 벗어날 수 없다.

사람들이 수군거리며 웃는 모습에 기분이 상했던 적이 있는가? 그들의 대화 소재가 나라고 착각하는 것이다. 그래서 '뭘 봐?' 하며 시비를 걸기도 하는데 상대로서는 처음 보는 사람이니 황당할 수밖에. 개인화가 심해지면 타인의 행동을 오해하고 쉽게 불쾌해지며 문제 행동을 일으킬 수도 있다.

잊지 말자. 이 세상에서 나의 영향력은 그리 크지 않다는 것을. 그리고 말해 주자. "나 때문이 아니야."

정신적 여과

　　"우울증 환자가 자살 시도를 가장 많이 하는 시기는 언제일까요?" 강연 도중 던진 질문에 한 사람이 심드렁하면서도 큰 목소리로 대답했다. "언제긴 언제야, 죽고 싶을 때 죽겠지." 가시 돋친 반말에 당황함도 잠시, 그는 그 뒤로도 내내 삐딱한 자세로 자다 깨다를 반복하며 불성실한 태도를 보였다. 그 사람 때문에 나는 '오늘 강연은 엉망이었어' 자책하며 낙담한 마음으로 집에 돌아왔다. 그런데 이게 웬일? 스마트폰 알람을 확인해 보니, 강의 평가가 좋았다며 다음 주에 한 번 더 진행할 수 있겠냐는 주최 측의 메일이 와 있었다.

　　강의를 적극적으로 듣는 청중이 더 많았음에도 도드라진 한 사람의 무례함을 전반적인 반응이라고 착각했다. '정신적 여과' 또는 '선택적 추상'이라 불리는 이 인지적 왜곡은, 긍정적인 전반적 양상은 걸러 내고 부정적인 세부 사항에만 주의를 기울이고 마음을 두는 것을 말한다.

　　그림을 그리다 실수로 흘린 잉크 자국이 오히려 그림을 감각적으로 만든 경험이 있다. 오염된 부분만 봤으면 좌절했을 텐데 전체를 아울러 보니 더욱 멋졌다. 인생의 나쁜 부분만 집중해서 보면 끝없는 낙담에 빠진다. 그러나 그 주변에 있는 아름다운 장면을 여과 없이 보기 시작하면, 오점마저 어우러진 근사한 그림이 눈에 들어올 것이다.

독심술

– 아내의 일기

레스토랑에서 남편과 만나기로 약속을 했는데 쇼핑하느라 조금 늦었다. 남편의 표정은 굳어 있었다. 사과를 받은 그는 말로만 괜찮다고 할 뿐이었다. 몇 번이나 농담을 건넸다. 그러나 그는 진심으로 웃어 주지 않았다. 조용한 데 가서 이야기를 나누자고 했지만 괜찮다고, 아무것도 아니라는 대답만 돌아왔다. 집에 오는 길에 남편에게 사랑한다 고백했다. 그는 웃기만 할 뿐 '나도 사랑해'라고 대답하지 않았다. 차 안에는 정적만이 흘렀다. 집에 돌아와 말없이 TV만 보는 남편 곁에 앉았다. 그는 다른 생각에 빠진 것처럼 보였고 나를 쳐다도 보지 않았다. 먼저 잠자리에 누웠지만 그는 따라 들어오지 않았다. 하염없이 눈물이 났다. 아무래도 남편에게 여자가 생긴 것 같다.

– 남편의 일기

오토바이 시동이 걸리지 않는다. 이유를 모르겠다.

충분한 근거 없이 성급하게 틀린 결론을 내리는 인지적 왜곡을 '임의적 추론'이라고 부른다. 여기에는 타인의 마음을 자기 마음대로 해석하는 '독심술'이 포함된다. 상대의 행동이 이해되지 않는 순간이 있다. 그래서 마음대로 그 이유를 추론하다 보면 어느새 비극에 닿아 있다. 보통 이 비극은 상상력이 만들어 낸 허상이다.

흑백 논리

"남편은 내 인생의 로또예요. 하나도 맞지 않죠." 이런 유의 농담을 들으면 우스우면서도 씁쓸하다. 정말 하나도 맞지 않을까? 우리는 O/X 문제에 답을 하듯 판단을 내리는 경우가 많다. 우리 부부는 행복하다? (O/X) 내 인생은 성공했다? (O/X) '예/아니요'로 칼같이 대답할 수 있는 질문일까?

내 편이 아니면 적으로 여기는 사람이 있다. 성공하지 못했다면 실패로 여기는 사람이 있다. 날 좋아하지 않으면 날 싫어한다고 믿는 사람이 있다. 칭찬을 건네지 않으면 나를 인정하지 않는 것으로 받아들이는 사람이 있다. 중간 없이 '좋다/나쁘다'로 결론 내리는 '흑백 논리'의 인지적 오류를 범하기 때문이다.

이분법적으로 결론을 내릴 수 있는 문제는 생각보다 많지 않다. 이를테면 '오늘 점심을 먹었다/먹지 않았다', '방귀를 뀌었다/뀌지 않았다' 정도? '양이 많다/적다' 같은 사소한 문제도 사실은 답을 내리기가 어렵다. 배가 부른 거 같긴 한데? 아니, 난 더 먹을 수 있을 것 같기도…… 중간이란 언제나 존재한다. 나에게는 나쁜 사람이 누구에게는 좋은 사람인 경우도 비일비재하다. 그렇다면 그 사람은 좋은 사람일까, 나쁜 사람일까? 답을 내릴 수도, 굳이 답을 내릴 필요도 없는 문제다.

흑에서 백으로 가는 길목에 회색의 스펙트럼이 파다하다. 그리고 그 회색은 언제든 백이 될 가능성을 품고 있다.

자동적 사고

생각은 하는 것일까, 나는 것일까? 슬픈 일을 겪은 사람은 그날의 기억이 떠올라 잠들지 못하고, 공포 영화를 본 사람은 무서운 생각이 머리를 떠나지 않아 불을 끄지 못한다. 이처럼 어떤 생각은 의도치 않게, 아주 빠르게 마음을 파고든다. 그리고 그 생각은 우리를 부적응적으로 행동하게 이끈다.

인지심리학자 벡은 우울함을 겪는 사람들이 실패, 상실, 좌절과 관련된 부정적 사고를 많이 하고, 심지어 자신이 그런 사고에 영향을 받는다는 사실조차 자각하지 못한다고 말한다.

갑자기 책상을 쾅! 하고 내리치면 누구나 놀란다. 놀랄지 말지 심사숙고하고 반응하는 사람은 없다. 놀라는 건 반사적이기 때문이다. 우울한 사람에게는 부정적 사고가 반사적으로 떠오른다. 심사숙고할 겨를도 없이 나쁜 생각이 머릿속으로 침투하는 것이다. 이 반응을 '자동적 사고'라고 부르는데, 자동반사적으로 떠오르기에 막을 수가 없다. 그래서 부정적인 자동적 사고가 많은 사람들은 생각에 침잠한 채 살아간다.

떠오르는 생각은 막을 수 없지만 이 생각이 나를 지배하지 못하도록 통제할 수는 있다. 나 또 자동적 사고에 영향을 받고 있구나, 깨닫고 생각을 전환하려 노력한다면 우울한 마음 상태에서 벗어날 수 있다. 그리고 이 과정이 반복되면 자동적 사고 자체가 수정될 수 있다.

합리적 정서행동 이론

　　　　　상사의 괴롭힘으로 인생의 암흑기를 보낸 적이 있다. 당시에는 왜 나에게 이런 불행한 일이 일어났느냐며 하늘을 원망하고 비관적인 태도로 세상을 살았다. 몇 년 뒤에 나는 심리학 강사가 되었다. '스트레스와 행복'이라는 주제로 강의를 몇 차례 진행했지만 도입부가 도무지 인상적이질 못해 아쉬움이 남던 어느 날, 그날의 기억이 문득 떠올랐다. 나는 과거의 경험으로 강연의 문을 열었고, 청중은 내 경험에 공감하며 순식간에 집중하기 시작했다. 불행했던 사건은 강연자로서의 나에게 좋은 재료가 되었고, 이후로 나쁜 일이 찾아오면 좋은 강의 재료가 생겼다며 기뻐할 수 있었다.

　　　스토아 철학자 에픽테투스는 '우리를 당황하게 만드는 것은 사건이 아니라 그 사건을 바라보는 관점'이라고 주장했다. 어떤 일이 일어나든 사건 그 자체는 우리를 행복하거나 불행하게 만들지 못한다. 우리의 마음을 흔들거나 지키는 것은 오직 사건을 바라보는 시선이다.

　　　'합리적 정서행동 이론'REBT의 창시자 엘리스는 에픽테투스의 말을 인용하며, 우리의 신념 체계를 바꾼다면 삶도 바꿀 수 있다고 주장했다. 실제로 그는 자신을 '반半 고아'라고 소개할 정도로 열악한 환경에서 살았지만 자신의 삶을 비참하게 여기기를 거부했다. 그런 그의 신념이 세상을 바라보는 관점을 바꿔 그의 인생까지 바꿔 놓았다.

당위주의

엘리스에 따르면 비합리적으로 생각하는 사람들은 세 가지 범주를 대상으로 '당위성'을 요구한다. '반드시'의 늪에 빠져 인생을 피곤하게 만드는 것이다.

먼저 '나에 대한 당위성'은 자신에게 과도한 목표를 주고 반드시 이루려는 기대를 갖는 것이다. 나에 대한 당위성을 가진 사람은 절대 실수해서는 안 되고, 모두에게 인정받아야 한다고 생각한다. 그렇지 않다면 자신은 무가치한 쓰레기라고 믿는다. 이룰 수 없는 목적을 향한 노력은 우리를 배신하므로 자기 비난과 혐오로 이어진다.

'타인에 대한 당위성'은 모든 사람에게 기대하는 당위적 행동이다. 애인은 내가 찾으면 만사 제쳐 두고 반드시 달려와야 하고, 식당 직원은 나를 반드시 왕처럼 대해야 한다. 사람들은 반드시 내 편이어야 하기 때문에 진심 어린 조언도 비난이나 공격처럼 받아들이고, '반드시'가 이루어지지 않아 생기는 분노와 적개심은 폭력을 유발하기도 한다.

마지막으로 '세상에 대한 당위성'은 세상에 바라는 완벽함이다. 내가 사는 집은 벌레 한 마리 나와서는 안 되고, 국가는 나의 복지를 온전히 책임져야 하며, 3D 업종의 일은 결코 나에게 주어져서는 안 된다. 부당한 피해는 조금도 용납할 수 없다는 것이다.

당위주의에 대한 요구는 결코 채워질 수 없다. '반드시'에 대한 기대는 '반드시' 어긋나게 되어 있다.

비합리적 신념

엘리스는 아래와 같은 '비합리적인 생각'이 정서장애의 원인이 된다고 말한다. 혹시 이런 생각에 사로잡혀 있다면, 이제 멈추자!

1. 나에게 의미 있는 모든 사람에게 인정과 사랑을 받아야 한다.

    → 모두를 만족시킬 순 없고, 그럴 필요도 없다.

2. 가치 있는 사람은 모든 측면에서 철저히 능력이 있다.

    → 잘하는 영역도 있지만 못하는 영역도 많다.

3. 나쁘고 사악한 사람은 가혹하게 처벌해야 한다.

    → 나쁨의 기준은 주관적이고, 나 또한 누군가에게는 나쁠 수 있다.

4. 일이 원하는 대로 되지 않는 것은 파국이다.

    → 일이 원하는 대로 되는 것이야말로 기적이다.

5. 불행은 외부에서 찾아오고, 슬픔과 장애는 통제할 수 없다.

    → 나의 실수로 일어나는 일도 있고, 잘못은 바로잡을 수 있다.

6. 위험하거나 두려운 일의 가능성을 계속 떠올려야 한다.

    → 예방은 필요하지만, 불안에 사로잡혀 살아서는 안 된다.

7. 어렵거나 책임이 따르는 일은 피하는 것이 낫다.

    → 문제를 직면하고 해결하는 경험은 나를 성장시킨다.

8. 의지할 만한 누군가가 있어야 한다.

    → 나는 스스로 해 낼 수 있는 존재다.

9. 과거는 나를 만드는 중요한 결정 요인이다.

    → 나는 미래를 바꿀 수 있다.

10. 모든 문제에는 해결책이 있다.

    → 없을 수도 있다.

ABC 모델

인간은 양면성을 지닌 동물이기에 합리적으로 생각하면서 비합리적으로 행동한다. 일어나야지, 일어나야지 하면서도 누워서 게으름을 부리는 것처럼 말이다. 우리를 비합리적으로 만드는 신념이 있다면 수정해야 한다. 엘리스는 수정 기법으로 'ABC 모델'을 제시한다.

우리 삶에 어떤 선행사건Antecedent events이 일어나면 그 사건은 자동적으로 비합리적 신념Beliefs을 이끌어 낸다. 그리고 그 결과Consequences 우리는 신념에 따라 부적응적으로 행동하고 문제 상황을 마주하게 된다.

책을 쓰고 인터뷰를 했는데 악성 댓글이 달렸다(A). 모든 사람에게 인정받아야 하는데(B) 악성 댓글을 보니 가슴이 철렁했다. 결국 하루 종일 우울한 기분에 사로잡혀 있느라 아무것도 하지 못했다(C). 자, 얼마나 무의미한가. 이제 우리는 D로 넘어가야 한다. 바로 논박Dispute이다. 세상에는 별의별 사람이 다 있다. 그런데 모든 사람이 다 내 의견에 동조할 수 있을까? 만약 악하디악한 사람이 내 편을 들어 준다면 나도 악하다는 뜻 아닐까? 신념을 논박하니 기분이 풀렸다. 이처럼 긍정적인 효과Effect를 보면 기분Feeling이 좋아지고, 새로운 신념이 비합리적 신념을 덮는다.

신념을 바꾸는 것은 어려운 도전이다. 그러나 똑같은 마음가짐으로 삶을 살면 똑같은 결과만 맞이할 뿐이다. 신념을 바꾸면 인생도 바뀐다.

소크라테스식 문답법

비합리적 신념에는 네 가지 특징이 있다. 먼저 왜곡되거나 과장된 내용으로 구성되어 있고, '해야 한다!'는 강요나 명령의 형태로 나타나며, 과도한 감정을 유발하여 결국에 개인의 목표 달성이나 행복을 방해한다.

이런 비합리적 신념을 바꾸려면 소크라테스식 문답법을 활용해 보자.

1. 논리적 논박: 그 신념이 정말 타당한가? 논리적 근거가 있나? 비약 아닌가?
2. 경험적 논박: 그 신념을 믿을 만한 경험적 근거가 있나? 현실적인 신념 맞는가?
3. 실용적 논박: 그 신념을 통해 당신 인생이 조금이라도 나아지는가?
4. 철학적 논박: 그 신념이 과연 당신을 행복하게 하고 인생을 의미 있게 만들어 주는가?
5. 대안적 논박: 그 신념이 정말 최선인가? 더 나은 생각을 해 볼 수 있지 않은가?

이 다섯 가지 질문에 고집부리지 않고 하나하나 답을 내리다 보면, 내 신념이 잘못되어 있다는 사실을 깨닫게 된다. 스스로 불행을 결정하고 뿌리를 내리지 말자. 내 생각을 바꾸는 용기가 내 인생을 바꾼다.

추동 이론

애견용 유아차에 강아지를 태우고 커브를 돌면 이 귀여운 생명체는 놀랍게도 반대 방향으로 몸을 기울인다. 균형을 잡으려는 본능 때문이다. 모든 동물은 균형이 깨지는 것을 참지 못한다. 특히 균형 중에서도 생물학적 균형이 무너진 상태를 추동drive이라고 하는데, 행동한다는 것은 추동에서 벗어나려는, 즉 균형을 되찾기 위한 시도라고 볼 수 있다.

심리학자 헐은 이 과정을 방정식으로 표현했다. E=H×D×K. 마음 공부에 방정식이라, 놀라지 말자. 차근차근 쉽게 풀어갈 테니. 먼저 좌변의 E는 행동의 강도다. E가 커질수록 열심히 행동한다고 보면 된다. 다음으로, 수학 포기자라도 곱하면 커지고 나누면 작아진다는 사실 정도는 알 것이다. 그러니까 우변의 친구들이 커지면 커질수록 더 열심히 행동한다고 해석하면 된다.

H는 '습관'이다. 습관화되면 더 많이 행동하게 된다. 습관화되지 않은 행동에는 노력이 필요하기 때문이다. 'D'는 '추동'이다. 과잉되거나 결핍된 상태인 추동에 빠지면 우리는 균형을 되찾기 위해 더 강하게 행동한다. 마지막으로 K는 '보상'이다. 얻는 이점이 있으면 행동은 강력해진다.

열심히 살기 위해서 해야 할 일은 간단하다. 습관을 들이고, 그 일을 해야 하는 명분을 찾으며, 해 낼 때마다 자신에게 보상을 주면 된다. 성공하는 법, 참 쉽다.

다이어트

미국 드라마 『팍스 앤드 레크리에이션』의 등장인물 앤디는 한 장면에서 초밥 알레르기를 고백한다. "나는 초밥을 80개 이상 먹으면 항상 토해."

대장 내시경을 하려고 장세척약 4리터를 마셔야 했던 날, 마지막 한 잔을 넘기지 못하고 그대로 토해 버렸다. 그렇다면 나는 장세척약 알레르기? 인간은 갈증이 해결될 때까지 마실 수 있고, 배가 찰 때까지 먹을 수 있고, 졸리지 않을 때까지 잘 수 있다. 그러나 생리적 충족이 일어나면 뇌가 거부 반응을 보인다. '부정적 피드백 시스템'이 작동하는 것이다. 항상성이 무너져 과잉 상태에 빠지면 우리의 뇌는 그만하라고 정지 버튼을 누른다.

이렇게 훌륭한 시스템을 보유한 인간인데 왜 살이 찔까? 배가 부를 때 안 먹으면 그만인 것을. 이유는 뇌뿐 아니라 위도 식욕 담당자이기 때문이다. 위는 무능하고 느려 터진 동료 직원 같다. 뇌에서 배부른 상태를 인지해야 먹는 행동을 멈출 수 있는데, 위는 배가 찼다는 신호를 아주 느리게 보내기 때문이다. 이 상황을 모르는 우리는 포만감이 느껴질 때까지 음식을 위장으로 쑤셔 넣는다. 그러니까 뒤늦게 깨닫는 배부르다는 느낌은 이미 몇십 분 전에 보내진 신호인 것이다.

초밥 80개에 알레르기가 있다는 것은 60개 정도면 배가 찬다는 뜻이다. 알레르기 반응까지 가지 말고, 배가 부르다는 느낌을 기대하지 말고, 뇌와 위가 연락이 닿을 때까지 잠시 기다리는 연습을 하자. 물론 말은 쉽다. 말만 쉽다.

섭식 행동과 단위 편향

돼지야! 많이 먹는 사람을 이렇게 놀리지만 사실 이 말은 돼지에게 상당히 실례가 되는 말이다. 돼지는 위의 100퍼센트를 채우면 먹는 걸 멈추지만, 인간은 120퍼센트까지도 먹을 수 있기 때문이다. 인간은 생물학적 동물인 동시에 심리적 동물이다. 그러므로 섭식 행동도 심리적 영향을 받는다. 어떤 상황에서 우리는 더 많이 먹을까?

우리는 혼자 있을 때보다 여럿이 있을 때 더 많이 먹는다. 혼자 있을 때보다 여럿이 함께 있을 때 행동이 강해지는 '사회적 촉진'▼ 때문일 수도 있고, 다양한 맛 때문일 수도 있다. 인간은 한 가지 음식보다 다양한 음식을 맛볼 수 있을 때 더 많이 먹는데, 친구들과 함께 할 때는 여러 메뉴를 시키고 그만큼 맛이 다채로우니 평소보다 많이 먹게 된다.

섭식 행동에 영향을 주는 또 다른 요인은 '단위 편향'이다. 단위 편향은 주어진 과제에 단위가 있으면 그 단위에 맞춰 끝맺으려는 경향성을 말한다.

한 공기에 밥 150그램을 담아 먹으면 충분히 배부른 사람도 만약 식당에서 한 공기에 밥 250그램을 꾹꾹 담아 주면 기어이 먹어 치우고야 만다. 한 공기라는 단위를 끝맺고 싶은 심리 때문이다. 과자를 먹더라도 30그램이 한 봉지든, 100그램이 한 봉지든, 한 봉지라면 다 먹게 된다. 어느 개그맨의 명언이 떠오른다. 한 사람이 먹으면 그것이 1인분이니라. 반대다, 1인분이라 하면 그것이 먹히느니라.

▼ 4월 29일 사회적 촉진 참고.

가르시아 효과

담배 냄새 때문에 애인에게 차였다는 사연에 누군가가 명쾌한 해답을 내렸다. "제가 실수로 담뱃불을 끈 커피를 마신 적이 있거든요. 그 뒤로 담배 냄새만 맡아도 구역질이 나요. 한번 해 보세요(?)."

이 방법은 효과가 있을까? 아마 담배보다 커피를 끊게 될 가능성이 더 높지 싶다. 맛과 혐오 경험은 쉽게 엮이기 때문이다. 심리학자 가르시아의 연구팀은 쥐에게 사카린을 먹인 후 감마선에 노출시켜 구토하도록 했다. 그러자 쥐는 사카린 맛이 나는 모든 음식을 거부했다. 구토의 원인을 사카린이라는 맛으로 학습한 것이다. 이런 현상을 '미각 혐오 학습' 또는 연구자의 이름을 따서 '가르시아 효과'라고 부른다.

뒤늦게 마라탕에 입문한 나는 중독 증상에 시달리며 일주일에 네 번 이상 마라탕을 먹기에 이르렀다. 그리고 정확히 석 달 뒤 고열로 응급실에 실려 갔고, 결석이 요도를 막아 수신증이 생겼다는 진단을 받았다. 결석의 가장 큰 원인은 짠 음식과 수분 부족이었다. 마라탕 국물을 들이켜고선 맵다고 달고 끈적한 음료만 먹어 온 세월이 주마등처럼 스쳐 지나갔다. 그때부터였다. 마라 향이 조금만 나도 식도에서부터 거부감이 느껴진 건……

고통으로 특정 음식을 먹지 못하게 되었다는 사연은 안타깝다. 그러나 반대로 생각해 보면, 어떤 경험은 중독된 음식으로부터 우리를 구제할 수도 있다. 물론, 부러 구토를 유발해서는 안 되지만 말이다.

여키스-도슨 법칙

운전을 두려워하는 신고은은 운전대를 잡기 전 아이유의 『밤편지』를 튼다. 잔잔한 멜로디에 차분한 목소리를 들으면 그제야 요동치는 심장이 제 박자를 찾는다. 반면 운전병 출신인 남편은 운전 중 졸린 상황을 자주 맞닥뜨리고, 그럴 때마다 버즈의 노래 『가시』를 열창한다. "크ー으대 기억이~ 치ー이난 사랑이~" 같은 상황인데, 달라도 너무 다른 태도다.

인간은 저마다 자신에게 가장 유쾌한 수준의 자극을 추구한다. 각성이 필요한 사람은 진한 에스프레소를 들이켜거나 매운 떡볶이를 먹고 공포 영화를 본다. 이완이 필요한 사람은 잔잔한 클래식을 틀고 아무도 없는 공간에서 휴식을 취한다. 자신에게 맞지 않는 자극 수준은 불편을 유발한다. 지나친 이완은 지루함을 부르고, 지나친 각성은 불안감을 고조시킨다.

각성 수준에 따른 효율성을 그래프로 그리면 ∩자 모양이 된다. 각성할수록 수행이 높아지다가 어느 수준을 넘어서면 수행이 저조해지는 것이다. 이 현상을 발견한 학자들의 이름이 여키스와 도슨이라서 '여키스-도슨 법칙'이라고 부른다.

수면 바지를 입고 소파에 누워서 책을 볼 것인가, 풀 세팅하고 카페로 나가 키보드를 두드릴 것인가? 뭐든 잘해 내려면 자신에게 맞는 각성 수준을 찾는 것이 관건이다. 『밤편지』를 들을지, 『가시』를 부를지 고민하는 우리 부부처럼 말이다.

관계성 욕구

선조들에게는 집도 없었고 차도 없었다. 그들의 터전에는 마트도 없었고, 길목에는 맹수가 돌아다녔다. 사냥터에 나가면 서로를 지켜야 했고, 집터에 남으면 서로를 보호해야 했다. 만약 관계에서 피로감을 느끼고 무리에서 벗어난 사람은 어떻게 되었을까? 굶어 죽거나, 얼어 죽거나, 물려 죽었을 것이다. 관계란 곧 생존이었다.

홀로 콘텐츠를 만들어 업로드하는 크리에이터에게도 구독자가 필요하고, 골방에서 작업하는 예술가에게도 소비자가 필요하다. 직접 교류하지 않아도 우리는 언제나 관계를 통해 생존한다. 그러므로 인간은 관계를 맺고 관계 안에 거하려 하는 존재로 정의된다. 인간이 사회적 동물이라 불리는 이유다.

사회적 동물에게는 '관계성 욕구'라는 본능적 기대가 존재한다. 이는 친밀감과 유대감을 쌓고자 하는 심리적 욕구다. 이 욕구를 충족하기 위해 우리는 서로에게 다가간다.

상대방이 나의 안녕에 관심이 있다고 느껴질 때라야 우리는 비로소 유대감을 느낀다. 그래서 우리는 끊임없이 다가가고 표현해야 한다. 연인 사이, 두 사람 중 한 명이 말을 멈추면 이내 적막이 흐른다. 이런 일이 반복되면 두 사람의 관계는 끝을 향한다고 볼 수 있다.

오리온 초코파이 광고주에게 대국민 사과를 요구한다! 관계에 잘못된 인식을 심어 주었으니까. 말하지 않으면 모른다.

공유관계와 교환관계

　　　　　사회적 교류가 줄어든 요즘, 결혼식 하객 대행 아르바이트를 구하는 사람이 많아졌다. 기꺼이 하객의 역할을 맡은 사람은 정해진 시간 동안 최선을 다해 친밀한 사이가 되어 준다. 그러나 연기가 끝나면 일당이 담긴 돈 봉투를 받고 예의를 갖춰 인사한 후 자리를 뜬다.

　　이 장면이 괴상하게 느껴지는 건, 관계의 유형이 혼재되어 있기 때문이다. '공유관계'는 친구나 가족처럼 친밀감과 유대감으로 뭉쳐 서로에게 책임감과 의무감을 지니는 관계다. 이런 관계에서는 희생을 통해서라도 상대의 결핍을 채워 준다. 반면 '교환관계'는 주고받는 균형이 확실한 관계다. 시간을 주고 돈을 받거나, 재능을 주고 대가를 받는 것처럼 말이다.

　　서로가 바라는 관계의 형태가 다를 때 갈등이 커진다. '가족 같은 회사'라고 자랑하는 곳은 가족처럼 아끼기보다 가족처럼 자신을 갈아 넣어 희생해 주길 바란다. 교환관계에서 공유관계의 모습을 바라는 것이다. 반대로 부정 입학, 세습, 병역 비리는 교환관계에 사적인 감정이 개입되어 문제가 되는 대표적인 예다. 이처럼 공유관계와 교환관계가 혼재될 때 혼란이 야기된다.

외로움과 고통

시험 전날 한 학생으로부터 연락을 받았다. "여자친구랑 헤어져서 도저히 공부가 안 돼요. 어떻게 해야 할까요?" 으이구, 젊다 젊어! 진지한 질문에 웃음부터 나왔다. 그러나 정말 웃을 일일까?

사회심리학자 윌리엄스의 연구팀은 배척감에 대한 실험을 통해 외로움의 심각성을 주장했다. 연구진은 사이버 볼이라는 게임을 활용하여 연구를 진행했다. 처음 만난 세 사람이 온라인으로 공을 주고받는 게임으로, 참여자 중 두 사람은 사실 연구의 공모자이다. 공모자들은 한 사람을 따돌리듯 둘이서만 공을 주고받는다. 실험의 진짜 참여자인 한 사람은 실험 내내 오지 않는 공을 기다려야 한다. 아무도 나에게 공을 던져주지 않으면 기분이 어떨까? 실험 결과 배척당한 참여자들은 실제로 통증을 느꼈다고 보고했다.

마음의 아픔은 눈으로 보이지 않기 때문에 간과되는 경우가 많다. 그러나 배척을 당하면 신체적 통증에 반응하는 뇌 영역이 활성화된다. 물리적 손상에 느끼는 고통과 같은 아픔을 느끼게 되는 것이다. 그렇기에 이별하고, 미움받고, 관계에서 배제되면 진짜 몸이 아픈 것처럼 괴롭다. 마음이 아프건 머리가 아프건, 그 아픔에 관여하는 건 뇌이기 때문이다.

모든 관계의 형태 속에서 우리는 누군가를 외롭게 하지 않아야 한다. 마음에 입힌 상처는 몸에 가한 상해와 같기 때문이다.

月

외재 동기

이번 주, 시간 진짜 안 가지 않아요? 동료 직원이 이 말을 꺼낸 시점은 고작 월요일 아침 8시 40분이었다. 현대인은 항상 이런 마음가짐으로 살아간다. 너무나도 싫지만 그럼에도 불구하고 해낸다. 도대체 왜?

아이는 칭찬 스티커를 받으려고 숙제를 마치고, 강아지는 간식을 먹기 위해 '앉아!'라는 명령에 따른다. 고등학생은 좋은 대학에 가려고 밤새워 공부하고, 취업준비생은 직장에 들어가려고 자격증 시험에 몰두한다. 과정은 유쾌하지 않지만, 결과는 유쾌할 것임을 안다. 그래서 우리는 무언가를 '얻으려고' 힘을 낸다. 이처럼 외부적 이유로 행동하게 만드는 동기를 '외재 동기'라고 한다.

우리는 앞으로 따라올 보상을 기대하며 행동한다. 그 보상은 돈, 선물, 옷처럼 물리적인 것일 수 있다. 물론 미소, 칭찬, 갈등 없는 관계와 같이 심리적인 것이 보상이 될 때도 있다.

심리적 보상과 물리적 보상 가운데 무엇이 더 강력할까? 심리학자 홀은 교정기를 착용하는 아이들과 함께 흥미로운 실험을 진행했다. 아이들이 교정기를 착용할 때마다 다정하게 칭찬하자 교정기를 착용하는 횟수가 증가했다. 그런데 칭찬 대신 용돈을 주자 놀라운 결과가 나타났다. 아이들이 거의 100퍼센트 확률로 교정기를 끼게 된 것이다. 돈의 힘은 어마어마했다. 심리학은 동화가 아니다. 과학이다.

내재 동기

대학원 진학을 앞두고 한 심리학자와 면담을 했다. "저는 사회심리학을 하고 싶습니다." "왜지?" "재미있어서요." "재미있지, 하지만 사회심리학을 전공하면 나중에 할 게 없어. 하고 싶은 것만 하고 살 수는 없는 법이야. 상담이나 임상 전공은 어때? 수요가 있는 데는 이유가 있는데." 그의 말은 논리적이었고 설득력 있었다. 그래서 나는 지원 전공을 선택했다. ☑ 사회심리학.

행동하게 하는 내면의 힘을 동기라고 한다. 그중 가장 강력한 에너지를 가진 것은 '내재 동기'일 것이다. 내재 동기란 자발적으로 생겨나는 기대, 탐구, 숙달에 대한 추구다. 누가 시켜서 생기는 것도, 이성적으로 따지거나 노력과 의지로 만들어서 생기는 것도 아니다. 마음이 시켜서, 마음이 끌려서 하는 것이 바로 내재 동기다. 내재 동기로 행동하면 행위 그 자체가 즐거움이 되어 지치지 않는다.

즐겨 보던 힙합 오디션 프로그램이 있다. 지원자에게 프로듀서가 지원 동기를 물었다. 수많은 답변 가운데 정말 멋진 답변이 있었다. 내가 원해서. 원하는 일을 선택한 그는 기어이 우승을 해냈고, 상금도 받고, 수많은 팬들도 거느리게 되었다. 그저 하고 싶다는 이유로 해 냈더니, 다른 사람에게 목적이었던 보상이 자연히 따라온 것이다.

즐기는 자는 해낸다. 세상은 그를 결코 이길 수 없다.

자율성 욕구

점심 메뉴, 입을 옷, 약속 시간. 우리는 살아가면서 얼마나 많은 선택을 할까? 아무 노력 없이 누군가의 결정에 따르는 것이 훨씬 편할지도 모른다. 그럼에도 불구하고 우리는 스스로 선택하고, 그에 따른 결과를 감당하려 한다. '나'의 결정을 '내'가 선택하고자 하는 '자율성 욕구' 때문이다.

아이들은 자아가 자라기 시작하면서부터 '내가!'라는 말을 입에 달고 산다. 양말도 내가! 신발도 내가! 밥도 내가! 가방도 내가! 아이의 행동은 서툴고 오래 걸린다. 양육자에게 맡기면 편할 텐데 아이들은 왜인지 스스로 해내려고만 한다. 역시 자율성 욕구를 충족하기 위해서다.

어떤 부모는 아이의 자율성을 억압한다. 부모의 판단이 훨씬 이성적이고 논리적이라고 믿기 때문이다(사실이기도 하다). 하지만 아이는 잘못된 선택에도 오롯이 감당하는 연습을 해야 한다. 그래야 더 나은 선택을 하는 법도 배울 수 있다. 결국 아이의 삶은 아이의 몫이니까.

드라마 『사랑의 이해』에서 평소 접대 자리를 강요받던 수영은 지점장을 감사위원회에 신고한다. 그러나 일개 직원의 고발은 힘이 없었고, 상황은 수영에게 불리하게 돌아간다. 너무나도 뻔한, 수영도 예상한 결과였다. 수영의 남자친구가 이렇게 될 줄 알았으면서 왜 그랬는지 묻자, 수영이 대답한다. "내가 선택하고, 내가 감당하고 싶어서."

힘든 상황이 찾아올 때, 나의 선택이 아니라면 그것은 불행이 된다. 그러나 나의 선택이었다면 그것은 용기가 된다.

유능성 욕구

요즘엔 이런 말도 나온다. 복세편살. 복잡한 세상 편하게 좀 살자. 적당히 못하는 척하면서. 운전 못해요. 일 못해요. 요리 못해요. 못해요. 못해요. 이래야 편한 세상이다. 그러나 머리로는 알면서도 잘하려고 애쓰는 나를 어김없이 발견한다.

'유능성 욕구'란 주어진 환경에서 일을 효율적으로 잘해내려는 심리적 욕구다. 바리스타는 라테아트 기술을 연마하고, 작가는 수없이 퇴고하고, 운동선수는 근육량을 늘린다. 돈이 되는 것도 아닌데 자기계발서를 읽고 동기부여 영상을 보며 발전을 꾀한다. 성공을 향한 기대는 유능해지고 싶은 인간의 본성이다. 남에게 어떻게 보이는지, 어떤 이득이 따를지와는 상관없는 지극히 개인적인 욕구다.

지금은 직업이 세분화된 시대다. 우리는 어떤 일을 하며 살아야 할까? 행복하게 살려면 잘할 수 있는 것을 선택해야 한다. 그러면 잘할 수 있는 일은 어떻게 찾아낼 수 있을까? 자신이 하루에 가장 많은 시간을 투자하는 일을 떠올려 보자. 그것이 내가 좋아하고 잘할 수 있는 일의 시작이다. 나는 SNS에서 유머 글을 보면서 가장 많은 시간을 보낸다. 누군가에게는 시간 낭비처럼 보일지 모른다. 그러나 모든 우스갯소리가 나에게는 글감이 된다. 시키지 않아도 마음이 가는 분야. 그곳이 유능성을 발휘할 수 있는 최고의 목적지다.

기대 가치 모형

당신은 나아가는 사람인가, 뒤돌아가는 사람인가? 좋은 일의 가능성이 크다면 나아갈 것이고, 나쁜 일의 가능성이 크다면 돌아설 것이다. 그러나 선택의 결과는 성공과 실패로만 이루어져 있지 않다. 우리는 성공과 실패의 가능성을 끊임없이 저울질하며 더 나은 선택을 하길 바랄 뿐이다.

심리학자 앳킨슨에 따르면, 인간의 행동은 '성취에 접근하려는 의지'와 '위험을 회피하려는 기대' 사이의 갈등으로 이루어진다. '성공 접근 경향성'이 높은 사람은 도전에 능숙하다. 어릴 때부터 경쟁심이 강하고 뭔가 이루어야 직성이 풀리는 성격이라면 성인이 되어서도 자주 도전할 가능성이 크다.

'실패 회피 경향성'은 좌절 상황을 피하려고 동기화되는 것이다. 실패가 가진 부정적 유인가◀가 높고(이를테면 돈이 중요한 사람에게는 경제적 부담이 큰 상황) 과제의 실패 가능성이 클수록 성취하려는 시도로부터 도망가게 된다.

나아가는 사람에게는 뒤돌아가는 사람이 한심해 보이고, 뒤돌아가는 사람에게는 나아가는 사람이 대책 없게 느껴진다. 그러나 어느 모습이 옳다고 볼 수 없다. 인간은 희망으로의 접근과 절망으로의 회피 사이에서 고민하는 존재다. 너무 위험하지 않은 수준에서 낸 용기는 오늘보다 찬란한 내일을 선물할 것이다.

◀ 사물이나 현상이 지닌 심리적 매력의 정도.

성장 마인드셋과 고정 마인드셋

동기부여 영상을 보고 어떤 사람은 희망을 품는다. 그러나 어떤 사람은 영상 속 주인공과 자신은 다르다며, 해도 안된다고 단정한다. 이 두 사람의 차이는 무엇일까?

사람에게는 의사결정, 성공과 실패, 자신의 자질을 결정하는 인지적 프레임이 존재한다. 이를 '마인드셋'이라 부른다. '고정 마인드셋'으로 기울어진 사람은 개인의 자질이 변하지 않는다고 믿는다. 반면에 '성장 마인드셋'을 가진 사람은 개인의 자질이 변할 수 있으며 노력하면 나아진다고 믿는다.

학원에서 근무하던 시절, 매일 밤 10시까지 남아 수업 준비를 하는 선생님이 있었다. 원장은 그 강사를 칭찬했지만 그를 비웃는 이도 있었다. "저학년 수업을 저렇게 연구하는 건 저 사람이 멍청한 거 아냐? 우린 똑똑하니까 한 시간만 준비해도 충분하잖아."

고정 마인드셋을 가진 사람에게 노력은 무능을 뜻한다. 이미 잘난 사람은 노력하지 않아도 잘할 것이고, 못난 사람은 노력해도 안 될 것이기 때문이다. 그러다 보니 못하는 사람은 노력할 수도 노력하지 않을 수도 없는 상황에 빠진다. 딜레마를 해결하는 방법은 간단하다. 자신의 능력이 부족함을 인정하고 더 이상 노력하지 않는 것이다.

이런 삶을 원하지 않는다면 방법은 다시 간단하다. 변화를 믿는 것이다. 변화를 믿는 사람에게는 노력이 따르고, 노력하는 사람에게는 나아진 내일이 선물로 찾아온다.

숙고 마인드셋과
실행 마인드셋

우리 삶은 목표를 설정하기까지의 과정과 목표를 이루어 내는 과정으로 구분된다. 설정 과정은 목표가 바람직한지, 최선인지, 대안은 없는지, 실현 가능한지 손익을 따지는 단계다. '숙고 마인드셋'을 지닌 사람은 이 단계에서 다양한 부분에 신경을 쓴다. 유튜브를 시작할 때, 내가 그랬다. 말실수를 하면 어떻게 하지? 악플러가 늘면 어쩌지? 영상 편집 기술은 어디서 배우지? 시간 대비 얻는 게 있을까? 수많은 고민 끝에 내린 결론은 이거였다. 일단 해 보고 생각해.

할까 말까 고민하는 단계를 넘어서면 목표를 이루기 위해 '무엇을 할까'에 집중하는 단계에 도달한다. '실행 마인드셋' 모드로 전환되는 것이다. 실행 마인드셋은 목표를 이루겠다는 의지와 관련된 사고방식이다. 일단 하기로 결정한 나는 대충 화장을 한 뒤 카메라 앞에 앉았다. 짧게 주제 하나를 소개하고 일단 업로드했다. 영상 퀄리티는 떨어졌지만 조회 수도 나오지 않았기 때문에 문제는 없었다.

시작하기 전의 고민은 위험을 대비하게 해 주지만, 철저히 고민만 하고 시작하지 않는다면 실패는커녕 아무 일도 일어나지 않는다. 어제와 같은 오늘을 살 뿐이다.

살까 말까 고민하는 것은 배송만 늦춘다는 명언이 있다. 숙고 마인드셋은 우리를 위험으로부터 보호해 주는 대신 결과를 지연시킨다. 충분히 고민했는데도 할까 말까 고민된다면, 한번 해 보자.

조절 초점 이론

남편이 아내 몰래 대출을 받아 주식을 했다. 이 사실을 알게 된 아내는 분노에 차서 친정으로 가 버렸다. 이혼을 하네 마네 갈등하던 중, 남편의 주식 수익률이 기적처럼 올랐다. 부부는 돈더미에 올랐고 아내는 남편을 용서했다. 남편은 복덩이인가, 골칫덩이인가?

사회심리학자 히긴스에 따르면, 인간은 예방 초점과 촉진 초점을 활용하여 자신의 목적을 이루려고 한다. '예방 초점 마인드셋'을 지닌 사람은 위험으로부터 자신을 보호하기 위해 동기화되고, '촉진 초점 마인드셋'을 지닌 사람은 지금보다 나은 삶을 위해 동기화된다.

촉진 초점 마인드셋을 가진 사람의 목표는 이상이다. 따라서 사업도 벌이고 주식에도 과감히 투자한다. 문제는 큰 손실이 따르기도 한다는 것이다. 반면 예방 초점 마인드셋을 가진 사람은 안전 욕구가 최우선이어서 결과가 정해진 안정적인 길만 걷는다. 부정적 결과의 가능성이 있다면 도전하지 않는다.

촉진에 초점을 둔 사람에게 현재의 상태는 실패다. 이상향에 도달하지 못했기 때문이다. 반면 예방에 초점을 둔 사람은 현재의 상태가 성공이다. 이들에게는 잃는 것이 실패이므로 아무런 손실도 없는 지금에 머무는 것이 가장 이상적이다.

지나친 촉진은 위험을 간과하게 만들고, 지나친 예방은 발전 가능성을 차단한다. 어느 한쪽에 치우친 삶을 살고 있다면 나와 반대되는 방향에 마음을 열어 보는 것은 어떨까?

일관된 자기

성격 검사의 맹점은 피검자 본인이 문항에 직접 응답한다는 것이다. 자기객관화가 되지 않은 피검자는 자신의 실제 모습이 아닌, 되고 싶은 모습을 선택한다. 가령 친절하지도 않으면서 '나는 친절한 사람이다'라는 항목에 체크하는 것이다. 그렇게 얻게 된 검사 결과는 피검자가 되고 싶은 모습에 가깝기 때문에 만족감을 준다. 그러나 정작 주변 사람들은 그걸 보며 갸웃거릴 수밖에 없다. 너 그런 사람 아닌데!

성격을 고를 수 있을까? 고를 순 없지만 왜곡할 수는 있다. 되고 싶은 자기를 실제 자기로 인식한 후, 일치하는 증거는 적극적으로 받아들이고 반대되는 증거는 적극적으로 무시하는 '선택적 상호작용'을 하면서 말이다.

날마다 친구들과 갈등을 빚는 아이가 있다. 자신과 다투는 상대의 이야기는 귀담아듣지 않고, 자기 편을 들어 주는 일부 친구 말만 곧이곧대로 믿는다. "사람들은 나를 잘 몰라" 하며 빈정대지만 정말 아무것도 모르는 사람은 자신인지도 모른다. 이렇게 내가 믿는 내 모습에 대한 증거만 선택적으로 모아 자신에 대해 왜곡된 그림을 보존하다 보면 '일관된 자기'를 형성하게 된다.

내가 믿어 온 나는 사실 내가 아닐 수 있다. 이를 깨부수는 판단과 평가는 마음을 아프게 한다. 갈팡질팡하기는 더욱 싫을 것이다. 그러나 갈팡질팡이 아니라 더 나은 방향으로 뻗어 나가는 변화는 믿음으로 상상한 나보다 훨씬 더 근사한 사람이 될 가능성을 높인다.

자아 고갈

짜증을 잘 내는 친구가 있다. 짜증 내는 시간은 대부분 오후 4시 전후, 그러니까 점심 때 먹은 음식이 다 소화되고 출출해질 시점이다. 그때 그 친구 입에 달콤한 젤리나 당이 가득한 음료를 물려 주면 신기하게도 잠잠해진다.

사회심리학자 바우마이스터가 진행한 흥미로운 실험이 있다. 한 끼를 굶고 오라는 요청을 받은 참가자들은 초콜릿 쿠키를 한창 굽고 있는 실험실로 안내되었다. 배고픈 상태로 달콤한 냄새를 견뎌 내는 인고의 시간을 보내고 나서 한 집단은 간식으로 그 초콜릿 쿠키를 받았고, 다른 집단은 무를 받았다. 각자에게 할당된 간식을 맛있게(?) 먹은 참가자들에게 결코 풀 수 없는 한붓그리기 과제가 주어졌고, 연구진은 그들이 얼마나 오래 견디는지 측정했다. 그 결과 더 오랜 시간 과제에 도전한 사람은 초콜릿 쿠키를 먹은 사람이었다. 뇌의 먹이, 에너지의 근원이 바로 '당'이기 때문이다.

인간의 에너지는 한정되어 있다. 신체의 에너지뿐 아니라 마음의 에너지도 그렇다. 어느 정도 활동을 하고 나면 에너지가 소진되는데, 이를 '자아 고갈'이라고 한다. 자아 고갈 상태에서 충전이 이루어지지 않으면 다음 과제에 할당할 에너지가 없어지고 만다. 평소보다 인내심이 떨어지고 감정 조절이 어렵고 미성숙한 태도로 행동한다면, 그건 성격에 문제가 생긴 것이 아니라 이전에 어떤 일로 에너지가 소모되었기 때문일 것이다. 그때 필요한 것은 휴식, 그리고 달달한 당 충전이다.

자기통제

　　살을 빼겠다는 다짐을 이루지 못한 이유는, 나의 다짐이 배부를 때만 유효했기 때문이다. 배고플 땐 먹기 바빴고 배가 차고 나서야 미래가 보였다.

　　'자기통제력'은 미래의 보상을 위해 현재의 즐거움을 포기하는 능력이다. 내년 여름 날씬한 몸매를 위해 당장에 떡볶이를 참아 낼 수 있는, 중요한 시험을 위해 당장에 졸음을 참아 낼 수 있는 능력 말이다. 그렇다면 자기통제력은 어떻게 높일까?

　　자기통제의 기본은 에너지다. 에너지가 없으면 통제력도 잃는다. 감정을 억누를 때, 어려운 일에 직면할 때, 아프거나 쉬지 못할 때, 힘들게 고생할 때, 굶을 때 에너지는 소진된다. 고갈된 상태에서는 통제가 불가능해진다. 결심은 쉽게 무너지고 충동적으로 행동하게 된다.

　　배가 부를 때만 다이어트를 다짐했던 이유는 먹어야 통제력이 생겼기 때문이다. 굶어서 빼는 다이어트가 현실적으로 불가능한 이유다. 그러나 이대로 포기하긴 이르다. 심리학자들은 자기통제력을 근육에 비유한다. 훈련을 통해 키울 수 있다고 말이다. 근육을 키우려면 수준에 맞는 운동을 해야 한다. 5킬로그램 덤벨로 시작해야지 처음부터 40킬로그램을 들 순 없지 않은가. 쉽게 해 낼 수 있는 가벼운 목표는 자기통제 근육을 늘리고, 무거운 목표를 이루는 기초체력을 더해 줄 것이다. 당신이 성공할 수 있는 아주 작은 통제는 무엇인가? 나는 떡볶이의 마지막 떡 한 개를 남기는 것부터 시작하려 한다.

정신적 시뮬레이션

'꿈을 선명히 그리면 이루어진다'는 말이 있다. 긍정적인 상상은 도움이 된다. 그러나 주의할 점. 상상의 대상이 결과물이 아니라 과정이어야 한다.

심리학자 테일러의 연구팀은 성공에 대한 상상이 가진 힘을 확인하려는 실험을 진행했다. 한 집단에는 이루고 싶은 '목표'를 상상하게 했고, 다른 한 집단에는 목표 달성 '방법'을 상상하게 했다. 마지막으로 또 다른 한 집단은 아무것도 상상하지 않게 했다. 그 결과, 목표에 초점을 맞춘 참가자들의 성적은 아무런 상상도 하지 않은 집단보다도 낮았다. 반대로 방법을 상상한 참가자들은 유의미하게 높은 성적을 얻었다.

목표에 대해 상상하는 것을 '결과 시뮬레이션', 과정에 대해 상상하는 것을 '과정 시뮬레이션'이라고 한다. 결과 시뮬레이션을 하다 보면 과정을 구체적으로 고려하지 못하기 마련이다. 근거 없는 낙관과 자신에 대한 과대평가는 오히려 노력을 방해한다. 막상 마주한 번거로운 과정에 압도되어 원래 실력보다 못한 결과를 보이기도 한다.

"너는 분명 큰 사람이 될 거야." 주위의 기대 속에 어릴 때부터 자신이 뭐라도 될 거라고 믿었던 지인 K가 있다. 그는 자신의 운명을 너무 믿은 나머지 노력 없이 살아왔다. 그러나 그가 마주한 것은 별 볼일 없는 대학 졸업 후 취업에 실패한 초라한 자신이었다. 그는 비로소 자신의 실수를 뉘우쳤다. 이제 자신의 상상을 미래가 아닌 '미래로 가는 과정'으로 돌린 K의 앞날에는 어린 시절 어른들의 주문처럼 밝게 빛날 일만 남았다.

실행 의도

대학원 시절부터 시작된 거북목은 한 단계 진화하여 혹 하나가 달린 '버섯 목'으로 거듭났다. 건강상으로도 미관상으로도 좋지 않은 이 문제를 해결하려면 몇 시간에 한번, 10초씩이라도 바른 자세를 취해야 했다. 그러나 일상생활 속에서 이 생각을 까마득하게 잊어버리는 게 문제였다. 나는 '실행 의도'를 세우기로 결심했다. 실행 의도란 '만약 ~이라면, ~를 한다'는 계획을 세우는 것이다. '만약'이라는 단서를 붙이면 그 상황이 될 때마다 행동으로 옮겨야 한다는 생각을 떠올리게 된다.

한번 집중하면 네다섯 시간도 내리 책상 앞에 앉아 있게 되는데, 한두 시간에 한 번씩은 강아지가 와서 안아 달라고 허벅지를 긁는다. 그래서 나는 이런 실행 의도를 세웠다. '만약 강아지가 안아 달라고 하면, 거실로 나가 벽에 머리부터 다리까지 닿게 일직선으로 서서 15초 허리를 편다.'

평소에 전혀 생각나지 않던 목표가 특정 상황과 연관되니 쉽게 상기되기 시작했다. 강아지가 나를 긁으면 거실로 나갔고, 15초로 시작한 도전은 30초, 1분으로 늘어났다.

해야지, 해야지, 하면서 오늘 하루도 깜빡 잊고 흘려버린 도전이 있다면 '만약에 계획'을 세워 보자. 물론, 하기 싫다고 '만약에' 상황을 너무 비현실적으로 설정하지는 말고('만약에 로또에 당첨되면 운동을 매일 하겠다'처럼 말이다).

TOTE 모형

좋은 사람이 되려면 계획하고 행동해야 한다. 그러나 막연히 계획하고 행동한다고 성공에 다다르는 것은 아니다. 행동하는 과정에서 제대로 된 길을 걷고 있는지 나를 돌아보는 작업이 필요하다.

'평가Test-조작Operate-평가Test-종결Exit' 순서로 행동을 계획하고 실행하는 TOTE 모형을 따라 보자. 일단 좋은 사람이 되려면 첫 번째 단계인 '평가'를 실행해야 한다. 나는 어떤 상태인가? 매일 오전 열한 시가 넘도록 침대에 뒹굴며 유튜브나 본다. 계속 이 상태를 유지한다면 거지꼴을 면치 못할 것이다. 자신을 객관적으로 평가했다면 두 번째 단계인 '조작'에 들어간다. 바라는 상태에 도달하기 위해 환경을 바꾸는 것이다. 매일 9시에 일어나 조깅하기로 스스로 다짐하고 운동화와 운동복을 마련한다. 이제 세 번째 단계인 '평가'를 통해 달라진 내 모습을 확인한다. 강한 의지로 매일 일찍 일어났다면 도전은 '종결'이다. 끝.

그러나 대부분은 아마도 3단계 평가에서 실패라는 결과와 마주할 것이다. 그럼 종결이 아닌 2단계로 다시 돌아간다. 노력해도 바뀌지 않았다면 나에게 맞는 방식이 아니라는 뜻이다. 때문에 다시 2단계로 돌아갈 땐 환경이나 방법을 바꿔봐야 한다. 새로운 조작이 효과적이라면 재평가를 통해 종결 단계에 도달할 수 있다. 그러면 이 과제에 대한 도전은 막을 내린다. 이제 멈추지 않고 또 다른 TOTE를 시작하자. 종결하는 과제가 늘어날수록 우리는 더 나은 사람이 될 것이다.

암묵적 동기

우리에게는 드러내고 싶은 바람직한 심리적 욕구(유능성, 관계성, 자율성)와 닮은 듯하면서 다른 이면의 동기가 존재한다. '암묵적 동기'라고 한다.

첫 번째 암묵적 동기인 '성취 동기'는 유능성 욕구와 비슷하다. 그러나 그냥 잘하려는 것이 아니라 나의 성취를 '보여주기' 위해 잘하려는 동기다. 당신은 왜 노력하는가? 그로 인해 좋은 사람이 되었다는 만족감 때문인가, 아니면 나의 성취를 타인이 인정해 주길 바라는 마음 때문인가.

두 번째 '친애 동기'는 관계성 욕구와 비슷하다. 그러나 관계에 대한 순수한 욕구가 아닌, 거절당할까 불안한 마음에서 비롯되는 욕구다. 친애 동기가 높은 사람은 관계에서 배제되지 않기 위해 눈치를 보고 비위를 맞추며 버림받지 않으려고 노력한다.

세계가 자신에게 순응하길 바라고, 그렇게 되도록 계획하는 것은 세 번째 동기인 '권력 동기'를 만든다. 권력 동기는 자율성 욕구를 넘어서 모든 것을 원하는 대로 통제하려는 것이다. 권력을 향한 동기가 높은 사람은 지도자 자리에 욕심을 낸다. 노력을 통해 훌륭한 리더나 실력을 겸비한 영향력 있는 사람으로 성장할 수도 있다. 그러나 개인의 욕망이 권력 동기를 지배할 경우, 공격성이 높은 사람이 된다.

독초도 어느 순간에 약이 되듯이 모든 동기는 잘 사용하면 선한 것이 된다. 잘 사용하기 위한 첫걸음은 내 안의 동기를 인정하는 것이다.

적당히 어려운 과제

영화『기생충』에서 '실패하지 않는 계획은 무계획'이라는 대사가 나온다. 계획은 늘 계획대로 이루어지는 건 아니지만 계획하지 않으면 실패도 하지 않기 때문이다. 맞는 말이다. 계획도 도전도 그렇다. 하지 않으면 실패도 없다. 그러나 딸려 오는 조건이 있다. 하지 않으면 성공 역시 없다.

때로는 하고자 하는 의지가 이미 꺾인 것처럼 느껴질 때도 있다. '성취 욕구'가 없는 것이다. 성취 욕구를 높이려고 동기부여 영상을 보고, 자기계발서를 읽고, 사람들과 교류해 봐도 소용없다. 모든 효과는 순간적일 뿐, 밥 한 끼만 먹어도 마음가짐은 제자리로 돌아와 있다.

성취 동기를 올리려면 어떻게 해야 할까? 성취 동기가 높은 사람을 따라하면 된다. 그들은 '적당히 어려운 과제'를 선택한다. 너무 쉬운 과제는 지루하다. 다섯 살짜리 조카와 달리기 시합을 해서 이긴다 한들 무슨 쾌감이 있겠는가. 쉬운 과제는 성취감이 생기지 않고 보람도 없다. 반대로 너무 어려운 과제는 성공 가능성이 희박하다. 노벨문학상을 목표로 글을 쓴다면 의지는 사라질 것이다. 너무 어려운 과제를 통해 얻는 것은 실패와, 좌절, 무력감이다.

적당히 어려운 과제란 노력 없이는 이룰 수 없지만 노력하면 해낼 수 있는 수준의 과제다. 하면 되지만, 안 하면 안 되는 과제는 자신의 수준을 파악하게 만든다. 이 정도쯤 쉽게 할 수 있다면 과제 난도를 올리면 되고, 아직 어렵다면 난도를 내리며 도전하면 된다.

생태학적 체계 이론

　　　　한 사람의 행동과 그 결과는 개인의 몫이라고 흔히들 말한다. 그러나 그렇게 딱 잘라 말할 수 있을까?

　　발달심리학자 브론펜브레너의 생태학적 체계 이론에 따르면 인간 발달에는 다섯 가지 체계가 영향을 미친다. 먼저 중심에는 개인이 있고, 개인은 부모, 형제자매, 친구 등 가장 가까운 환경인 '미시체계'에 직접적으로 영향을 받는다. 미시체계 안의 변화가 나에게 간접적인 영향을 줄 수도 있다. 예를 들어 나와 친한 남자 친구, 여자 친구 두 사람이 연애를 시작했다면, 변한 건 두 사람의 관계이지만 나와 그들의 관계에도 분명 변화가 찾아올 것이다. 이처럼 미시체계 간의 상호작용인 '중간체계' 또한 개인에게 영향을 준다.

　　'외부체계'는 동네 분위기, 대중매체, 법률 등 개인에게 간접적으로 영향을 주는 환경을 의미하고, 그보다 더 큰 '거시체계'는 문화를 의미한다. 집단주의, 개인주의, 자본주의와 같은 사회문화적 신념은 개인이 삶의 방식과 행동을 선택하는 데 영향을 끼친다. 마지막 '시간체계'는 유행이나 시대의 변화처럼 시간이 흐름에 따라 변화할 수 있는 환경 요인을 말한다.

　　지금 당신이 자리에 앉아(또는 누워) 이 책을 읽고 있는 것도, 사실은 이 거대한 체계들의 상호작용이 빚어낸 결과물이다.

동화와 조절

　　아동을 '어린 과학자'라고 불렀던 심리학자 피아제는, 아동에게도 어른처럼 직접 가설을 세우고 실험도 설계하며 검증할 수 있는 능력이 있다고 믿었다.

　　어린 과학자는 새로운 정보를 어떻게 자기 것으로 삼을까? '도식'(스키마)을 통해서다. 도식이란 세상을 바라보고 해석하는 인지적 틀이다. 경험은 도식을 형성하고, 아이는 자신이 가진 도식을 통해 세상을 이해한다. 이를 '동화'라고 부른다. 예를 들어 아이가 머리를 빗겨 주는 엄마를 보고 빗에 대한 도식을 형성했다. 이제 아이는 새로운 빗을 봐도 그것의 용도를 알고 어설프게나마 머리를 빗으려 시도할 것이다. 새로운 경험을 기존 도식에 동화한 것이다.

　　그러나 동화가 실패하는 경우도 있다. 디즈니 애니메이션 『인어공주』의 애리얼은 수면 너머로 인간의 물건 사용법을 배운다. 나중에 육지에 올라간 애리얼은 빗을 닮은 포크로 식사 자리에서 머리를 빗는 흑역사를 쓴다. 이제 애리얼은 포크를 소시지 찍어 먹는 용도로만 사용할 것이다. 이처럼 새롭게 배운 도식이 기존 도식에 적용되지 않을 때 이를 수정하는 과정이 '조절'이다.

　　우리는 경험으로 얻은 도식을 동화하고 조절하면서 시각을 넓힐 수 있다. 그러나 보던 것만 보는 사람은 경험이 부족해져 다름을 받아들이지 못한다. 경험이 부족한 데다 아무도 바로잡아 주지 않으니 자아 성장도 어렵다. 다양한 경험이 필요한 이유다.

대상영속성

갓난아이를 키우면서 가장 고통스러울 때는? 아마 아기가 한시도 떨어지지 않으려 할 때 아닐까. 그저 벽 하나만 돌면 나오는 화장실에 잠시 다녀오는 것도 아기는 허용하지 않고 빽빽 울어 젖힌다. 결국 아기를 안고 변기에 앉거나 다른 양육자가 돌아올 때까지 참느라 변비의 오랜 친구가 되기도 한다. 아기는 왜 잠시도 혼자 있지 않으려는 걸까?

우리는 안다. 가족이 일터에 나가 집에 없어도 지구 어딘가에 존재하며 때가 되면 무사히 귀가한다는 사실을. 깜빡하고 휴대전화를 놓고 나가면 (불편하긴 할 테지만) 집에 돌아가면 침대 어딘가에 휴대전화가 뒹굴고 있을 거란 사실도.

'대상영속성'이란 대상이 눈앞에서 사라져도 여전히 존재한다는 것을 아는 능력이다. 그러나 생후 18~24개월 아기에게는 대상영속성이 없다. 그래서 대상이 눈앞에서 사라지면 세상에서 완전히 사라졌다는 공포감을 느낀다. 그러니 한시도 시야에서 벗어나서는 안 되는 것이다.

이 시기 아이들은 까꿍 놀이에 자지러진다. 안 보이던 얼굴이 쓱 나타날 때, (사라진 것이 다시 존재하게 되었다는) 그 경외감은 이루 말할 수 없는 마법처럼 다가온다. 그러나 자랄수록 눈앞에서 사라진 것에 흥미를 잃는다. 대상영속성이 생기면서 어딘가 있겠지, 뭐. 이렇게 생각하는 것이다.

살아갈수록 놀랍고 즐거운 경험이 사라진다. 성장한다는 것은 어쩌면 무뎌지는 것 아닐까.

중심화

　　　피아제는 2~7세 시기를 '전조작기'라고 불렀다. 이때 나오는 대표적 특징은 한 가지 측면만으로 전부를 이해하려는 것이다.

　　　예를 들어 넓적한 대야에 있는 물을 기다란 컵으로 옮기면? 아이들은 물의 형태가 길어졌기 때문에 양이 늘어났다고 판단하거나, 좁아졌기 때문에 양이 줄었다고 판단한다. 길이가 길어지면 동시에 너비가 좁아진다는 것을 이해하지 못하기 때문이다. 그래서 이 시기 아이들에게 같은 중량, 다른 모양 빵을 주면 사달이 난다. 너비로 볼 것이냐, 길이로 볼 것이냐, 아무튼 뭔가 하나로만 판단하기 때문에 주관적 차별의 시발점이 될 수 있다. 이처럼 한 가지 측면에 꽂히는 것을 '중심화'라고 한다.

　　　중심화는 '보존 개념'이 아직 형성되지 않아서 나타나는 현상이다. 슬라임을 주물럭거리다가 주우우우욱 늘이면 굉장히 넓적해진다. 그걸 다시 뭉치면 원상태로 돌아온다는 것을 우리는 안다. 외양이 바뀌어도 본질적 속성은 보존된다는 사실을 알기 때문이다. 이것이 바로 보존 개념이다. 그러나 전조작기 아이들은 보존 개념이 없다. 그래서 길쭉한 병에 옮겨진 물을 도로 대야에 담으면 원래대로 돌아온다는 사실을 이해하지 못한다.

　　　누군가를 바라볼 때 그 사람의 행동이라든지 외모라든지 성격이라든지 태도라든지 말투라든지, 단 한 가지로만 판단하는 사람이 있다. 이것도 어쩌면 중심화 경향이 아닐까? 그런 사람에게서 상처받기 전에 이렇게 생각하자. 너 혹시 아직 일곱 살?

자기중심성

회사에서 다 같이 설렁탕집에 갔다. 나는 맑은 국물에 밥을 말아 맛있게 먹었다. 김치를 못 먹기 때문이다. 그런데 상사 한 명이 먹을 줄 모른다며 자꾸 잔소리를 했다. 이 집 깍두기 국물이 맛있다고 자꾸만 부어 먹으라고 종용했다. 나는 극구 사양했지만, 그 사람은 결국 참지 못하고 나의 설렁탕에 깍두기 국물을 붓고 말았다. 이 사람은 악한 사람일까?

우리는 이기적이고 저밖에 모르는 사람에게 "너는 정말 자기중심적이야!"라는 비난을 던지곤 한다. 그러나 '자기중심적'이라는 말과 '이기적'이라는 말은 구분해서 써야 한다. 이기적은 자신을 위한다는 뜻이다. 내 이익을 위해 다른 사람에게 피해를 줄 수도 있다. 그러다 보니 때로는 악에 가까워진다. 그러나 자기중심적은 말 그대로 자기를 중심으로 생각하는 것이다. 자신의 시선(관점, 취향, 성향 등)으로 세상을 보는 것이다.

내가 깍두기를 먹는다고 해서 '깍두기 빌런'이 얻을 것은 하나도 없다. 그럼에도 그렇게 했다는 것은 그것이 정말 옳고 나를 행복하게(맛있다고) 느끼게 해 줄 방도라고 믿었기 때문이다. 이런 사람은 자기중심적인 사람이라고 보는 게 맞다. 참고로 이런 '자기중심성'은 7세 이후면 자연히 사라진다(사라져야 한다). 나는 깍두기 빌런이 마음만은 어리다고 믿으며, 그를 더 이상 미워하지 않기로 했다.

세 개의 산

피아제는 아동의 자기중심성 발달을 확인하기 위해 '세 개의 산 모형 실험'이라는 흥미로운 실험을 진행했다. 네모진 탁자에 산 모형 세 개를 배치하고, 아동과 인형을 마주앉힌다. 그리고 건너편에 앉은 인형의 눈에는 어떻게 보이겠냐고 아동에게 묻는다. 만약 아동이 보는 방향에서 큰 산 두 개가 뒤에 있고 작은 산 하나가 앞에 있다면, 맞은편에 앉아 있는 인형에게는 큰 산 두 개가 앞에 있고 작은 산 하나가 뒤에 있는 모습으로 보일 것이다.

성인이 된 우리는 인형이 보는 산의 구도와 내가 보는 산의 구도를 구분할 수 있다. 그러나 전조작기 아이들은 자신의 시각이 타인의 시각과 다르다는 사실을 알지 못한다. 따라서 인형도 자신과 똑같은 구도를 보고 있다고 생각한다.

미숙한 아이들은 내 마음과 다른 사람의 마음이 다르리라는 생각 자체를 하지 못한다. 내가 좋아하는 것은 상대도 좋아할 것이고, 내가 싫어하는 것은 상대도 싫어한다고 믿는다. 고마워, 미안해, 이런 일이 있었어, 굳이 말하지 않아도 상대가 내 진심과 내 상황을 다 알 것이라고 믿기도 한다. 내 입장은 곧 네 입장이니까.

이 시기 아이들에게 엄마 생일 선물로 명품 백과 뽀로로 가방 중 뭘 드리겠냐고 물으면, 아이들은 백이면 백 뽀로로 가방을 고른다. 이 사실을 알면 엄마는 통탄을 금치 못하겠지만, 내가 좋은 건 엄마도 좋아할 거라는 아이의 순수한 마음만큼은 진심이라는 사실을 잊지 말자.

물활론적 사고

지역 카페에 글 하나가 올라왔다. "우리 아이가 애착 인형을 잃어버렸는데, 사흘째 밥도 안 먹고 자지러지게 울기만 합니다. 더 큰 인형을 사 준대도 싫다 하고, 똑같은 인형을 사 줘도 그게 아니라며 경기를 일으키려 합니다. 마트에서 인형을 주우신 분은 꼭 연락 주세요. 사례하겠습니다."

더 좋은 인형을 가질 수 있는데 아이는 왜 진정하지 못하는 것일까? 전조작기 아이들이 '물활론적 사고'를 하기 때문이다. 무생물이 생물처럼 움직이고 느낄 수 있다고 생각하는 것이 물활론적 사고다. 물활론적 사고를 하는 아이들은 인형에게 밥을 주고 말을 건네며, 인형 몸이 찢어지면 수선이 아니라 치료를 해 준다. 인형이 느낄 통증을 함께 공감하며 괴로워하기도 한다.

아이들에게 애착 인형은 단순히 좋아하는 장난감이 아니다. 함께 마음을 나누는 살아 있는 존재다. 가족 같고 친구 같은 인형이 사라졌을 때 아이는 반려동물을 잃어버린 것과 같은 고통을 느낀다. 인형이 사라졌다는 사실 자체에 대한 슬픔도 있지만, 어디선가 인형이 고통받고 있을지 모른다는 생각에 빠질 수도 있다.

어린 시절, 아빠 친구분이 자녀들을 데리고 우리 집에 놀러 왔다. 한 동생이 내 인형을 좋아하자 엄마는 선물로 주자고 했다. 나는 울면서 싫다고 했지만, 엄마는 다른 인형을 사 주겠다며 일방적으로 인형을 줘 버렸다. 그 상처는 오래도록 내 마음에 남아 있었다. 어떤 기억은 이토록 선명하다.

근접 발달 영역

성공한 사람들의 이야기에는 늘 소중한 조력자가 등장한다. 부모, 은사, 친구 또는 우연히 만난 어른일 수도 있다. 인지심리학자 비고츠키는 개인의 발달은 주변인과의 상호작용을 통해 일어나기 때문에 조력자의 역할이 무엇보다 중요하다고 덧붙였다.

아이들은 혼자 교구를 만지작거리거나 책을 읽으면서 곰곰이 생각하다가 스스로 무언가를 깨우치고 성장한다. 이처럼 스스로 해낼 수 있는 영역을 '실제적 발달 수준'이라고 한다. 그러나 어떤 영역은 유능한 타인의 도움 없이는 가닿을 수 없다. 이 영역을 '잠재적 발달 수준'이라고 한다. 그리고 이 두 수준의 사이, 즉 아직 발달하지 못한 지점부터 조력자를 통해 곧 가닿게 될 가능성이 있는 지점 사이의 범위가 '근접 발달 영역'이다. 인간은 훌륭한 조력자를 통해서 이 영역을 넘어서고 자신의 능력을 백분 발휘하게 된다.

내 삶에도 조력자가 있었다. 공부를 너무 못해서 고등학교 입학에 실패하고 만난 공부방 선생님이다. 선생님은 나의 잠재력을 믿고 그저 해 보라 했다. 선생님의 지도와 믿음 덕분에 처음 백 점을 맞아 봤고, 그때부터 공부에 대한 열정이 생기기 시작했다. 그렇게 내 인생은 달라졌다. 고등학교에 갔고, 높은 점수를 받았고, 공부가 즐거워졌다. 반에서 늘 꼴찌만 하던 내가 지금은 공부로 먹고산다. 선생님을 만나지 않았다면, 나는 어디에 머물러 있을까?

비계

대학원생 시절, 사고력 학원 강사로 잠시 일했다. 그곳은 선행학습으로 유명한 학원으로 초등학교 4~5학년 아이들은 이미 중학교 2~3학년 과정을 밟고 있었다. 잘 따라가는 아이들도 있었지만 그렇지 않은 아이들이 더 많았다. 4학년 아이는 4학년 수준으로 해냈을 뿐인데 그 안에서는 뒤처진 아이가 되었다. 부모는 조급해하며 아이를 비난했다. 내 앞에서 시험지를 던지기도 했다.

더 일찍 가르친다고 더 똑똑해지는 것이 아니다. 진정한 조력자는 아이의 수준에 맞춰 가르친다. 이를 '비계'(발판화)라 부른다. 비계란 원래 건축물을 짓는 동안 높은 곳에 올라갈 수 있게 임시로 설치한 가설물인데, 인부 스스로 저 높은 곳에 닿을 수 없으니 디딜 수 있는 발판으로 도와주듯이, 어른이 아이들이 성장할 때 밟고 일어설 적당한 발판이 되어 주어야 한다는 뜻이다.

아이들의 발달 수준은 모두 다르다. 자신보다 높은 수준은 손이 닿지 않고, 그보다 낮은 수준은 성장에 도움이 되지 않는다. 저마다 수준에 맞게 안전하게 한 걸음씩 오를 수 있도록 도와야 한다. 그러려면 아이의 수준을 잘 알고, 그에 맞게 학습할 수 있는 환경을 제공해야 한다.

아파트 공동 현관문 앞에 놓인 발판 사진을 보았다. 발판에는 삐뚤빼뚤한 글씨로 이렇게 씌어 있었다. "제가 좀 더 크면 치울게요♡" 이 아이는 결국 자라서 발판 없이도 비밀번호를 누르게 될 것이다. 아이들은 자란다. 느려도 반드시 해내고야 만다.

문화와 문제 해결

　　'문제 해결'이란 다양한 문제에 직면할 때 목표를 설정하고 대처 방법을 찾아내 이행하는 것이다. 아무런 사건 사고 없이 예측 가능한 삶을 살기란 어렵다. 무슨 일이 닥칠 때마다 우리는 문제를 해결해야 한다. 뛰어난 문제 해결 능력을 갖추려면 문제를 파악하는 주의력과 저장하는 기억력, 방해물을 차단하는 억제 능력, 미래를 예상하는 추론 능력 등이 필요하다.

　　그러나 제아무리 뛰어난 능력이 있다 해도 문제 해결 방식에는 차이가 나타나는데, 특히 문화의 영향을 많이 받는다. 동서양은 문제를 바라보는 접근법 자체가 다르기 때문이다. 화난 친구들 사이에서 환하게 웃고 있는 아이의 사진을 보면 서양 사람들은 아이가 행복할 것이라고 판단한다. 그러나 동양 사람들은 웃고 있어도 어쩐지 불행할 것이라고 추론한다. 개인주의 문화권인 서양에서는 사건 그 자체만 보고 답을 내리지만, 집단주의 문화권인 동양에서는 사건을 둘러싼 환경을 아울러 판단하기 때문이다.

　　이러한 문제 해결 방식은 범죄자의 형량을 정하는 데에도 영향을 미친다. 개인주의 문화권의 성범죄자 찰스 스콧 로빈슨은 여섯 건의 유아 강간으로 무려 3만 년이라는 징역형을 받았다. 만약 동양에서 이런 일이 벌어진다면 어떻게 될까? 상황을 감안하는 우리나라라면 심신미약이나 음주, 가정환경을 감안해 깎고 깎다가 고작 징역 몇 개월이 되지 싶다.

지능

　　　　똑똑한 사람은 어떤 사람일까? 학교 성적이 높은 사람? 좋은 대학에 입학한 사람? 그럼 스펙만 보고 채용한 직원이 일 처리를 엉망진창으로 하거나, 스펙이 떨어지는 사람이 놀라운 성과를 보이는 건 어떻게 설명할 것인가! 지능은 그리 단순한 개념이 아니다.

　　학자들은 지능이 다양한 요인으로 구성되어 있다고 주장한다. 먼저, 영국 심리학자 스피어만은 요인분석을 통해 '지능 2요인설'을 주장했다. 그가 말하는 지능은 모든 능력을 아우르는 '일반 요인'과 특정 분야에서 뛰어난 '특수 요인'으로 구분된다. 뭐든 고만고만하게 잘하는 사람은 일반 요인의 지능이 높은 것이고, 어느 한 분야의 천재는 특수 요인의 지능이 높은 것이다.

　　또다른 심리학자 카텔과 그의 제자 혼은 지능을 학습과 관련 없이 선천적으로 타고난 '유동성 지능'과 학습을 통해 발달한 '결정성 지능'으로 구분했다. 반응 속도, 단순 암기력, 지각 능력이나 일반적 추론 능력이 유동성 지능이라면, 상식, 논리적 추리, 문제 해결력처럼 경험을 통해 발달하는 지능이 결정성 지능이다. "우리 아이는 머리는 좋은데, 공부를 안 해요"라는 말은 "유동성 지능은 높은데 결정성 지능이 낮아요" 하는 것과 같다. 똑똑하게 태어났어도 노력하지 않으면 한 측면이 비워진다. 반면 똑똑하지 않게 태어났어도 채워 갈 수 있는 측면이 있으니 얼마나 다행인가!

다중지능 이론

　　심리학자 가드너는 IQ와 같은 단순 지표로 개인의 지능을 판단할 수 없다며 '다중지능 이론'을 주장했다. 그가 말하는 지능은 아홉 가지 요인으로 구성된다.

　　먼저 '공간 지능'은 건축가, 미술가 등이 갖추어야 할 시각적 세계에 대한 이해도를 말한다. '언어 지능'은 작가나 변호사처럼 언변이 뛰어난 능력을 말하고, '음악 지능'은 작곡가, 가수처럼 음조, 멜로디, 리듬에 민감한 능력이다. '논리수학 지능'은 추상적 관계나 문제 풀이에 대한 능력으로 과학자, 회계사, 엔지니어에게 필요한 지능이다. '신체운동 지능'은 눈, 귀와 같은 감각기관과 손과 발 같은 운동기관을 조화롭게 활용하는 능력이다. 공을 보고 방망이를 휘두르는 운동선수, 음악을 듣고 몸을 움직이는 안무가는 이 지능이 높다.

　　타인을 이해하고 공감하는 대인관계 능력도 인격이 아닌 지능이다. 이는 '인간친화 지능'으로 상담사나 의료인처럼 사람을 위한 일을 하는 데 필요하다. '자기성찰 지능'은 자신에게 집중하여 동기와 감성을 의식할 줄 아는 능력으로 심리학자나 성직자가 갖춰야 할 지능이다.

　　그 밖에도 농부나 생물학자처럼 자연 세계를 이해하고 관찰하는 데 필요한 능력은 '자연친화 지능', 철학자와 수도승처럼 존재 이유나 가치에 대해 사유할 줄 아는 능력은 '실존적 지능'이다.

　　아홉 가지 지능 가운데 뭐 하나는 우리에게 주어졌을 것이다. 그러므로 우리는 모두 똑똑하다!

지능의 삼원 이론

심리학자 스턴버그는 지능의 기능에 초점을 맞춘 '삼원 이론'을 주장했다. 삼원 이론에 따르면 지능은 실용적 지능, 창의적 지능, 분석적 지능으로 구분된다.

'실용적 지능'은 실생활에 적용할 수 있는 실제적 능력으로, 맥락적 지능 혹은 상식이라고도 한다. 전학을 가도 친구들을 잘 사귀고, 휴대전화를 바꿔도 바로 사용법을 깨우치는 아이가 있다. 이처럼 새로운 환경에 잘 적응하는 능력이 실용적 지능이다.

현대미술 전시회를 보러 가면 일상 속 물건을 새롭게 해석하여 만든 놀라운 작품을 만나곤 한다. 쓰레기로 바다를 만들고, 재활용품으로 옷을 만들고. 이처럼 새로운 접근법으로 문제를 해결하고 독창적 방식으로 결정을 내리는 능력을 '창의적 지능'이라 한다.

마지막 '분석적 지능'은 학업 상황에서 활용되는 언어, 수학, 이해 능력을 의미한다. 우리가 일반적으로 머리가 좋다고 할 때 떠올리는 능력이 바로 분석적 지능이다.

상식에 다르게 접근해 창조적인 결과물을 낼 수 있는 것처럼, 각 지능은 서로 연관성을 가진다. 스턴버그는 삼원 이론을 확장하여 '성공 지능'이라는 개념을 제안했는데, 이는 실용적, 창의적, 분석적 지능 중 어느 하나만 도드라지지 않고 세 지능이 균형을 이루어 뛰어난 능력을 보이는 것을 말한다.

정서 지능

아이들을 대상으로 공감 능력을 테스트하는 실험이 있었다. 엄마가 망치 모양 장난감을 가지고 놀다가 손을 찧은 연기를 하며 엉엉 울자 아이들은 대부분 인상을 쓰며 고통에 공감했다. 그러나 놀랍게도 몇몇 아이는 히죽거리며 장난을 쳤다. 이 아이들은 자라서 타인과 어떤 관계를 맺게 될까?

EQ란 '정서 지능', 즉 정서가 가진 정보를 잘 처리하는 능력으로 심리학자 샐로비와 메이어가 제안한 개념이다. 이들은 정서 지능을 네 가지 하위 요인으로 구분하여 설명한다.

먼저 '정서 지각'은 표정이나 얼굴 사진을 보고 정서를 구분하는 능력이다. 상대가 웃으면 기쁜 줄 알고, 찡그리면 괴로운 줄 아는 것처럼 말이다. 사이코패스는 정서 지각에 어려움을 느끼는 것으로 알려져 있다. '정서 사고 촉진'은 심각한 글을 쓸 때 명랑한 음악이 방해되기 때문에 분위기에 맞는 선곡을 하는 것처럼 정서적 정보를 이용하여 생각하고 전략을 짜는 능력을 말한다. '정서 이해'는 관계 속에서 나타나는 정서 관련 지식을 이해하는 능력으로 쉽게 말해 '눈치'를 떠올리면 된다. 이 능력이 부족하면 분위기를 파악하지 못하고 사람을 성가시게 하거나 상처를 자극하는 말실수를 할 수 있다. 마지막 '정서 조절'은 정서를 태도로 드러내지 않고 잘 조절하여 표현하는 능력이다. 화가 날 때 억지로 참다가 터지지 않게, 또는 무례하고 지나치게 표출하지 않게 말이다.

자기재인

　　　　　산책하고 돌아오는 길, 우리 강아지는 엘리베이터 거울에 비친 자신을 보고 흠칫 놀랐다. 이어 곧바로 눈을 깔았다. 마롱아, 그거 너야! 여섯 살이나 되어서 아직도 모르니! 우리 부부는 까르르 웃고 말았다.

　　자신을 알아보는 것을 '자기재인'自己再認이라고 한다. 경험상 개는 보통 자기재인을 못 하는 것 같다. 그럼 인간은 언제부터 자기재인이 가능할까? 일명 '루즈(립스틱) 테스트'라 불리는 검사로 확인할 수 있다. 양육자가 함께 놀던 영아의 코에 립스틱을 묻힌다. 그리고 아이에게 거울을 보여 주며 반응을 살핀다. 만약 영아가 자기재인을 할 수 있다면 립스틱을 닦으려고 자기 코를 비빌 것이다.

　　테스트 결과, 생후 18~24개월쯤 되는 아기들은 자기 코를 비벼 립스틱 자국을 지우려고 시도하는 반면, 생후 12개월 영아는 거울에 직접 손을 대는 것으로 나타났다. 그러니 사람은 아무리 빨라도 1년 반 정도는 지나야 자기를 알아볼 수 있는 셈이다.

　　후속 연구에서 한국 아이들은 서양 아이들에 비해 자기재인 발달이 늦다는 사실이 밝혀졌다. 자신에 대한 관심과 지각 능력 발달에 '우리'를 강조하는 집단주의 문화보다 '나'를 강조하는 개인주의 문화가 도움이 된다는 사실을 대변하는 연구 결과 아닐까.

정체감

　　　무엇을 하며 살아야 할까? 내 삶의 이유는 무엇일까? 이러한 질문에 끊임없이 고뇌하는 것을 '위기'라 부르고, 위기를 극복해 내고자 개인적 노력을 담는 것을 '관여'라고 한다. 성숙한 정체감을 형성하려면 두 가지가 모두 일어나야 한다.

　　심리학자 마르시아는 위기와 관여에 따라 정체감 지위를 4단계로 분류했다. 먼저 아무 생각 없이 사는 아이들이 있다. 자기에 대한 궁금증도 없고, 무언가를 이루려는 노력도 하지 않는다. 시간이 흐르면 흐르는 대로, 어떻게 되겠지 하면서 살아간다. 이처럼 위기도 관여도 없는 상태는 '정체감 혼미' 단계다. 자신에 대해 끊임없는 고뇌를 하고 있지만, 아직 정확히 무엇을 노력해야 하는지 모른다면, 즉 위기는 있으나 관여가 없다면 '정체감 유예' 단계라고 볼 수 있다. 반대로 '의사가 되어야 한다' '가업을 이어 나가야 한다'라는 말을 듣고 자란 아이처럼 위기는 없지만 부모의 강요, 정치관, 종교관 등으로 인해 고민 없이 수동적으로 에너지를 쏟고 있다면 '정체감 유실' 단계에 해당한다. 마지막으로 위기의 시기를 충분히 보내고 자신에게 필요한 활동을 찾아 시간과 에너지를 쓰게 된다면 '정체감 성취' 단계에 도달한 것이다.

　　이유도 모른 채 열심인 것도, 뜻은 있지만 행하지 않는 것도 성숙한 정체감 형성을 방해한다. 조금 오래 걸리더라도 고뇌하여 목적지를 정하고, 노력하여 그곳에 닿으려는 시도가 필요하다.

마음 이론

바구니와 상자가 있는 방에서 샐리와 앤이 놀고 있다. 샐리는 자신의 공을 바구니에 넣고 밖으로 나간다. 그러자 앤은 바구니에서 공을 꺼내 상자로 옮긴다. 잠시 후 샐리가 들어온다. 샐리는 어디에서 공을 찾을까? 이 질문에 우리는 '바구니'라고 답할 수 있다. 샐리는 앤이 공을 옮긴 사실을 모른다는 것을 알기 때문이다.

내 마음은 나의 것, 네 마음은 너의 것이다. 그래서 내가 알고 있는 것을 상대는 모를 수 있고, 상대가 원하는 것은 내가 원치 않을 수 있다. 이 당연한 사실을 어린 아이들은 이해하지 못한다. '마음 이론'이란 사람들이 저마다 다른 마음을 가진다는 사실을 아는 것으로 보통 5~6세에 형성된다. 따라서 3~4세 아이에게 샐리와 앤 문제를 물어보면 '상자'에서 찾을 거라고 답한다. 마음 이론이 형성되지 않은 이 시기의 아이들은 앤이 아는 사실을 샐리는 모를 거라는 것 자체를 이해하지 못한다. 이런 과제를 '틀린 믿음 과제'라고 부른다.

어린 시절 할머니 집에서 쿠키 상자를 발견하고 두근거리는 마음으로 뚜껑을 열었다. 그런데 웬걸, 쿠키 상자엔 바느질 도구만 잔뜩 들어 있었다. 아쉬운 마음도 잠시, 조금 뒤 언니가 쿠키를 기대하고 상자를 열려고 할 때 나는 쾌재를 불렀다. 언니가 경험할 실망감이 은근히 기대되었던 것이다. 내가 아는 걸 언니는 모른다는 사실에 대한 짜릿함! 바야흐로 마음 이론의 발달이 시작된 것이다.

기질

아이가 없는 심리학자가 부모를 대상으로 교육을 하다 보면 종종 육아를 글로 배웠다, 애도 안 키워 보고 뭘 아느냐 같은 공격을 받는다. 그러나 책도 한 권만 읽어 본 사람이 제일 무서운 것처럼 아이도 우리 아이만 키워 본 사람이 더 무서운 법이다. 내 아이가 모든 아이의 모습을 대표하지 못하기 때문이다.

'기질'이란 선천적이면서도 지속적으로 유지되는 내적 특성이다. 발달심리학자 토머스와 체스의 연구에 따르면, 아동의 기질은 크게 세 종류로 나뉜다. 먼저 '순한' 아이는 차분하고 좋은 기분을 자주 느끼며 개방적이고 쉽게 적응한다. 키우기 편하고 알아서 잘 자라는 아이다. 두 번째 '까다로운' 아이는 민감성이 높고 불쾌한 감정을 자주 표출하며 변화에 쉽게 적응하지 못하고 강하게 반응한다. 마지막으로 '느린' 아이는 다른 아이들에 활동성이 비해 떨어지고 낯선 환경에서 쉽게 주눅이 든다.

양육 방식과 환경을 통해 만들어지는 것은 기질을 중심으로 강화되거나 약화되는 '성격'이고, 기질 자체는 변하지 않는다. 그러므로 순한 아이를 낳고 양육은 어렵지 않다고 말하는 것도, 까다로운 아이를 낳고 양육에 실패했다고 자책하는 것도 의미 없는 일이다. 그저 필요한 것은 아이의 기질을 제대로 파악하고 해당 기질이 장점으로 발현될 수 있도록 바른길을 열어 주는 것이다.

접촉 위안

과거 심리학자들은 아기가 양육자에게 애착을 형성하는 이유가 '음식' 때문이라고 주장했다. 그러나 할로와 짐머만은 새끼 원숭이 실험을 통해 애착 형성에 음식보다 더 중요한 요인을 밝혀냈다.

연구진은 태어나자마자 어미로부터 분리된 새끼 원숭이에게 두 종류의 대리모를 제공했다. 하나는 우유병을 고정한 철사로 만든 대리모, 다른 하나는 우유는 없지만 보드라운 벨벳 천으로 감싼 대리모였다. 음식이 애착의 근원이라면 새끼 원숭이는 철사 대리모에게 달라붙어 있을 것이다. 그러나 새끼 원숭이는 벨벳 대리모에게만 안겨 있었다. 가끔 배고플 때만 자리를 옮겨 철사 대리모에게 갔을 뿐 곧장 다시 벨벳 대리모에게 돌아왔고, 시간이 지나자 벨벳 대리모에 매달린 채 몸만 쭉 뻗어 치사하게 우유만 빨아 먹기도 했다. 애착을 형성하게 하는 건 바로 따뜻한 감촉, '접촉 위안'인 것이다.

가끔 자식은 이런 식으로 부모의 가슴에 대못을 박는다. "엄마 아빠가 해 준 게 뭔데!" 그러면 부모는 "내가 너 먹이고 재우느라 얼마나 고생했는데!" 하면서 충격에 빠진다. 그러나 자녀에게 부모의 노력은 철사 대리모처럼 차갑게만 느껴진다. 가장 중요한 것, 품에 안아 주고 따뜻함을 느끼게 해 주고 마음을 나누는 것을 잊는다면 아이는 철사 대리모에게 우유만 쏙 뺏어 먹듯 용돈만 쏙 빼먹고 부모에게서 점점 멀어질 것이다.

낯선 상황 실험

혼자서도 씩씩한 아이는 애착을 잘 형성한 것일까? 발달심리학자 애인스워스는 스트레스 상황에서 영아가 애착 대상에게 보이는 행동을 통해 애착 유형을 설명했다. 그가 고안한 '낯선 상황 실험'은 다음과 같은 절차로 이루어진다. 1)양육자와 영아가 놀이방에 도착하면 실험자는 놀이방을 소개한 후 퇴장한다. 2)영아는 놀이방에서 마음껏 놀고 양육자는 지켜본다. 3)양육자가 나가고 영아가 혼자 남겨진다(영아가 불안해하면 낯선 사람이 도우러 온다). 4)양육자가 돌아와 영아에게 인사한다.

여기서 주목해야 할 것은 혼자 남겨졌을 때와 양육자가 돌아왔을 때 영아의 반응이다. '애착'이란 위험한 세상에서 양육자가 나를 지켜 줄 것이라는 믿음이기 때문에 그가 사라지면 불안해하는 것이 정상적인 반응이다. 만약 양육자가 사라져도 흔들림이 없다면 양육자가 영아에게 안전기지의 역할을 하지 못하고 있음을 의미한다.

한 가지 더, 양육자가 떠났을 때 불안해하던 영아는 양육자가 돌아오면 바로 진정해야 한다. 양육자를 신뢰하는 영아는 양육자와 함께 있으면 마음이 놓여 다시 낯선 상황을 즐길 수 있게 된다. 만약 양육자가 돌아와도 쉽게 진정하지 못하고 보채는 모습이 지속된다면, 언제 다시 양육자가 떠날지 모른다는 불안을 느낀다는 뜻이다. 부모는 자녀에게 언제든 돌아와서 곁을 지켜 줄 것이라는 믿음을 심어 줄 의무가 있다.

내적작동모델

나는 사랑받을 만한가? 사람들은 믿을 만한가? 영아는 첫 번째 양육자와의 교류를 통해 자신과 타인에 대한 이미지를 만든다. 이를 '내적작동모델'이라고 한다. 한 번 형성된 내적작동모델은 영아의 마음에 깊이 새겨진다.

힘든 내색을 못 하게 한 양육자 밑에서 자란 아이는 친구에게도 어려움을 토로하지 못한다. 내색하면 친구가 양육자가 그랬던 것처럼 싫어하리라고 생각하기 때문이다. 반면 무조건적 사랑을 받았던 아이는 자신이 사랑받을 존재임을 확신하고 어디에서든 자신감 있게 목소리를 낸다.

새롭게 관계를 맺는 데 어려움을 느끼는 사람은 사람들이 자신을 좋아하지 않을 거라는 부정적 기대를 품고 있다. 그들은 어린 시절 양육자로부터 사랑받는다는 확신을 받지 못했을 것이다. '남들은 나를 사랑하지 않을 거야'라는 생각은 기죽은 모습을 이끌어 낸다. 이런 사람이 좋아 보일 리 없다. 결국 별생각 없던 사람들도 부정적 시선으로 그를 바라보게 되어 부정적 기대는 현실이 되어 내적작동모델은 더욱 강화된다.

우리가 만나는 모든 사람은 양육자가 아니며, 그들에게 나 또한 자녀가 아니다. 한 사람 한 사람을 다른 사람으로 수용하고 나다운 모습으로 자연스럽게 행동하면 나만의 행복한 관계를 만들 수 있다.

안정 애착

응애! 엄마 배 속에서 평화로운 날들을 보낸 태아가 갑자기 세상으로 던져진다. 시끄럽고 냄새나고 춥고 덥고 배고프고 배 아프고. 경험해 보지 못한 감각에 아기는 얼마나 낯설고 두렵고 불안할까?

그러나 그 순간 양육자가 다가와 울면 달래 주고, 웃으면 함께 기뻐해 주고, 방귀 뀌면 기특하다 칭찬해 주고, 이렇게 민감하게 대하면 아기는 느낀다. 오호, 저 사람 믿을 만하네? 그 마음이 양육자에 대한 긍정적 내적작동모델이 되어 양육자에게 언제든 기댈 수 있다는 믿음을 품게 된다. 이 생경한 세상에 든든한 안전기지가 생기는 것이다. 이후 믿을 만한 양육자와 함께 만나는 사람들(엄마 친구, 아빠 친구, 할머니, 돌보미 이모님, 선생님 등)은 아이에게 또 다른 안전기지가 된다. 안전기지가 확장된 아이의 세상은 더 이상 낯설고 두렵기만 한 공간이 아니다. 이곳도 저곳도 안전하고, 이 사람도 저 사람도 안전한, 이 세상은 아이의 놀이터가 된다. 이렇게 아이는 양육자와 다른 세상에 대해 '안정 애착'을 형성한다.

안정 애착을 형성한 아이는 사랑받은 티가 나는 사람이 된다. 자신이 사랑받고 존귀한 존재라는 내적작동모델을 형성하여 스스로를 믿고 새로운 일에 도전한다. 해 내려는 의지가 강하고, 실패하더라도 툭툭 털고 일어난다. 타인에 대한 신뢰도 깊기 때문에 새로운 관계에도 두려움이 없으며 친구, 연인, 배우자와의 관계도 건강하게 유지한다.

회피 애착

도움을 받지 않으려는 사람이 있다. 힘들다는 표현을 하지 않고, 겉으로 보기에도 정말 괜찮아 보인다. 유능하지만 어쩐지 정은 안 간다. 이런 사람들은 '회피 애착'을 형성하고 있을 가능성이 크다.

회피 애착은 양육자로부터 충분한 반응을 얻지 못해 형성된다. 보살핌을 바랐지만 아무것도 돌아오지 않을 때 아기는 스스로 살아 나가는 방법을 깨우친다. 기대하지 않고 의존하지 않고 해내는 방법을.

회피 애착을 형성한 자신에게는 긍정적 내적작동모델을, 타인에게는 부정적 내적적동모델을 형성한다. 그래서 타인을 신뢰하지 못하고 뭐든지 스스로 해내려고 한다.

타인에 대한 기대가 없는 만큼 갈등에도 회피적이다. 쓸데없는 감정 소모에 시간을 낭비하기에 이들에겐 '홀로' 헤쳐 나가야 할 과제가 너무 많다. 그래서 갈등을 해결하려 하기보다 갈등으로부터 도망치거나 못 본 척하는 방식을 선택한다.

세상 모든 사람이 양육자와 같지 않다는 사실을 받아들여야 한다. 힘들다고 말하는 법을 배우고 가끔은 도와 달라고도 해 봐야 한다. 도움을 받고, 혼자보다 함께 할 때 더 수월해지는 놀라운 경험을 해 봐야 한다. 이 과정을 반복하며 타인에 대한 신뢰가 쌓이면 홀로 짊어지고 가던 세상의 무게가 조금은 가벼워질 것이다.

저항 애착

양육자가 바쁘거나 미숙할 때면 아기를 대하는 태도가 들쭉날쭉해진다. 한가할 때는 사랑을 듬뿍 주다가 피곤할 때는 거리를 둔다. 아이는 이미 받아 본 사랑이 아쉽다. 그래서 관심을 되찾을 방법을 강구한다.

적당히 울거나 귀엽게 굴어서는 시선을 사로잡을 수 없다. 그래서 아이는 보챈다. 이 방법이 성공하면 아이는 보채기 기술을 더욱 강화한다. 울다가 토하기, 오줌 싸기, 자지러지기, 경기 일으키기. 강력할수록 관심은 더 빠르고 깊게 돌아온다. 아이는 자기와 타인에 대한 독특한 내적작동모델을 형성한다. '사랑받기 위해서는 이 난리는 쳐 줘야 해.'

'저항 애착'은 양육자가 일관성 없는 반응을 보일 때 형성된다. 아이는 독특한(부정적) 방식으로 관심 받는 법을 깨우치고, 성인이 되어서도 같은 관계의 형태를 유지한다. 저항 애착을 형성한 사람은 늘 관계가 고프다. 그래서 집착한다. 집착하다 원하는 결과가 돌아오지 않으면 연마해 온 보채기 기술을 쓴다. 비난하고, 아픈 척하고(때로는 정말 아프고), 심각할 경우는 자해를 위장한 협박도 시도한다.

불편한 방식으로 단기적인 관심을 끌 수는 있지만, 그 관심은 마음의 허기를 채울 만큼 오래 머물지 않는다. 이들에게 필요한 것은 '그런 식으로' 애쓰지 않아도 사랑받을 수 있다는 믿음이다. 아니, 그런 식으로 애쓰지 말아야 사랑받을 수 있다는 확신이다.

하인츠 딜레마 1

하인츠의 아내가 희귀 암에 걸렸다. 병을 치료할 수 있는 약은 단 하나. 그러나 제약회사는 약을 제조비용의 열 배인 2천 달러에 판매했고, 하인츠에게는 감당할 수 없는 금액이었다. 아는 모든 사람에게 돈을 빌렸지만 1천 달러밖에 모으지 못한 하인츠는 제약회사에 찾아가 약을 저렴하게 팔거나 나중에 갚을 수 있게 해 달라고 사정했지만 이마저도 단호히 거절당했다. 하인츠는 결국 회사에 침입해 약을 훔쳤다. 그는 벌을 받아야 할까? 당신의 생각은 어떤가?

발달심리학자 콜버그는 '하인츠 딜레마'라고 불리는 상황을 제시하고, 저마다 내놓는 답을 통해 도덕성의 발달 정도를 확인하는 이론을 정립했다.

사실 처벌에 대한 답변은 중요하지 않다. 딜레마이기 때문에 정답도 없다. 중요한 것은 '왜' 그렇게 생각하느냐이다.

처벌 여부를 결정하는 근거가 '처벌 또는 보상' 그 자체일 때 도덕성은 '전인습적 수준'에 머문다고 본다. 전인습적 수준의 초기 단계에서는 '도둑질을 하면 감옥에 가니까'처럼 처벌을 회피하기 위한 행동을 지지한다. 전인습적 수준의 두 번째 단계에서는 '아내와 살면 행복하니까'처럼 결과적으로 보상이 돌아오는 행동을 정당화한다.

하인츠의 딜레마 2

'인습적 수준'에 도달하면 사회 규범을 기준으로 판단하기 시작한다. 인습적 수준의 초기 단계에는 '착한 아이'를 지향하여 타인의 시선과 인정을 의식하는 답변을 한다. 도둑질을 하면 남들이 자신을 나쁜 사람으로 볼까 봐, 아내를 죽게 내버려 두면 비인간적인 사람으로 찍힐까 봐처럼 말이다. 인습적 수준의 두 번째 단계에서는 '법과 질서'를 지향하여 사회질서를 유지하는 행동을 강조한다. 도둑질은 법에 어긋나므로 해서는 안 된다고 말하거나, 가족은 서로의 건강을 책임질 의무가 있기 때문에 어쩔 수 없이 도둑질을 해야 한다고 하는 것이다.

마지막 '후인습적 수준'에 도달하면 모든 행동은 '도덕적 정의와 원칙'에 따라야 한다고 여기게 된다. 법과 질서는 인간이 정한 것이고 도덕적 가치를 지키기 위한 도구일 뿐이다. 따라서 권리나 복지에 위반된다면 얼마든지 바꿀 수 있다. 이 단계에 도달하면 생명, 자유, 행복을 침해하는 규칙은 얼마든지 어길 수 있다고 생각한다. 조금 더 나아가 후인습적 수준의 두 번째 단계에 도달하면 '보편적 윤리 개념'을 토대로 행동을 판단하게 된다. 사회가 주는 비판이 아닌, 자신의 양심에 따라 행동하는 것이다.

우리는 종종 판사가 되어 타인의 행동을 판결한다. 그러나 그 판결의 근거는 무엇인가? 누군가의 행동을 판단하기에 앞서 내가 왜 그렇게 생각하는지 곰곰이 따져 보자. 내 도덕성이 어느 정도 수준에 닿아 있는지 알 수 있다.

자기개념

어떤 사람은 자신이 소유한 것들로 자신을 정의한다. 셀카를 찍을 때면 외제차 엠블럼이 보이게끔, 명품 가방의 로고는 확실히 정면을 향하도록! SNS에 가진 것을 뽐내는 데 집착하며 이게 바로 나야! 마음으로 외친다. 건강도 외모도 자신이 소유한 것이기에 '건강한 나' '병약한 나' '예쁜 나' '뚱뚱한 나'로도 정의할 수 있다. 이를 '물질적 자기'라 한다.

반면에 내면에 집중해 나를 정의할 수도 있다. 외향적이거나 호기심 많은 성격, 이해력과 암기력과 같은 지능, 자기 조절이나 대인관계에 대한 능력, 업적이나 신념, 가치관 등으로 이루어진 나는 '정신적 자기'다.

누군가와 함께하는 나를 정의하기도 한다. '사회적 자기'는 '가족 구성원으로서의 나' '애인으로서의 나' '사회적 지위를 가진 나'처럼 관계 속에서의 내 모습이다.

물질적 자기, 정신적 자기, 사회적 자기, 모두가 나의 모습이다. 이 안에 포함된 능력, 태도, 느낌, 역할 등 자기에 대한 모든 개념을 쌓아 갈 때 우리는 '자기개념'을 형성한다.

자기개념의 어떤 모습은 모든 영역에서 일관적이지만, 많은 부분이 영역에 따라 다르다. 그렇다고 어떤 건 나고, 어떤 건 내가 아닌 게 아니다. 식상한 연기자보다 매번 새로운 모습을 보이는 연기자가 근사한 것처럼, 우리 안에도 다양한 캐릭터가 존재한다. 연기자와 다른 점이 있다면, 그것은 꾸며낸 것이 아닌 진짜 나 자체라는 것이다.

사회 비교

인간은 자기를 평가하려는 욕구를 품고 있다. 모든 평가에는 기준이 필요하지만 인간을 평가하는 데는 또 렷한 기준이 없다. 그래서 우리는 타인을 평가의 기준으로 삼 는다. 비교를 통해 자신의 가치를 결정하는 것이다. 이를 '사 회 비교'라 부른다.

'상향 비교'는 나보다 나은 사람과 비교하는 것이다. 나 보다 잘살거나 잘생기거나 행복한 사람을 보고 있으면 '상대 적 박탈감'을 느껴 우울해한다. 그러나 대부분은 가장 근사한 모습만 드러낼 뿐 부끄러운 실체는 꼭꼭 숨겨 둔다. 당신이 보 는 상대의 모습은 그 사람의 전부가 아니고, 당신도 누군가에 게는 최고로 보일지 모른다. 그러므로 나의 최악과 타인의 최 고를 비교하는 건 공평하지 않다.

반대로 자기보다 부족한 사람과 '하향 비교'하는 사람도 있다. 자존감이 낮을 때 하향 비교는 힘이 된다. 있는 그대로 의 나는 별 볼 일 없지만, 부족한 사람 곁에서는 꽤 괜찮아 보 이기 때문이다. 하지만 '이 정도면 충분하지' 하는 마음은 현 실에 안주하여 발전의 기회를 놓치게 한다.

비교를 피할 수는 없으니 수단으로 삼아야 한다. 위험하 지만 유용하게 쓸 수 있는 불처럼 말이다. 나보다 나은 사람을 보며 더 노력할 수도, 나보다 부족한 사람을 보며 도움을 줄 수도 있다. 그러나 비교가 나를 통제하기 시작하면 주변을 두 리번거리던 시선을 거두고 내 안의 목소리에 귀를 기울여야 한다.

자기효능감

프로필에 늘 남겨 두는 문구가 있는데, 하루는 그 문구를 보고 울컥했다는 메시지를 받았다. 그 문구는 이거였다. '나는 잘하고 있다.'

사회학습이론의 창시자 반두라는 해낼 수 있다는 자기 능력에 대한 믿음을 '자기효능감'이라 불렀다. 자기효능감이 높은 사람은 어려움에 봉착하더라도 좌절하지 않는다. 스스로를 믿기 때문에 감정에 휩쓸리지 않고 차분히 해결책을 모색한다. 자기효능감이 낮은 사람은 한두 번의 실패를 마주하면 새로운 도전을 포기하지만, 자기효능감이 높은 사람은 계속 도전한다. 도전하는 만큼 성공률이 높아지고, 성공 경험은 다시 자기효능감을 키우는 자양분이 된다.

나는 스무 살이 되어서야 수영을 배웠다. 원체 겁이 많아서 당연히 못 할 줄 알았는데 해냈다. 그 뒤로 새로운 도전 과제가 주어질 때마다 '수영도 했는데 이것도 할 수 있겠지' 하는 생각이 들었다. 자기효능감을 만드는 첫 번째는 바로 성공 경험이다.

언어적 설득도 효과가 크다. 누군가 나에게 "잘해 낼 거야"라는 말을 건네면 정말 해낼 것 같다. 어릴 때부터 긍정적으로 격려를 받으며 자라 온 아이들이 자기효능감이 높은 이유다. 만약 곁에 "그게 그렇게 쉽겠냐" "아무나 할 수 있는 일이 아니야" 같은 말을 습관적으로 하는 사람이 있다면 거리를 두자. 그들은 나의 자기효능감을 갉아먹는 존재다.

자기결정성 이론

사회심리학자 데시와 라이언은 다른 동물과 달리 인간은 자기실현을 이루기 위해 스스로 결정하는 것, 즉 '자기결정성'이 필요하다고 강조한다. 자기결정성을 가지려면 세 가지 기본 욕구인 유능성, 자율성, 관계성이 충족되어야 한다.

유능성은 잘하고 싶은 욕구다. 오늘 컨디션이 좋은 나는 글이 술술 잘 풀려서 기분이 좋다. '유능성 욕구'가 충족되었다. '자율성 욕구'는 타인의 요구가 아닌 나의 의지로 하고자 하는 욕구다. 나는 내가 원해서 글을 쓰고 있다. 이 일은 내가 선택한 일이기에 나는 지금 행복하다. 마지막으로 '관계성 욕구'는 좋은 관계를 맺고자 하는 욕구다. 지금 이 책은 세 번째 책을 함께 작업했던 편집자와 다시 하는 작업이다. 좋은 사람과 일을 할 수 있다는 건 행운이다. 나는 책 쓰는 과정을 통해 세 가지 욕구를 충족하고 있다. 다시 말하면, 나는 지금 자기를 실현하는 중이다.

경쟁 사회에는 나보다 잘하는 사람이 넘쳐나며, 열악한 환경 속에서 선택은 제한되어 있다. 이런 삶을 살다 보니 관계에 쓰는 신경마저 사치마냥 느껴진다. 그래서 기본 욕구를 포기하며 살아간다. 하지만 그럴수록 우리는 아주 작은 일이라도 도전해서 성공의 기쁨을 누리고, 점심 메뉴와 같은 사소한 일이라도 직접 선택하며, 가까운 이에게 최선을 다해야 한다. 자기실현은 멀리 있는 것이 아니다.

자존감과 자존심

　　　자존감은 강하다고 하고 자존심은 세다고 한다. 비슷한 두 단어지만 뉘앙스가 묘하게 다르다. 자존감은 자기존중감, 말 그대로 자신에 대해 '스스로'가 느끼는 존중감이다. 반면에 자존심은 상대의 평가에 대한 느낌이다.

　　요리를 정말 못하는 어떤 가수는 실패한 요리를 우스갯소리로 자랑하기도 한다. 노래만 잘하면 됐지 요리 실력 따위는 아무래도 상관없기 때문이다. 높은 자존감을 유지하는 사람들은 자신이 중요하다고 여기는 부분에 최선을 다하고, 그렇지 않은 부분은 크게 신경 쓰지 않는다. 그러다 보니 완벽하지 않은 자신도 사랑할 수 있다. 하지만 자존심이 센 사람은 별로 중요하지도 않은 부분까지 전부 의미를 부여한다. 그들에게 남에게 부족함을 드러내는 것을 맹수에게 약점을 드러내는 것과 같다. 물어뜯길까, 쫓길까 늘 불안하고 초조하다.

　　자존감이 높은 사람은 자신의 잘못을 순순히 받아들이고 사과한다. 그들은 사소한 결점이 자신의 전부를 설명하지 않는다는 것을 알고, 그 결점이 자신의 가치를 떨어트리지 않는다는 것도 안다. 그러므로 잘못을 인정하고 사과하는 것이 어려운 일이 아니다. 반면 자존심이 센 사람은 잘못을 인정하지 않고 회피하거나 방어하기에 바쁘다. 잘못을 인정하는 순간, 결점 하나로 자기의 전부가 판단될까 불안하기 때문이다. 하지만 그런다고 타인의 눈까지 가릴 수는 없다. 숨기려 할수록 결점은 더 도드라진다. 진정한 승자는 어떤 상황에서도 여전히 자신을 사랑할 줄 아는 사람이다.

자기 불구화

운동 경기에서 불리한 참가자에게 공평한 기회를 주기 위해 우월한 참가자의 여건을 조정하는 경우를 핸디캡이라고 부른다. 그런데 우리는 가끔 자기 자신에게 핸디캡을 준다. '자기 불구화'는 중요한 순간을 앞두고 문제가 될 만한 상황을 (자기도 모르게 무의식적으로) 연출하여 혹시라도 맞이할 실패를 변명할 준비를 하는 것이다.

사회심리학자 존스와 버글라스는 자기 불구화 경향성을 알아보려고 실험을 진행했다. 참가자들에게 어려운 시험 문제를 풀게 한 뒤 성적이 모두 우수하다는 피드백을 주고는, 난이도가 비슷한 시험을 또 한 번 치르게 했다. 이제 잘 봐야 한다는 부담은 더욱 커졌을 것이다. 단, 두 번째 시험에서는 참가자들이 약물을 선택해 복용할 수 있는데 하나는 집중력을 향상시키는 약물, 다른 하나는 이완시키는 약물이었다. 나른한 상태에서 좋은 결과를 맞이할 수 없기 때문에 당연히 전자를 선택해야 하지만 아이러니하게도 대부분은 후자를 선택했다.

중요한 일을 앞두었는데 결과에 확신이 없을 때, 우리는 무의식적으로 실패할 만한 그럴싸한 이유를 만들어 낸다. 전날 술을 마시거나, 잠을 설치거나, 무리한 연습으로 몸을 상하게 하는 것처럼 말이다. 그렇게 컨디션을 나쁘게 만들어 빠져나갈 구멍을 만듦으로써 실패에 대한 안도감을 얻는다.

스포트라이트 효과

늦잠 잔 날 떡진 머리로 집을 나서면, 누가 흉보지 않을까 노심초사한다. 하지만 쓸데없는 걱정이다. 사람들은 생각만큼 나에게 관심이 없기 때문이다.

인지심리학자 길로비치의 연구팀이 진행한 실험이 있다. 유명인의 얼굴이 큼지막하게 프린트된 우스꽝스러운 티셔츠를 참가자들에게 입히고 대기실의 다른 사람들 틈에 잠시 앉아 있게 했다. 그러고 나서 티셔츠를 본 사람이 얼마나 되겠느냐고 참가자들에게 묻자, 대기실에 있던 사람 절반 정도는 이상한 티셔츠를 입은 자신을 봤을 거라는 대답이 나왔다. 그러나 티셔츠를 입은 사람을 기억하는 사람은 극소수에 불과했다. 사람들은 누가 무슨 티셔츠를 입고 있든 관심이 없었다.

우리는 무대에 선 주인공처럼 나에게 스포트라이트가 쏟아지는 줄 안다. 그래서 몸을 치장하고 자세를 가다듬고 표정을 관리한다. 그러나 실상 오늘 스친 사람 중 당신을 기억하는 사람은 거의 없다. 당신이 그들을 기억하지 못하는 것처럼. 이처럼 자신의 존재감을 과대평가하는 것을 '조명 효과' 혹은 '스포트라이트 효과'라고 부른다.

코로나19로 외출할 일이 없어 한참 동안 옷을 안 샀다. 그래서인가, 내 SNS에는 같은 옷을 입은 사진이 며칠 연달아 올라갔다. 사진을 지울까 잠시 고민했지만 그냥 놔두기로 했다. 어쩌면 세상에는 보여 주는 사람만 존재하지, 보는 사람은 없는 게 아닐까?

자기불일치 이론

　　　　사회심리학자 히긴스는 '자기불일치 이론'을 통해 현재 자신의 모습이 다른 자기와 크게 불일치하면 부정적 감정이 밀려오는 것이라고 주장했다. 그는 되고 싶은 자기의 모습을 '이상적 자기'라 명했다. 이상적 자기와 '현실적 자기'가 일치하지 않을 때 사람들은 실망하거나 좌절감에 빠져 우울해한다. 수치심이나 당혹감을 느끼고 의기소침해지기도 한다.

　　때로는 되고 싶은 자기가 아니라 되어야 하는 '당위적 자기' 때문에 곤욕을 치르기도 한다. 좋은 대학에 가야 하는 나, 착하게 굴어야 하는 나. 가정과 사회가 강요하는 내 모습이 당위적 자기다. 현실적 자기와 당위적 자기 사이의 간극이 심해지면 죄책감을 느끼거나 스스로를 비하한다. 당위성을 주는 타인에게 비난당할까 봐 두려움과 위협감을 느끼기도 한다.

　　10층을 오르기 위해 제일 먼저 해야 하는 일은 1층의 첫 번째 계단을 밟는 것이다. 한 걸음도 내딛지 않고 10층에 닿지 않았다고 괴로워할 필요는 없다. 너무 높은 목표에 좌절하기 전에 현실과 기대의 간격을 줄이자. 그렇게 당장 앞만 보고 한 걸음씩 걷다 보면 언젠가 상상도 못 했던 곳에 닿아 있을 것이다.

귀인

좋았던 일과 나빴던 일을 각각 세 개씩 떠올려 보자. 그리고 그 일이 일어난 이유를 설명해 보자. 무엇 덕분이라고 믿고, 무엇 때문이라고 탓하는가?

어떤 일에 원인을 돌리는 것을 '귀인'이라고 부른다. 사회심리학자 와이너는 귀인을 세 가지 차원으로 설명한다. 첫 번째 차원은 '원인의 소재'이다. 사건의 원인을 성격, 능력, 의도 등 나에게 돌리는 것을 내부 귀인(성향 귀인)이라고 한다. 반대로 남 탓, 상황 탓, 운 탓처럼 바깥에서 찾는 것은 외부 귀인(상황 귀인)이라고 한다.

두 번째는 원인의 '안정성'이다. 지금 나에게 찾아온 결과가 상황에 따라 바뀔 수도 있다고 여기는 것은 불안정적 귀인, 상황과 관계 없이 똑같은 결과가 반복될 거라 믿는 것은 안정적 귀인이다.

세 번째는 원인의 '통제 가능성'이다. 사건의 원인을 통제 가능하다고 보는 사람은 참사가 일어났을 때 인재人災로 여긴다. 노력과 훈련이 있었다면 결과도 달라졌으리라고 믿고 재발하지 않도록 노력한다. 반면에 통제 불가능하다고 보는 사람은 천재天災라고 생각한다. 어쩔 수 없었다고 믿기 때문에 아쉬워하면서도 사건으로부터 빠르게 벗어날 수 있다.

건강한 사고방식을 가진 사람은 원인이 자신에게 있으며 통제 가능하다고 믿는다. 이에 더해 좋은 일은 안정적으로 생각하고, 나쁜 일은 불안정하게 생각하며 미래를 긍정적으로 바라본다.

행위자-관찰자 편향

　　　　우리는 가끔 억울한 사연의 주인공이 된다. 우리는 주변 상황을 볼 수 있지만, 주변인은 내 행동과 그 결과에만 주목하기 때문이다.

　　　기침으로 밤낮을 고생한 적이 있다. 병원 여러 군데를 헤맸지만 원인을 찾을 수 없었고, 목에 좋다는 건 다 해 봤지만 증상은 나아지지 않았다. 어느 날 온라인 강의 도중 기침이 터졌다. 한번 터진 기침은 멈출 기미를 보이지 않았고, 두 차례 휴식 시간을 가지고 약을 먹어도 소용없었다. 결국 나는 양해를 구하고 강의를 일찍 끝냈다. 이후 강의 평가에 '강사가 무책임하게 강의를 중단했다'라는 피드백이 올라왔다. 강의를 중단한 건 맞지만 무책임하다니. 세상에 숨길 수 없는 세 가지가 가난, 사랑 그리고 기침이라 하지 않던가.

　　　관찰자의 눈에는 행위자의 행동만 보인다. 그래서 잘못된 행동의 결과는 그 사람의 성향, 의지, 노력, 태도에 귀인하고, 더 잘할 수 있는데 일부러 그런 거라고 해석한다. 반면에 행위자는 자신이 처한 억울한 상황만 눈에 들어온다. 그래서 잘못을 쉽게 인정하지 못한다. 이를 '행위자-관찰자 편향'이라고 한다. 행위자-관찰자 편향은 우리가 오해하고 변명하는 이유를 설명해 준다. 나에게 관대한 만큼 타인에게 관대할 수 있을까? 그러려면 나의 행동뿐 아니라 타인의 상황을 눈에 담으려는 노력이 필요하다.

면역 효과

　　이기려면 패를 까지 말라고 한다. 그래서 우리는 약점을 숨기고 때로는 약점의 존재조차 인정하지 않는다. 하지만 이 방법은 그리 효과적이지 못하다. 진실은 결국 드러나게 마련이고, 그때 받는 타격감은 예상을 뛰어넘기 때문이다.

　　사회심리학자 맥과이어와 파파조지스는 타인의 공격으로부터 자신을 지키는 방법을 예방 접종에 비유했다. 약한 병균을 투입해 면역력을 배양시키는 것처럼, 상대의 공격을 미리 접해 반박할 힘을 기르자는 것이다. 연구진은 실험 참가자를 세 집단으로 나누었다. 첫 번째 집단의 의견은 지지해 주었고, 두 번째 집단의 의견은 가볍게 공격했다. 그리고 마지막 집단에게는 아무 말도 하지 않았다. 그런 다음 모든 참가자의 의견에 강하게 반박해 보았다. 가장 잘 저항한 이들은 누구였을까? 당연히 두 번째 집단이었다. 연구진의 약한 공격이 오히려 그들에게 면역력을 만들어 더 큰 공격에도 대항할 수 있는 강한 마음을 심어 준 것이다.

　　어떤 공격이 날아올지 예상하는 복서는 자신을 능숙하게 보호한다. 하지만 한 번도 공격당해 본 적 없는 사람은 공격에 노출되는 순간 무너진다. 사회적 기술도 마찬가지다. 세상을 담대히 이겨 내는 사람은 내공이 쌓인 사람이다. 그 내공은 결코 달고 아름다운 방식으로만 쌓을 수 없다. 작은 비판을 귀담아듣고 스스로의 약점을 인정할 때 우리는 진짜 건강한 마음의 면역 체계를 얻을 수 있다.

대비 효과

치과 검진을 하다가 충치가 발견되어 진료 예약을 잡았다. 예상 비용은 30만 원. 그런데 치료 당일, 충치가 하나 더 발견되었다. 심지어 그쪽은 상태가 심각해서 신경 치료까지 해야 할지도 모른다고. 예상 비용은 50만 원이 늘어 80만 원이 되었고, 나는 절망에 빠졌다. 하지만 치료 도중 의사와 치위생사가 속닥거리는 소리에 희망이 생겼다. "이거 신경 치료까진 안 해도 되겠는데?" 결국 충치 두 개를 치료하고 60만 원을 결제했다. 얼마나 감사한지!

예상 비용이 30만 원에서 80만 원으로 올라가자 나는 울적해졌다. 하지만 20만 원이 굳자 안도했다. 결과적으로는 계획보다 30만 원을 더 썼지만 그 사실은 안중에도 없었다.

100만 원을 쓰기로 했다가 50만 원이 나가게 된다면 우리는 기뻐 날뛸 것이고, 10만 원 쓰려고 했다가 50만 원을 쓰게 되면 좌절할 것이다. 50만 원을 쓰는 것 자체는 의미가 없다. 중요한 것은 이전에 제시된 비용이다. 이처럼 특정 자극을 판단할 때 이전 자극에 따라 상대적으로 커 보이기도 하고 작아 보이기도 하는 것을 '대비 효과'라 부른다.

대부분의 삶은 지극히 평범하고, 우리는 그 평범함에 감사할 줄 모른다. 어제보다 오늘이 나아지지 않았기 때문이다. 그러나 인생에 큰 파도가 몰려오면 지루함이 얼마나 감사한 것인지 사뭇 실감한다. 상황은 마음먹는 법을 바꾼다. 감사하고 싶은가? 신이 우리에게 좌절을 선물하기 전에 범사에 감사해 보는 것은 어떨까?

고정관념 위협

　　'고정관념'이란 개별성을 무시하고 특정 범주의 특징으로 개인을 바라보는 왜곡된 사고로, 편견이나 혐오 같은 문제를 발생시킨다. 하지만 그보다 더 큰 문제가 있다. 고정관념의 대상이 고정관념을 의식하면서 일어난다.

　　사회심리학자 스틸과 애런슨은 고정관념이 사람들에게 어떤 영향을 미치는지 알아보는 실험을 했다. 실험은 두 집단이 언어 시험을 푸는 형식으로 진행되었고, 각 집단에는 흑인과 백인이 함께 배정되었다. 시험 전 한 집단은 자신의 인종을 체크하도록 하고 다른 집단은 이 절차를 생략했다. 그 결과, 인종을 체크한 집단에서는 백인보다 흑인의 점수가 낮았다. 그러나 인종을 의식하지 않은 흑인과 백인의 점수에는 차이가 없었다.

　　'흑인은 열등하다'라는 고정관념이 있다. 여기서 인종 체크와 같은 절차로 자신이 흑인이라는 사실을 의식하는 순간 불안이 밀려온다. 과제에 집중해야 할 에너지는 걱정하는 데 사용되고, 결국에 평소 실력을 발휘하지 못한다. 결과적으로 고정관념을 증명하는 꼴이 된다. 이처럼 자신이 고정관념의 대상이라는 사실을 인식하면서 그 불안 때문에 고정관념대로 행동하게 되는 것을 '고정관념 위협'이라고 한다.

　　고정관념이 현실화되는 것은 고정관념이 사실이어서가 아니다. 사실이라 믿고 그렇게 행동하게 만드는 나의 불안 때문이다.

틀 효과

한 신도가 신부에게 물었다. "기도하면서 담배 피워도 되나요?" 신부는 단호하게 안 된다고 답했다. 그러자 곁에 있던 친구가 물었다. "담배를 피우면서 기도하는 건 되나요?" 그러자 신부는 물론 된다고 답했다.

행동경제학자 카너먼과 트버스키는 제시하는 형태에 따라 같은 내용도 다르게 왜곡되는 '틀 효과'를 증명했다. 실험 참가자들은 600명이 치명적 질병에 걸린 상황에서 두 가지 치료법 중 하나를 선택해야 했다. 첫 번째 집단이 받은 옵션은 다음과 같았다. 'A치료법은 200명을 살릴 수 있고 B치료법은 모두 살릴 확률이 33퍼센트이다.' 대부분 A치료법을 선택했다. 두 번째 집단에는 다음과 같은 옵션이 주어졌다. 'C치료법은 400명이 죽게 되고 D치료법은 모두 죽을 확률이 67퍼센트이다.' 이때 대부분이 D치료법을 선택했다. 눈치 채셨는지? A는 C와, B는 D와 같은 치료다.

'살 수 있다'와 같이 긍정 틀에 맞춰 정보가 제공될 때는 '확실한 이득'이 선호되는 반면에 '죽을 수 있다'와 같은 부정 틀에서는 '불확실한 손해'가 선호된다. 인간의 사고 과정은 이토록 허술하고 비논리적이다.

몇 달 전, 신장결석 수술을 받았다. 간호사는 사고 가능성 10퍼센트를 염두에 두라고 말했다. 두려운 나머지 도망가고 싶었다. 그러나 곧 집도의가 와서 성공적으로 끝날 확률이 90퍼센트이니 걱정하지 말라고 했다. 그 말을 듣자 금세 마음이 편안해졌다. 바보는 멀리 있지 않다.

사후 가정적 사고

시험 문제를 보자마자 '아! 어제 그 페이지 한 번만 더 봤더라면 백 점일 텐데!' 하고 후회하고, 헤어진 애인을 그리워하며 '아! 조금만 더 잘해 줬더라면 지금 옆에 있을 텐데!' 하면서 뉘우친다. 이처럼 일어날 뻔했던(그러나 결국 일어나지 않은) 사건을 뒤늦게 가정해 보는 것을 '사후 가정적 사고'라고 한다.

이미 지난 일을 돌이키는 게 무슨 의미가 있겠냐 생각할 수 있다. 하지만 상황이 달라질 수 있었음을 가정하면 유사한 상황이 또다시 찾아올 때 경계 태세를 취할 수 있다.

사후 가정적 사고는 최악의 사건이 일어나지 않음에 감사하는 마음을 선물해 주기도 한다. 오래전 유리 조각이 발에 박혔는데, 병원에서 실수로 그냥 피부를 봉합해 버렸다. 그렇게 유리 조각을 품고 몇 년을 보내다가 결국 해당 부위를 도려내는 수술을 잡게 되었다. 수술을 며칠 앞둔 어느 날! 그 부위에 작은 구멍이 생겼다. 그리고 반짝! 하는 빛이 보였다. 유리 조각이 피부를 뚫고 나오고 있었다. 나는 날마다 유리를 응원했다. 그러자 마침내 모습을 드러낸 오늘의 주인공! 나는 기회를 놓치지 않고 족집게로 유리 조각을 잡아 뽑았다.

'아! 그때 유리 조각이 안 나왔더라면, 수술 일정을 조금만 빨리 잡았더라면, 큰 수술을 했을 텐데!' 다행스러운 일을 되뇌다 보면 기분이 좋아진다. 그 일이 있은 지 넉 달이 지났는데도 나는 여전히 그 생각을 한다. '아! 그거 안 나왔으면 어쩔 뻔했어, 진짜.'

초두 효과

소설 『달과 6펜스』를 읽기 전 주인공 스트릭 랜드의 모델이 화가 폴 고갱이라는 사실을 알았던 나는 소설 속 그의 모든 행동이 예술가다운 사연처럼 느껴졌다. 그러나 스트릭랜드를 싫어하다 못해 혐오하는 독자가 생각보다 많았다. 그림을 그리겠다며 갑작스레 가족을 버린 이야기로 그의 서사가 시작되니 말이다.

인상을 형성하는 데 가장 중요한 것이 바로 첫인상이다. 사회심리학자 애시는 가상 인물 한 사람을 설정하고 그의 인상을 평가하도록 했다. 한 집단에게는 긍정적인 묘사로 시작해 부정적으로 흘러가는 목록을 제시했고(똑똑하다/근면하다/충동적이다/비판적이다/고집이 세다/질투심이 강하다), 다른 집단에게는 같은 목록을 반대 순서로 제시했다(질투심이 강하다/고집이 세다/비판적이다/충동적이다/근면하다/똑똑하다). 그 결과 긍정적 묘사를 먼저 접한 집단이 가상 인물에게 더 호의적인 태도를 보였다.

사람들은 처음 접하는 정보를 프레임 삼아 다음 정보를 해석한다. 이를테면 똑똑한 사람의 질투는 경쟁적이고 정열적이라고 해석될 수 있다. 반면에 질투심이 강한 사람이 똑똑하다면 어울리기 피곤할 것 같지 않나? 이처럼 처음 제시된 정보에 따라 이후 정보에 대한 태도가 결정되는 것이 '초두 효과'다.

사회적 태만

　　　　사람이 아무리 많아도 일하는 사람은 항상 정해져 있다. 그래서 누군가는 독박을 쓴다. 그 이유는 무엇일까? 농공학자 링겔만은 줄다리기를 통해 이를 알아보는 실험을 진행했다. 사전 정보에 따르면 한 사람이 줄을 잡아당길 때는 평균 85킬로그램의 힘이 작용했다. 그렇다면 두 사람이 당길 때는 170킬로그램의 힘이, 네 사람은 340킬로그램의 힘이 들어가야 할 것이다. 그러나 줄을 당기는 사람이 늘어날수록 들어가는 힘은 줄어들었다. 심지어 14명이 당길 때는 평균 61킬로그램의 힘만 작용하는 것으로 나타났다. 줄다리기 현상처럼 여럿이 과제를 수행할 때 개인의 공헌도가 줄어드는 것을 '사회적 태만' 혹은 '링겔만 효과'라고 한다.

　　사회적 태만은 왜 일어날까? 첫째는 책임감 분산 때문이다. 사회는 나 없이도 잘 굴러간다. 그러니 굳이 나설 이유가 없다고 느끼는 것이다. 둘째로는 내가 열심히 한다고 해서 더 큰 이득을 얻는 것도 아니기 때문이다. 이득 없는 행동을 사람들은 싫어한다. 통합력이 사라지는 것도 한 가지 원인이다. 줄다리기를 잘하려면 '으쌰으쌰' 하는 박자가 중요하다. 내가 '으' 할 때 쟤가 '쌰' 하면 망하는 것이다. 팀 과제에서 서로의 마음이 찰떡같지 않다면 노력이 분산되고 성과가 떨어진다. 으쌰으쌰를 이끌어 줄 사람이 있어야 한다. 좋은 리더가 필요한 이유다.

사회적 촉진

마당에 아주머니들이 모여 마늘 까는 장면을 상상해 보자. 왜 굳이 모여서 깔까? 단순히 수다가 재미있어 서만은 아닐 것이다. 단순하고 반복적인 작업, 수월한 작업은 여럿이 함께 있을수록 능률이 올라간다.

'사회적 촉진'이란 혼자 할 때보다 여럿이 함께 할 때 수 행이 오르는 현상을 말한다. 사회적 촉진은 자기다운 모습이 나타나는 '우세 반응'을 더 강하게 한다. 집중력이 뛰어난 사 람은 집중하는 것이 우세 반응이어서, 혼자 공부할 때보다 독 서실에 갈 때 집중력이 높아진다. 운동 실력이 뛰어난 사람은 운동 수행 능력이 곧 우세 반응이어서 함께 운동하거나 관중 이 응원할 때 더 힘을 낸다.

때로는 부정적 수행이 강화되기도 한다. 예를 들어 말하 기에 자신이 없는 사람은 말을 못하는 게 우세 반응이어서 혼 자 있을 때보다 사람이 많을 때 더 버벅거린다.

타인의 존재가 수행을 촉진하는 이유는 타인의 존재가 개인을 각성시키기 때문이다. 쉬운(자기다운) 과제를 할 때 는 노력으로 주의를 높이기가 어렵다. 하지만 누군가 존재한 다는 느낌이 더해지면 느슨해진 마음을 조이게 된다. 그 긴장 감이 우세 반응을 강화한다. 또 다른 이유는 타인의 존재가 평 가 불안을 유발하기 때문이다. 상대가 나를 평가할 수 있다는 가능성은 잘할 수 있는 일에 더욱 최선을 다하게 만든다.

단순노출 효과

힙합 오디션 프로그램에 1세대 래퍼가 출연했다. 그는 뻔뻔하게 너스레를 떨며 철 지난 랩을 선보여 놀림감이 되었다. 얼마 뒤 한국 힙합의 선구자들이 모여 컴필레이션 앨범을 만드는 프로그램에 그가 출연했다. 그런데 그가 부른 대표곡이 의외의 감동을 불러일으켰다. 1세대의 대표라 칭해 마땅할 만큼 명곡이었다. 하지만 노래가 중반부를 향해 갈 때쯤 나는 당황하고 말았다. 전에 조롱당했던 바로 그 음악 아닌가.

사회심리학자 자욘스는 열두 명의 인물 사진을 사람들에게 보여 주면서 제각각 노출 횟수를 달리했다. 어떤 사람은 25번, 어떤 사람은 7번, 어떤 사람은 한 번도 안 나오는 식이었다. 그리고 사진 속 인물에 대한 호감도를 평가하도록 했다. 그 결과, 여러 번 눈에 띈 인물이 더 높은 호감도를 얻었다. 이처럼 반복된 노출이 호감을 높이는 현상을 '단순노출 효과'라고 한다. 외모가 뛰어나지 않은 배우가 매력적으로 느껴지는 것, 오랜 친구가 어느 순간 이성으로 보이는 것, 웃기다고 계속 들었던 음악이 어느 순간 명곡처럼 느껴진 것도 바로 단순노출효과의 결과다.

하지만 평소 싫어하는 상사를 매일 본다고 해서 좋아질까? 오히려 퇴사 의지만 거세질 뿐이다. 자주 본다고 무조건 좋아지는 것은 아니다. 불호不好의 자극에는 노출될수록 싫어하는 감정이 더 강해진다. 단순 노출 효과는 대상을 싫어하지 않을 때라야 나타난다.

月

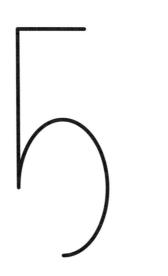

수면자 효과

드라마 주인공이 스틱 타입 화장품을 꺼내 바를 때마다 몰입감이 깨지고 노골적인 광고에 분노가 치민다. 그러나 기업은 멈출 생각이 없어 보인다. PPL 덕분에 유례없는 성과를 얻었으니 말이다. 거부감을 줄 정도의 광고가 어떻게 우리 마음을 사로잡는 것일까?

사회심리학자 호블랜드와 연구팀은 2차 세계대전 당시 사람들에게 연합군을 응원하는 영상을 보여 주고 연합군에게 어떤 태도를 보이는지 관찰했다. 영상을 본 직후 참가자의 마음은 바뀌지 않았다. 그러나 9주가 지나자 그들은 연합군을 호의적으로 바라보기 시작했다.

흐름을 방해하는 PPL처럼, 불편한 정보가 제시되면 설득력이 떨어진다. 그러나 시간이 흐를수록 우리 머릿속에서는 불편했던 상황과 메시지 사이의 연결고리가 느슨해지고 결국에는 끊어진다. 어떤 상황에서 그 제품을 보았는지, 누구에게 그 이야기를 들었는지 기억하지 못하게 되는 것이다. 다만 출처가 사라진 정보 자체는 기억에 남아 신뢰할 만한 정보로 둔갑한다. 그래서 뒤늦게 그 정보에 설득되고 만다. 자고 나면 정보의 출처를 잊는다고 하여 이를 '수면자 효과'라고 한다.

내 연구 아이디어가 진부하다고 비난한 선생이 학기가 끝날 무렵, 그 아이디어를 자기 아이디어인 양 학생들에게 제안했다. 그 아이디어의 출처가 나라는 사실을 까맣게 잊은 모양이었다. 수면자 효과에 감탄하며 미움을 거두기로 했다.

정교화 가능성 이론

우리는 만 원짜리 티셔츠 한 장을 사려고 몇 날 며칠 고민하면서 2만5천 원짜리 치킨은 거침없이 주문한다. 전자는 중심경로를, 후자는 주변경로를 따르기 때문이다.

'중심경로'는 진중한 선택을 위해 정보의 질을 면밀하게 검토하는 정보처리 방식이다. 비싼 노트북을 살 때, 성능과 가격, 디자인과 효율성, 필요성 등을 꼼꼼히 따지는 것처럼 말이다. 반면 그날의 기분이나 판매자의 언변, 광고 모델이나 주는 느낌에 따라 물건을 사게 될 때도 있다. 디자인이 세련된 물티슈를 사거나, 좋아하는 가수가 광고하는 피자를 주문하는 것처럼 말이다. 이는 제품의 본질이 아닌 직관적인 요인이 판단에 영향을 주는 '주변경로'를 사용하는 것이다.

우리는 중요하고, 비싸고, 책임이 따를 때는 주도면밀하고 정교한 사고를 한다. 하지만 관심사가 아니고, 저렴하고, 무슨 말인지 모르겠고, 알 필요도 없을 때는 대충 결정한다. 이것이 '정교화 가능성 이론'에서 말하고자 하는 바다.

'인지적 구두쇠'인 우리는 에너지가 부족할 때면 주변경로를 사용한다. 아무렇지도 않게 배달 음식을 시키는 날은 심신이 지쳐 있을 것이다. 그것이 내가 가진 자원을 아낄 수 있는 효과적인 방법이기 때문이다. 쉬자, 돈을 아끼려면 쉬어야 한다.

자이가르닉 효과

듣기 평가는 늘 골칫거리다. 한번 지나간 지문은 다시 들을 수 없기 때문이다. 빠르게 포기하고 현재에 집중해야 하지만 놓친 문제를 신경 쓰느라 다음 지문을 또 놓치고 집에 돌아가서도 망친 그 시험만 떠올리며 괴로워한다. 해치우지 못한 과거에 메이는 일은 늘상 일어난다.

심리학자 자이가르닉은 사람들이 완결 짓지 못한 일을 완결한 이야기보다 더 잘 기억한다는 사실을 발견했다. 그래서 이 현상에 '자이가르닉 효과' 또는 '미완성 효과'라는 이름이 붙었다.

장기 연애 경험이 있는 사람을 사랑해도 될까? 지난 추억을 마음에 품고 나를 만나는 건 아닐까, 걱정이 앞선다. 하지만 걱정하지 않아도 된다. 그들의 사랑은 긴 시간을 지나 결국엔 종결되었다. 그들에게 추억은 완성된 이야기이기에 금세 잊힌다. 오히려 잊기 어려운 것은 첫사랑의 기억이다. 첫사랑은 보통 이루어지지 않는다. 그래서 인생의 미완결 과제로 남는다. 미완결된 추억은 오래도록 마음에 남는다.

많은 사람이 과거라는 지옥에 머물러 살아간다. 돌이킬 수 없는 공백을 채우려다가 현재의 삶을 또 하나의 공백으로 남긴다. 자신을 위한 선택은 지금을 사는 것, 그리고 후회 없이 최선을 다해 오늘을 완성하는 것이다.

사회교환이론

한 커플이 있었다. 여자의 부모가 여행을 떠나 집이 비었고, 남자는 그날의 데이트를 준비했다. 뮤지컬을 보고 고급 레스토랑에서 저녁을 먹고 선물로 목걸이까지 준비했다. 밤이 늦어 남자는 여자를 집 앞까지 데려다주었고, 여자는 행복한 미소를 지으며 집으로 들어갔다. 그리고 그날 밤, 남자는 여자에게 이별을 통보했다. 완벽한 하루였는데 왜? 이유를 모르겠다면 '그녀의 집이 비었다'는 사실을 상기하자.

'사회교환이론'에 따르면 인간은 주는 만큼 받아야 하는 존재다. 주는 만큼 돌아오는 것이 있어야 관계를 유지하고, 주고받는 것에 균형이 맞지 않는다고 느껴지면 관계를 정리하려 한다.

얻는 것은 물질적인 것에 한정되지 않는다. 사랑이나 행복, 배려와 보살핌은 물론, 표현 또한 얻는 것이다. 상대의 일정에 늘 맞춰 주고, 항상 데려다주고 데리러 오고 밥을 챙겨 주는 게 나라면, 매일 사랑한다고 말해도 아무런 표현이 돌아오지 않는다면 균형은 무너지고 만다.

내가 먼저 찾지 않으면 나를 찾지 않는 사람, 내가 말하지 않으면 대화가 끊기는 사람, 내가 맞추지 않으면 갈등이 생기는 사람. 이런 사람들과 나 혼자 애쓰는 관계를 붙잡고 있으면 서글퍼진다. 이런 관계는 이미 말라 죽은 나무와 같다. 물을 준다고 뭐가 달라질까.

인지부조화

사회심리학자 페스팅거는 실험 참가자들에게 아주 지루한 과제를 시킨 후 거짓말을 부탁했다. "나가는 길에 대기자에게 실험이 재밌다고 말해 주세요." 그리고 그 대가로 어떤 참가자에게는 20달러를, 어떤 참가자에게는 1달러를 주었다. 그러자 흥미롭게도 1달러를 받은 사람들은 그 실험이 정말 재미있었다고 보고했다.

돈을 많이 받은 사람은 돈 때문에 거짓말을 했다고 자신을 정당화할 수 있었지만, 1달러만 받은 사람은 고작 그 돈 받자고 거짓말을 한 자신에게 자괴감이 들것이다. 그래서 결과적으로 이렇게 정신 승리 하게 된다. '돈 때문이 아니라, 진짜 재밌어서 재밌다고 한 거야, 거짓말이 아니라고.'

대기업에서 월 천만 원 받는 사람은 회사를 쉽게 욕한다. 그러나 취업에 실패해 아르바이트를 하는 사람은 이렇게 생각한다. '이 일은 나에게 좋은 경험으로 남을 거야.'

태도와 행동이 일치하지 않을 때 느끼는 불쾌감을 '인지부조화'라고 한다. 인지부조화를 해결하려면 태도에 맞게 행동을 고치거나 행동에 맞춰 태도를 바꿔야 한다. 그러나 행동을 고치는 건 생각보다 어렵다. 거짓말을 돌이킬 수도, 아르바이트를 그만둘 수도 없는 것처럼. 그래서 우리는 종종, 아니 자주 태도를 바꾼다.

정신 승리는 아주 잠깐 자신을 보호해 주지만 결국 자신을 기만하고 문제를 방치하게 만든다. 합리적 인간은 합리화하지 않는다.

몰개성화

영화 『조커』를 보다가 충격에 빠진 장면이 있었다. 생방송 도중 조커가 토크쇼 진행자를 총으로 쏴 죽여 경찰에 연행되었는데, 조커 가면을 쓴 시민들이 거리로 몰려나와 그를 구해(?) 내는 장면이었다. 가면을 쓴 시민들은 불을 지르고 경찰차를 부수며 축제를 즐기듯 광분했다. 과연 가면을 벗어도 그런 행동을 할 수 있을까?

자신이 드러나지 않을 때 충동적이고 감정적으로 행동하게 되는 것을 '몰개성화'라고 한다. 집에서는 멀쩡하던 양반이 야구장에만 가면 난동을 부리는 건 왜일까. 이때 유니폼도 한몫한다. '나'라는 사람이 아닌 야구팀 팬의 일원이라는 느낌이 몰개성화를 일으킨 것이다.

현대 사회에서 몰개성화의 결정체는 악성 댓글이다. 책을 몇 권 쓰고 악성 댓글을 받아 봤다. 별것 아닐 줄 알았는데 오래 마음이 아렸다. 이제는 마음만 먹으면 나를 숨기는 아이디 하나쯤 생성할 수 있다. 어떤 커뮤니티에서는 닉네임마저 자동으로 정해진다. 그 상태로 글을 남기려다 보면 '나는 누구, 여긴 어디' 상태에 빠져 불결한 활자를 흘리는 것에 부끄러움을 모르게 된다.

악성 댓글을 달고 싶을 땐 거울을 보자. 남에게 상처 주며 즐거워하는 자신의 표정이 얼마나 끔찍한지 자각하자. 그리고 그 행동을, 이름과 얼굴을 모두 노출하고도 똑같이 할 수 있는지 생각해 보자. 그러면 행동은 자연히 멈춰질 것이다.

집단 극화

마음 맞는 친구들과 대화를 하다 점점 흥분이 극에 달해 감정선이 요동치는 경험을 할 때가 있다. 사람들은 혼자 있을 때보다 여럿이 함께 이야기할 때 자신의 신념을 더 강화한다. 심리학자 마이어와 비숍은 편견에 관한 연구를 통해 이를 증명했다. 인종에 대한 편견이 심한 사람들과 그렇지 않은 사람들끼리 인종 문제에 관해 토론하도록 했다. 그 결과, 토론을 마친 그들의 태도는 처음보다 훨씬 극단적으로 변했다. 편견이 심했던 사람은 더욱 심하게, 덜했던 사람은 더욱 약하게 변한 것이다.

혼자 있을 때는 자기 생각에 확신이 잘 서지 않는다. 그러나 자신과 같은 생각을 하는 사람을 보면 자기 생각을 정당화하게 되고, 때로는 집단에 소속되려고 강하게 동조하기도 한다. 또한 분위기를 이끌어 가는 주동자에 의해 감정이 격해진다. 그러다 보면 어느새 극단적인 결론에 도달하게 된다. 이런 현상을 '집단 극화'라고 부른다.

과거에는 마을에 사고가 잦아지면 빨간 머리, 파란 눈을 가진 사람을 마녀 취급하며 불태워 죽였다. 자기가 불행하다고 어떻게 옆집에 사는 이웃을 불에 태울 수 있느냐고? 방법만 바뀌었을 뿐 우리는 여전히 마녀사냥을 한다. 무리를 지어 타인을 혐오하고 말로 사람을 태워 죽인다. 끼리끼리 뭉치면 마음은 더 뾰족해지고 행동은 더 과격해진다.

거짓 일치성 효과

버스 앞자리에 다리를 올리면 안 되냐는 한 네티즌의 글이 논란이 되었다. 무개념이라는 사람들의 비난에도 그는 핑곗거리만 늘어놓을 뿐, 그는 그게 왜 잘못된 행동인지 도무지 이해할 생각이 없어 보였다. 이처럼 어떤 사람은 자신의 행동이 상식에서 벗어났다는 사실조차 인지하지 못한다. 오히려 남들이 자기 편을 들어 줄 거라고 확신한다.

심리학자 로스, 그린 그리고 하우스는 사람들에게 '회개하라!'라고 쓰인 포스터를 들고 다닐 수 있는지 물었다. 할 수 없다고 응답한 사람들은 다른 사람들도 못 들고 다닐 거라고, 한다 해도 아마 20퍼센트 정도의 소수만이 가능할 거라고 답했다. 하지만 실제로 동의한 사람은 50퍼센트 정도였다. 사람들은 자기 생각이 일반적이라고 믿지만 사실은 그렇지 않은 경우가 많다.

세상에는 별별 사람이 다 있고, 저마다 다른 의견을 내세운다. 하지만 우리는 자기 생각이 보편적이라고 가정하는 경향이 있다. 이를 '거짓 일치성 효과'라고 부른다.

마음이 다른 사람은 갈등을 피하려고 말을 아낀다. 그 사실을 간과하고는 들리는 말이 온통 내 생각과 같다고 느끼니, 내 생각이 일반적이라 착각한다. 자신을 믿는 것만큼 중요한 것은 자신의 생각을 의심해 보는 것이다. 나의 정상이 누군가에겐 이상이 될 수도 있기 때문이다.

확증 편향

자신의 꿈이 너무 잘 맞아서 무섭다는 사람이 있다. 사고 나는 꿈을 꾸면 가족 중 누가 다치고, 돼지꿈을 꾸면 그날 돈이 들어오고. 정말 그 사람의 꿈은 모두 맞을까? 그가 365일 동안 꾼 꿈을 분석하여 그날 일어난 일과 일일이 대조해 보면 맞지 않는 꿈이 더 많을 텐데, 고작 몇 가지 사건을 보고 자신의 꿈이 맞는다고 믿는 것일 테다. 이 꿈쟁이뿐만 아니라 우리는 모두 보고 싶은 것만 보고 기억하려는 경향이 있는데, 이런 현상을 심리학에서는 '확증 편향'이라고 한다.

확증 편향이란 자기 신념에 맞는 정보만 선택적으로 받아들이고 어긋나는 정보는 외면하는 심리적 편향을 말한다. 자신이 원하는 정보에만 주의를 기울임으로써 자기 생각을 강화하고 마음을 편히 할 수 있다. 이를테면 논란이 많은 연예인은 비판 글은 악성 댓글로 치부하고 삭제해 버리고 찬양 글만 보며 자신의 행동을 합리화한다. 그래서 자신의 잘못을 되돌아보지 못하고 늘 제자리에 머문다.

특정 대상을 혐오하는 사람들은 일부의 잘못된 행동만 보고 전부를 몰아간다. 1명의 엄마가 진상이면 99명의 엄마가 아이를 잘 키우더라도 모두 맘충이라 일컫는 것처럼. 내 정치관에 맞는 방송사 뉴스만 보고, 내 사고방식과 맞는 온라인 커뮤니티만 들락날락하는 것도 마찬가지다. 입맛에 맞는 말들만 골라 듣다 보면, '거짓 일치성 효과'까지 더해져 마음은 한결 편해진다. 그러나 그만큼 사고는 고립된다.

바넘 효과

한 점쟁이가 묻는다. "너 남자 때문에 속상해서 운 적 있지?" 어머! 어찌 알았지? 그 말을 들은 손님은 이 집 정말 용하다며 점쟁이의 점사를 믿는다. 그러나 잘 생각해 보자. 남자 때문에 속상해서 울지 않은 사람이 있을까? 그게 아빠든, 애인이든, 선생님이든 간에.

심리학자 포러는 학생들에게 성격 검사를 실시하고는 검사 결과가 얼마나 정확한지 물었다. 학생들은 검사 결과가 자신을 적절히 설명한다고 대답했다. 사실 성격 검사는 아무 의미가 없었고, 학생들이 받은 결과지는 모두 같은 내용이 인쇄되어 있었다. 학생마다 성격이 다 달랐을 텐데, 모두가 자기 이야기인 것처럼 신기해한 이유는 결과지가 뻔한 내용으로 이루어져 있었기 때문이다. 이를테면 '당신은 행동하기 전에 생각하는 편이다'처럼.

보편적인 특성을 자신만의 특징으로 착각하는 이러한 경향을 '바넘 효과'라고 한다. 처음에는 이 실험을 진행한 연구자의 이름을 따서 '포러 효과'라고 불리다가 유명한 서커스단을 운영하던 바넘이 마술처럼 사람들의 성격을 맞춘 일화를 빗대 '바넘 효과'로 불리게 되었다.

혈액형을 믿는 사람이 많다. 어떤 유형의 설명을 보든 어차피 다 모호하고 그게 그거인 설명이기 때문이다. 혈액형 믿지 말자. 참고로 나는 자꾸 A형 같다고 하는데, O형이다.

반영평가

　　　　나는 아직도 내가 내향적인지 외향적인지 모르겠다. 전에는 내향적이라 철석같이 믿으며 살아왔는데, 요즘은 사람들과 함께하는 순간이 즐겁기 때문이다.

　　　혼란의 시작을 떠올리기 위해 인생을 거슬러 올라가 본다. 어린 시절 재롱부리기를 좋아하던 나는 할아버지 생신에 사촌 동생들과 무대를 준비했다. 그 모습을 보고 친척 어른 한 분이 이런 말을 던졌다. 고은이는 끼가 없어. 그때부터 나는 사람들 앞에서 의기소침하고 조심스러운 아이가 되었다. 사실 나는 외향적이었는데, 그날의 사건이 나의 열정을 꺾은 것이 아닐까?

　　　나를 만드는 요소 가운데 제법 큰 비중을 차지하는 것은 '타인이 나를 어떻게 보느냐'이다. 남들이 예쁘다 하면 내가 예쁜 줄 알고, 남들이 예술 감각이 뛰어나다 하면 내가 감각적인 줄 안다. 이처럼 타인이 나를 어떻게 보느냐에 따라 자기를 구성해 가는 것을 '반영평가'라고 한다.

　　　어린 시절부터 '잘한다' '할 수 있다'는 말을 듣고 자란 아이는 그 말을 믿고 그렇게 자라난다. 반면에 '넌 안 돼' '역시 문제가 많아' 같은 말을 듣고 자란 아이는 그 말을 믿는다.

　　　이제야 진정한 내가 어떤 사람인지 찾아 가고 있다. 사람들과 함께할 때 즐거운 나, 사람들 앞에 서는 것이 행복한 나를 보면 사실 나는 외향적인 사람이었을지도 모른다. 이제는 누군가가 만들어 놓은 나로부터 자유로워질 시간이다!

자기지각

한 시상식의 포토라인에서 지나치게 긴장한 모습으로 팬들의 걱정을 산 배우가 있다. 사실 그녀는 행사장에 도착할 때까지 아무렇지도 않았다고 한다. 그런데 매니저로부터 많이 떨리겠다는 말을 듣는 순간, 떨고 있는 자신이 눈에 들어왔다. 그때부터 긴장감이 샘솟았고, 숨이 가빠졌다고.

우리는 자신의 행동을 통해 자신을 정의한다. 매일 운동하는 나를 보고 부지런한 사람이라 정의하고, 친구들을 잘 챙기지 못하는 나를 보고 정 없는 사람이라 정의한다. 나에 대한 관찰 과정은 자기의 기호, 태도, 성격을 파악하게 돕는다. '자기지각'을 통해 나를 알아 가는 것이다. 우리는 이미 만들어진 나를 조우한다고 생각하지만, 우연히 만난 내 모습을 지각하고 그 모습을 평가하면서 나에 대한 개념을 만들어 내기도 한다. 두근두근 떨리는 자신의 모습을 보고 '나 긴장하는 사람이네!' 결론 내린 배우처럼 말이다.

이 과정에서 주의해야 할 점이 있다. 어떤 행동이나 결과에 극단적인 이름을 붙이는 '잘못된 명명'이라는 인지적 왜곡을 피해야 한다. 시험을 망친 후 자신을 '실패자'라고 일컫거나, 이별 후에 '사랑받을 자격이 없는 사람'이라고 하고, 발표를 망쳤다고 '머저리'라고 부르는 것처럼 극단적 표현으로 나를 정의하는 것은, 인생의 일부를 나의 전부라고 쾅쾅! 도장 찍는 실수다. 사실 그대로를 관찰하지 않고 과장하여 명명하는 순간, 명명이 실제가 되어 필요 없는 불행이 시작된다.

자기복잡성

나는 지금 제각기 말투가 다른 네 개의 SNS 계정을 운영 중이다. 특이한 점은 네 계정의 말투가 제각각 다르다는 건데, 이를테면 강아지 계정에서는 '기분이 됴아요!' 같은 투로, 독서 계정에서는 '변화를 사유하게 된다' 같은 식으로 말한다. 오락가락하는 나의 모습을 이상하다 해도 상관없다. 모든 게 내 모습이니까.

나는 누구인가. 이 질문에 우리는 어떤 대답을 할 수 있을까? 어떤 이는 '누구 엄마/아빠'처럼 가족의 일원으로, 어떤 이는 '직장인/작가'처럼 직업으로 자기를 정의한다. 누군가는 '외향형/내향형'처럼 성격으로 자신을 말하고, 취향으로 자신을 표현하기도 한다.

자기개념▼을 이루는 다양하고 서로 관련 없는 측면의 총체를 '자기복잡성'이라고 한다. 자신을 직업, 취향, 성별, 역할 등 다양한 모습으로 정의하는 사람은 자기복잡성이 높은 것이다. 반면, 자기복잡성이 낮은 사람은 '나는 ○○ 회사 직원이야', '수험생이야'처럼 한마디로 자신을 정의하며 다른 자기의 측면을 간과한 채 살아간다.

대부분의 사람들은 하나의 자기에 몰두해 열심히 살아간다. 그런데 인생이라는 게 어디 뜻대로 되나, 살다 보면 실패를 맞닥뜨리는 날도 있기 마련이다. 그럴 때 하나의 자기가 전부인 사람은 인생의 전부가 무너진다. 내 안에는 또 다른 내가 있다. 그 모든 '나'들이 힘들 때 서로에게 비빌 언덕이 된다는 사실을 명심하자.

▼ 4월 12일 자기개념 참고.

자의식

　　　　어떤 회유나 협박으로도 통하지 않던 쓰레기 무단 투기가 해결된 사례가 있다. 쓰레기 투기 장소에 커다란 대형 거울을 갖다 놓은 것이다. 쓰레기를 버리려던 사람들은 거울에 비친 자신의 모습을 마주하고 하려던 행동을 멈출 수밖에 없었다. '자의식 이론'에 따르면, 우리는 주변을 볼 때는 상황의 힘에 휩쓸리지만, 자신에 초점을 두면 내면적 기준에 따라 행동한다. 더러운 골목에 놓인 거울은 남들처럼 쓰레기를 함부로 버리려던 사람들이 자신을 보게 하는 장치가 되어 내면의 소리에 귀 기울이게 만들었다.

　　내면을 살피는 정도에는 개인차가 있다. 어떤 사람은 남에게 보이는 모습에 지나치게 신경 쓰는 '공적 자의식'이 강하고, 다른 사람은 사유를 통해 내면의 감정과 의견에 깊은 관심을 두는 '사적 자의식'이 강하다.

　　공적 자의식이 높은 사람은 타인의 평가를 중요시한다. 유행에 민감하고 외모를 꾸미는 일에 관심이 많으며 의식적인 행동을 많이 하고 타인에게 쉽게 동조한다. 반면에 사적 자의식이 높은 사람은 내적 기준에 따라 생각하고 행동한다. 나의 신념과 판단에 맞춰 선택하고 결정한다.

　　공적 자의식과 사적 자의식은 독립적이다. 어느 하나가 높다고 해서 다른 하나가 낮은 것은 아니다. 함께 살아가는 세상에서 상황의 힘에 휘둘려 잘못된 선택을 하지 않으려면, 내면의 가치에 초점을 두는 동시에 위선을 넘어서지 않는 한에서 타인을 적당히 의식하는 것도 필요하다.

자기제시

강의를 요청한 업체의 무례하고 무례한 요구에 불쾌했던 날이 있었다. 밤이 되었고, 종일 그 일을 곱씹던 나의 감정에 불이 붙어서 잠을 이루지 못했다. 결국 솔직한 마음을 담아 메일을 보냈다. 쏟아내고 나니 기분이 풀렸다. 그러나 한숨 자고 나니 이성적 판단이 시작되었다. 감정적으로 굴었던 어제의 모습이 부끄러웠다. 급히 보낸 메일함을 확인했다. 다행히 상대는 아직 메일을 읽지 않은 상태. 급히 '발송 취소' 버튼을 눌러 나의 이미지를 지켜 냈다.

우리는 타인에게 좋은 인상을 형성하고 싶어 하는데, 솔직한 모습을 드러내는 것은 방해가 된다. 그래서 이상적인 인상을 만들어 놓고(착한 나, 친절한 나, 성실한 나) 그 인상이 유지되도록 기준에 걸맞은 행동을 한다. 이를 '자기제시'라 한다.

자기제시의 부작용은 연애 상황에서 발생한다. 사랑에 빠지면 우리는 최선을 다한다. (먹고 싶다는 음식을 힘들게 구해주고 필요한 자료를 어렵게 찾아준다. 새벽에 함께 조깅하고 장거리를 데려다주는 일도 어려움 없이 해낸다.) 그러나 두 사람이 친밀해지면 잘 보이려는 마음보다 편안하고 싶은 마음이 커진다. 자기다운 모습으로 돌아가고 싶은 것이다. 상대는 이 모습을 오해한다. 자기제시 했던 모습이 진심이고, 그다운 모습이 변한 마음이라고 착각하는 것이다.

관계에서 적당한 노력은 필요하다. 그러나 영원히 지속할 수 없다면 지나친 포장은 금물이다.

영향력

　　　　　한 번 사는 인생, 기억에 남는 의미 있는 사람으로 살고 싶다. 그러려면 사람들에게 '영향력'을 가진 존재가 되어야 한다. 영향력의 원천은 무엇일까?

　　　첫째는 '권위'다. 대학원생에게는 교수가, 환자에게는 의사가, 직원에게는 사장이 권위를 지닌 존재다. 이는 둘째 원천인 '강압적 힘'으로 연결될 수 있다. 강압적 힘은 강자가 약자에게 힘을 행사하는 것이다. 어릴 때는 부모가 시키는 대로 행동한다. 학교에 가고, 숙제를 하고, 억지로 양치를 하고, 먹기 싫은 영양제를 삼키고. 이런 강압은 아이를 건강하고 올바르게 자라도록 한다. 그러나 일진 학생이 친구를 괴롭히거나 깡패가 길에서 시비를 거는 것처럼, 권위를 악용하면 악한 영향력이 된다.

　　　셋째는 '전문성'이다. 실력을 인정받은 특정 분야의 전문가들이 영향력을 끼칠 수 있다. 개들의 아버지 강형욱, 아이들의 어머니 오은영, 교통사고의 아버지 한문철, (마음의 어머니 신고은)······ 모두 한 분야의 전문가로 영향력을 행사하는(할) 이들이다.

　　　이 모든 영향력보다 의미 있는 것은 네 번째인 '모범적 준거'다. 때때로 우리를 미소 짓게 만드는 사연이 있다. 목숨 바쳐 사람을 구한 의인, 평생 모은 재산을 사회에 환원한 어르신, 비 오는 날 폐지 줍는 노인에게 우산을 씌워 준 청년. 이들은 특별할 것 없는 삶 속에서 가장 특별한 행동으로 우리에게 감동을 주고, 좋은 사람이 되고자 하는 동기를 준다.

매력

매력적인 사람이 되고 싶은가? 사회심리학에서는 사람을 매력적으로 만드는 세 가지 요인을 강조한다.

첫 번째, '외모'는 빠질 수 없는 요인이다. 이왕이면 다홍치마라고 했다. 사람들은 예쁘고 잘생긴 사람을 좋아한다. 나는 아닌데요! 부정하지 말자. 강한 부정은 강한 긍정이다.

외적으로 뛰어나지 않아도 걱정할 필요가 없는 것은 '유사성' 역시 매력을 높이는 요인이기 때문이다. 사람들은 자신과 닮은 사람을 좋아한다. 외적인 모습뿐만 아니라 살아온 환경, 가치관, 정치적 신념, 취향 등이 비슷할 경우 서로에게 호감을 느낄 가능성이 높다. 모든 것이 같을 순 없지만 모든 것이 다를 수도 없기에, 닮은 데에 초점을 두고 관계를 맺는다면 행복한 결말을 맺을 수 있다.

마지막으로 '근접성'도 무시할 수 없는 요인이다. 눈에서 멀어지면 마음에서도 멀어진다는 말이 있다. 반대로 말하면 눈에서 가까워지면 마음도 가까워진다. 자주 듣던 노래가 좋게 느껴지고, 익숙한 엄마의 손맛이 맛있는 것처럼, 누군가를 자주 만나다 보면 자연히 호감이 생긴다.

누군가에게 매력적인 사람이 되고 싶은가? 적당히 꾸미고→통하는 점을 찾아낸 다음→자주 만나서 공유하라!

상보성의 원리

　　　　지하철에 앉아 커플에게 눈을 돌리다 보면 '반대에 끌린다'는 말에 고개를 주억거릴 수밖에 없다. 사회심리학자들은 유사한 사람들이 서로 끌린다고 말하지만, 그렇지 않은 경우를 종종 보게 되기 때문이다.

　　　키 큰 사람은 작은 사람과, 마른 사람은 덩치 좋은 사람과, 활발한 사람은 얌전한 사람과, 눈이 큰 사람은 이목구비가 오밀조밀한 사람과 함께하는 장면을 자주 본다. '상보성相補性의 원리'다. 머리에 볼륨이 하나도 없는 나는 머리숱 부자인 신랑을 부러워하는데, 신랑은 부스스한 자신의 머리를 불평하며 나처럼 차분한 머리를 간절히 원한다. 이처럼 상보성의 원리는 자신이 가지지 못한 것에 끌리는 심리다.

　　　머리숱처럼 단순한 외적 요인은 반대의 매력을 느끼는 데서 끝난다. 그러나 성향이 반대일 경우엔 이야기가 달라진다. 게으른 사람이 부지런한 사람과 만나거나 성질이 불같은 사람이 차분한 사람과 함께하는 경우, 곁에 있는 사람을 통해 더 나은 사람이 될 수 있다. 그러나 기질은 쉽게 변하는 것이 아닌지라, 반대되는 특성은 갈등의 원인이 될 수 있다.

　　　유사한 사람 사이의 끌림은 미지근해도 안정적으로 오래 유지될 가능성이 크다. 하지만 정반대인 사람에게 느낀 열정은 뜨거운 만큼 빨리 식을 가능성이 크다. 반대가 단점으로 보이는 순간이 오기 때문이다.

후광 효과

우리는 왜 성형에 열광할까? 아름다움을 추구하는 '심미적 욕구'는 인간의 본능이지만, 그보다 더 크게 영향을 미치는 이유는 외모와 평가의 연관성 때문이다. 면접과 시험 등 평가 장면에서 외적으로 뛰어난 사람이 그렇지 않은 사람에 비해 좋은 평가를 받는다는 연구 결과가 적지 않다.

외모만으로 그 사람의 다양한 측면을 긍정적으로 평가하게 되는 현상을 '후광 효과'라고 한다. 주인공 뒤에 후광이 비치는 것처럼 보인다는 의미다. 한 번도 만나 본 적 없으면서 예쁜 배우는 착하고 친절할 거라고 생각하고, 잘생긴 배우와 그 사람은 드라마에서 본 그대로 매너 있고 선한 사람이라고 믿는다(그래서 연기자의 실망스러운 사생활이 드러나면 마치 배신을 당한 것처럼 충격에 빠진다).

물론 아름다운 외모를 가졌다고 늘 좋은 평가만 기대되는 건 아니다. 겸손하지 않고 사치스럽다는 부정적 평가를 받는 경우도 있다.

매력에 대한 판단은 단시간에 이루어지며 의식적 과정이 생략되어 있다. 자신이 왜 이런 판단을 내리는지도 모른 채 순식간에 인상을 형성하고, 뿌리 깊게 자리를 잡는다. 범죄자의 뛰어난 외모로 재범 가능성마저 너그러이 봐줄 정도다. 아름다움을 통한 평가가 사회를 어지럽히지 않도록 우리 모두 주의를 기울여야 한다.

쿨레쇼프 효과

영화감독 쿨레쇼프는 '미리 보여 준 장면이 낯선 대상을 바라보는 시선을 바꾼다'는 심리를 작품에 적극 활용한 것으로 유명하다. 예를 들어 똑같이 무표정한 남자의 얼굴이라도, 그에 앞서 어린 여자아이가 뛰어노는 장면부터 보여 주면 행복한 얼굴로, 죽은 여인이 누워 있는 장면부터 보여 주면 우울한 얼굴로 보인다. 이처럼 사전 기대가 장면에 대한 해석을 바꾸는 현상을 '쿨레쇼프 효과'라고 부른다.

난해한 예술작품을 감상하기 전에 아름다운 영화를 보면 그 작품도 아름답게 해석되고, 잔인한 뉴스를 보았다면 냉혹하게 보인다. 경험이 세상을 바라보는 시각을 바꾸는 것이다.

세상에 대한 시선은 이전에 본 장면뿐만 아니라 개인이 가진 신념에 의해서도 달라질 수 있다. '돈 많은 사람은 허영심이 많다'는 신념을 가진 사람은 부자를 마주하면 마음이 뾰족해진다. 심지어 기부하는 모습마저도 의도가 있다고 꼬아 본다. 어떤 행동이라도 허영심의 표현으로 왜곡하기 때문이다.

'책 한 권만 읽은 사람이 한 권도 읽지 않은 사람보다 무섭다'는 말이 있다. '이렇게 보겠다'고 결심한 이상 모든 장면은 '이렇게' 생긴 틀 안에 맞아떨어진다. 올바른 시선을 가지려면? 내 신념을 의심하고 다른 의견을 수용할 줄 아는 용기를 가지면 된다.

사랑의 유형

사랑의 형태는 일차적, 이차적으로 구분된다. 일차적 사랑은 하나의 요인이 주가 되는 사랑이다. '에로스'는 열정과 욕망이 중심이 되는 '열정적 사랑'의 요인으로, 만남이 시작되는 뜨거운 시점에 나타난다. '스토르게'는 친밀감이 중심이 되는 '우애적 사랑'으로, 천천히 가까워지고 오래 지속되며 발전한다. '루더스'는 재미와 쾌락이 중심이 되는 '유희적 사랑'으로, 관계 지속에는 큰 관심 없이 당장의 즐거움이 목표인 사랑이다.

이차적 사랑은 일차적 사랑의 요인이 혼합되어 나타난다. 루더스와 스토르게가 혼합된 '프라그마'는 합리적이고 현실적인, 예를 들어 생계를 위해 돈 많은 사람과 결혼하거나 2세를 위해 건강하고 똑똑한 사람과 결혼하는 것 같은 '실용적 사랑'의 형태를 띤다. 에로스와 스토르게가 혼합된 '아가페'는 자녀를 향한 부모의 사랑처럼 무조건적이고 헌신적인 '이타적 사랑'의 모습으로 나타난다. 마지막으로 루더스와 에로스가 혼합된 '마니아'는 쾌락과 소유욕, 의존이 강렬하게 나타나는 사랑이다.

어느 한 요인에 치우친 사랑은 금방 끝나거나 지치게 마련이다. 에로스와 스토르게, 루더스가 균형을 이룰 때 사랑의 형태는 완성된다. 우리의 사랑은 열정적이며 친밀하고, 그러면서도 관계 안에 즐거움이 존재해야 한다.

증오의 삼각형 이론

님이라는 글자에 점 하나면 찍으면 남이 된다는데, 현실은 놈이 되고 년이 되어 버리기 일쑤다. 가장 사랑하던 사람이 가장 증오하는 사이가 되는 일은 비일비재하기 때문이다. 그래서 사랑과 증오는 한끗 차이다. 심리학자 스턴버그는 사랑을 이루는 세 가지 요인을 친밀감, 열정, 헌신으로 설명하였는데, 어떤 이유로 세 요인을 부정하는 순간 사랑 대신 증오가 생긴다고 주장했다.

친밀감을 부정하면 '혐오'가 된다. 혐오는 개인적 경험으로 생기기도 하지만, 보통 교육, 문화, 환경 등을 통해 간접적으로 알고 들은 대상에게 쉽게 느낀다. 열정은 한순간에 '분노'로 변할 수 있다. '분노'란 위협받는 경험과 그에 대한 두려움이 혼합되어 나타나는 감정으로 강한 반발과 보복의 심리를 유발한다.

누군가를 사랑할 때 헌신하겠다는 마음은 그 사람을 미워하게 되는 순간 공격적인 결정이 된다. 상대 집단을 처치하겠다는 의지를 가지고 상대를 혼쭐내겠다는 '맹세'로 전환된다. 혐오, 분노, 맹세, 이 삼박자가 고루 갖춰질 때 우리는 누군가를 '증오'하게 되는 것이다.

증오란 도저히 같은 공간에 함께 있을 수 없을 정도로 극심한 미움을 품고, 상대를 해치거나 없애 버리고 싶어 하는 정서 상태다. 그러나 누군가를 증오하면서 오염시키고 망가뜨리는 것은 다름 아닌 나 자신의 마음이다.

갑질 문화

       교사들의 극단적 선택이 잇따르면서 학부모들의 교권 침해 문제가 수면 위로 떠올랐고, 그 뒤로 갑질 학부모 기사가 터질 때마다 많은 사람이 그들의 사는 곳, 사업장, 가족 정보 등 신상 털기에 동참하여 응징을 시도하고 있다. 유가족이 아님에도 이처럼 함께 화를 내는 이유는, 비슷한 일상이 우리에게도 반복되고 있기 때문이다.

    '갑질'이란 열등한 상대에게 의도적으로 부당한 것을 요구하거나 모욕감을 주는 행위다. 갑질은 자신의 권위를 확인하려 할 때 또는 권위를 악용해 이득을 취하려 할 때 나타날 수도 있지만 무엇보다도 자신의 권위가 무시될 때 혹은 무시되었다고 느낄 때 나타난다. 그들은 힘으로 상대를 제압하여 자신의 무너진 영향력을 회복하려 시도한다. 그러나 그들의 기대는 비합리적이고 비현실적이어서 원하는 결과를 얻기는 어렵다. 바라는 대로 되지 않으면 좌절하고, 좌절은 더 큰 분노로 표출된다. 결국 자신을 보호하려는 심리적 기제가 역으로 작동하여 극단적 위협과 공격적 행위로 승화되는 것이다.

    공동체 중심 문화는 윗사람을 섬기고 자신을 희생하라는 메시지를 악용하여 힘 있는 자의 편을 들어 주는 경우가 종종 있다. 그러나 '함께'는 '개별'이 없다면 존재할 수 없다. 전체를 이루는 것은 강력한 일부가 아닌 소소한 전부이기 때문이다.

공평한 세상 가설

한 클럽 DJ가 자신의 SNS 계정에 관객에게 성추행을 당했다는 글을 올렸다. 그러자 비슷비슷한 댓글이 무시무시한 속도로 쏟아지기 시작했다. 옷을 그렇게 입는다는 건 성추행을 허용한다는 뜻 아닌가요?

많은 사람이 이와 같은 시선으로 피해자에게 훈수를 둔다. 잘 알아보지 않으니 보이스피싱을 당하지. 열심히 안 했으니 실패한 것 아냐? 네가 먼저 여지를 남긴 건 아니고? 이런 사고의 기저에는 '나는 너와 달라'라는 마음이 깔려 있다.

피해자가 나와 같은 유의 사람이라는 사실을 인정하는 것은 자신을 잠재적 피해자라고 인정하는 것과 같다. 따라서 우리는 불행에 빠진 사람과 선을 긋는다. 그리고 이렇게 믿는다. 세상은 공평해. 피해자에게는 해를 당할 만한 이유가 있는 거야. 이런 심리를 '공평한 세상 가설'이라 부른다. 사람들이 가정한 공평한 세상에서 불행은 그럴 만한 이유가 있는 사람을 찾아간다. 그렇게 믿어야 당할 필요 없는 자신은 안심할 수 있다.

공평한 세상은 없다. 불행은 선하게 살아가는 누군가의 삶에 우연히 찾아가기도 하고, 불행해야 마땅한 사람을 피해 가기도 한다. 당연히 당하는 일은 없어야 한다. 당연히 가하지 않아야 할 뿐이다. 그러나 그런 일은 종종 일어나므로 우리의 평범함은 당연하지 않다. 거저 받은 선물이자 혜택인 셈이다. 세상이 공평하다는 믿음을 버려야 우리는 피해자에게 손을 내밀 수 있다.

좌절-공격 가설

드라마에서 가사노동에 지친 어머니가 손빨래 도중 샤워기를 놓쳐 물벼락 맞는 장면을 보았다. 어머니는 소리를 지르며 샤워기를 집어 던졌다. 그 울분이 가슴에 절절히 와닿았다.

우리는 여러 상황에서 좌절을 경험한다. 그 좌절 이후에 꼭 나오는 것이 공격적 행동이다. 자판기가 돈을 먹으면 발로 걷어차고, 열심히 따라간 버스가 나를 두고 떠나자 소리를 지르는 것처럼 말이다.

'좌절-공격 가설'에 따르면, 사람들은 화가 났을 때 파괴적 행위를 통해 감정을 해소하려 한다. 공격적 행동이 카타르시스를 안겨 주어 기분이 풀리는 듯한 착각을 일으키기 때문이다. 카타르시스는 배설을 뜻하는 그리스어로, 시원하게 해소한다는 의미다. 그러나 모든 배설이 우리를 편안하게 해 주는 것은 아니다. 건강하지 않은 형태의 배변이 중요 부위(?)를 아프게 하듯 감정 표현도 마찬가지다. 건강하지 않은 방식으로 감정을 해소하려 하면 반드시 고통이 따른다.

데이트 상대에게 거절당했다며 상대방을 마구잡이로 폭행했다는 기사를 본다. 가해자는 무엇을 얻을까? 분노 상황에서의 분노 표현은 불에 기름을 붓는 것과 같다. 장기적으로 더 큰 불쾌감이 따르고, 결과적으로 상처(와 처벌)만 남는다.

흥분 전이 가설

더운 날에는 시원한 에어컨 앞에서 열을 식히는 것이 최고다! 더위는 우리를 흥분시키고, 흥분은 공격성을 증가시키기 때문이다. 더위를 있는 그대로 받아들였다가는 본의 아니게 실수하고 후회하는 상황을 마주할 수 있다.

더울 때뿐 아니다. 알코올▼은 우리를 흥분시킨다(정확하게는 흥분을 억제하는 기능을 이완시킨다). 그러다 보니 기분 좋자고 만든 술자리가 다툼의 현장으로 바뀌는 경우는 드물지 않다. 듣기 싫은 소음에 노출될 때도 우리는 흥분하고, 흥분은 다시 분노를 일으켜 위층으로 뛰어 올라가게 만든다.

방귀 뀐 놈이 성내는 이유는, 방귀를 뀌었다는 민망함에 이미 흥분도가 올라갔는데, 왜 방귀를 뀌느냐는 비난에 다시 한번 흥분하기 때문이다. 흥분이 가라앉지 않은 상태에서 받는 새로운 자극은 또 다른 흥분을 불러일으켜 공격성을 증가시킨다.

'흥분 전이 가설'에 따르면 흥분은 공격하고 싶은 상태로 전이된다. 폭력과 무관한 요인이라도 우리를 흥분시키는 자극이라면 공격적인 행동을 이끌어낼 수 있다. 흥분된 상태를 감지하지만 그 이유는 인지하지 못하기 때문이다. 흥분한 상태를 화가 난 상태로 잘못 해석하면 눈앞에 있는 상대가 괜한 분풀이 대상이 된다. 지나가던 새우가 등 터지는 이유다.

이유 없이 화가 날 때는 그 이유를 흥분에서 찾아보자. 흥분의 이유가 물리적이라는 사실을 깨닫게 되면 분노는 가라앉을 것이다.

▼ 10월 27일 알코올 참고.

상대적 박탈감

소유물을 빼앗기면 누구나 분노한다. 그러나 때로 우리는 아무것도 빼앗기지 않았음에도 분노한다.

카페에서 커피와 케이크를 먹고 있었다. 내가 주문한 메뉴는 별 문제 없이 잘 나왔다. 그러나 문제는 여기서부터 시작되었다. 카페 사장이 옆 테이블 손님에게 서비스라며 신메뉴 쿠키 몇 조각을 준 것이다. 나 또한 쿠키를 기대하며 기다렸지만, 사장은 그냥 주방으로 돌아가 버렸다. 괜히 서운한 마음에 상처를 받아 이 카페에 다시 오지 말아야겠다고 마음먹었다. 이런 기분이 바로 '상대적 박탈감'이다. 우리는 비교 대상에 비해 누리는 것이 없을 때 상대적으로 손해 본다는 느낌을 받곤 한다.

상대적 박탈감은 개인적으로도 오고 집단적으로도 온다. 카페에서 겪은 일처럼 옆 사람과 나를 비교해 박탈감을 경험하기도 하지만, 내가 속한 집단이 다른 집단에 비해 대우받지 못한다고 느낄 때 박탈감의 크기는 더욱 커진다. 다른 나라와 비교하며 대한민국에 태어난 사실을 한탄하는 것처럼 말이다.

상대적 박탈감은 개인의 안녕과 건강에 부정적인 영향을 끼친다고 알려져 있다. 그러나 솔직히 따지고 보면 실질적 손해는 없다. 몸과 마음의 건강을 지키기 위해서는 바르게 봐야 한다. 내가 잃은 것은 아무것도 없다고. 내가 계산한 케이크와 커피는 제대로 나왔다고.

실수 효과

퀴즈왕을 뽑는 실험이 진행되었다. 퀴즈쇼에 참가한 사람은 총 네 명이었고 그중 두 명은 퀴즈를 반도 맞히지 못했지만, 나머지 두 명은 전부 맞혔다. 그런데 문제를 전부 맞힌 두 사람 중 한 명이 퀴즈쇼 도중 바지에 커피를 쏟고말았다. 실험에 참여한 사람들은 이 퀴즈쇼 장면이 녹음된 파일을 듣고 네 명 중 누가 가장 매력적인지 평가해야 했다. 퀴즈도 잘 맞추고 허점이 없는 그 사람이 호감을 얻었을 것 같지만 실제로는 문제를 전부 맞히고 커피를 쏟은 사람이 가장 큰호감을 얻었다.

남들 앞에서 실수하고 싶지 않은 마음, 완벽해지고 싶은 마음에는 남들에게 잘 보이고 싶다는 심리가 깔려 있다. 그러나 연구 결과에 따르면 사람들은 흐트러지지 않은 모습을 보인 사람보다 어설프게 실수한 사람을 더 매력적으로 평가한다. 사람은 누구나 완벽하지 않으며, 불완전한 자신과 닮은 사람을 좋아하게 되어 있기 때문이다. 이처럼 실수가 사람을 매력적으로 보이게 만드는 것을 '실수 효과'라 부른다. 완벽한 사람은 인간미가 없어 보이고, 그런 사람 곁에 서면 상대적으로 부족한 내가 부각된다. 그래서 오히려 호감이 줄어든다. 잘 보이기 위해 완벽해지려는 노력이 아이러니하게도 잘 보이지 못하게 하는 결과를 초래하는 셈이다.

어떤 도전에서 실수했다면? 좌절하지 말자. 오히려 그모습이 당신을 돋보이게 하는 열쇠가 될지도 모른다.

동안의 인상형성

'인상형성'이란 상대방의 겉모습, 분위기 등이 주는 정보로 그 사람에 대한 느낌과 기대를 평가하는 것이다. 사람들이 (평균적으로) 지향하는 외모는 눈이 크고, 이마가 매끈하고, 코가 좁으며, 턱이 짧은 얼굴이다. 소위 '동안'이라 불리는 얼굴이 가진 조건이다. 그러니까 사람들이 선호하는 외모는 동안 인상형성을 만드는 조건들이다.

그런데 어려 보이는 얼굴이 항상 이득일까? 심리학자 제브로위츠는 가상 인물의 얼굴을 동안에 가깝거나 노안에 가깝게 수정하고 사람들에게 인상을 평가하도록 하는 실험을 했다. 그 결과 동안에 가까울수록 정직하고 천진난만하고 친절해 보이기는 하지만, 약하고 순종적이고 전문적이지 않다고 평가받았다.

학창 시절 나는 '노안' 소리를 들으며 살았다. 그때 사람들은 이렇게 위로했다. 어릴 때 삭아 보이는 사람은 딱 그 얼굴로 나이 들어서 나중엔 동안이 돼. 진짜였다. 나는 서른이 되어도 같은 얼굴이었고, 나중에는 어려 보인다는 소리를 듣기 시작했다. 문제는 강단에 설 때마다 "어려 보이시네요"라며 권위를 짓밟으려는 사람도 많이 만났다는 것이다.

노안이었던 나는 동안이 되었다가 이제야 내 나이를 찾았다. 세월의 흐름이 묻어난 얼굴이 아쉽지만, 전문적으로 보일 수 있음에 감사한다.

정서

  '마음에 이름을 붙이자 내 마음을 알게 되었다.' 나의 세 번째 책 『내 마음 공부하는 법』의 부제다. 재미있게도 부제를 보고는 감정 어휘와 관련된 책이겠거니 많이들 짐작했다고 한다. 많은 사람들이 '마음=감정' 혹은 '마음=정서'라고 생각하기 때문일 것이다. 그러나 정서는 마음 가운데 일부에 지나지 않는다. 그렇다면 정서란 무엇일까?

  첫째, 정서는 좋고 나쁨에 대한 느낌이다. 떡볶이를 먹으면 기분이 좋고, 새로 빤 옷에서 쿰쿰한 냄새가 나면 불쾌하다. 기분, 감정이 이에 해당한다.

  둘째, 정서는 현재 상태를 지각하고, 평가하는 '인지적 과정'을 거친다. 우리는 방방 뜨는 기분이 들거나 왠지 모를 불편한 느낌에 사로잡힐 때 '내가 왜 이러지?' 하며 상태를 정의하고 해석하려고 노력한다. 이처럼 지금의 상태를 알려는 인지적 노력 또한 정서의 일부다.

  셋째, 정서는 생리적 반응을 동반한다. 긴장하면 진땀이 나고, 겁을 먹으면 소름이 끼친다. 슬프면 눈물이 나고, 설레면 심장이 두근거린다. 정서와 몸은 분리할 수 없기 때문이다.

  마지막으로 정서는 행동을 유발한다. 희망, 기쁨 같은 긍정 정서는 정서를 유지하기 위해 행동하게 만들고, 슬픔, 분노 같은 부정 정서는 정서를 바꾸기 위해 노력하게 만든다. 정서가 없다면 우리는 마음을 움직이지 않는다. 그렇다면 사실 '정서=마음'이 맞는 말일지도 모르겠다.

안면 피드백 가설

정서심리학자 에크만은 사람들에게 의도를 알 수 없도록 특정 표정을 짓게 지시했다. 이를테면 '눈썹과 눈꺼풀을 올리고 입을 양 옆으로 벌려라'와 같이. 연구팀이 제시한 지시문을 따라 얼굴 근육을 사용하면 공포, 경멸처럼 특정 감정과 관련된 표정을 짓게 되는데, 참가자들은 특별한 상황이 아닌데도 자신이 지은 표정과 관련된 정서를 경험했다.

웃을 때 볼 근육이 눈가를 향해 수축되는 것처럼 특정 감정에는 짝지어진 표정 근육이 있다. 표정을 지으면 뇌는 사용된 근육과 관련된 정서 체계를 활성화한다. 그래서 특정 정서와 관련된 표정을 지으면 그 정서가 유발된다. 이를 '안면 피드백 가설'이라고 한다.

안면 피드백 가설의 타당성에 대해서는 여전히 논란이 있다. 단순히 표정을 짓는다고 해서 없던 정서가 유발되지는 않기 때문이다. 그러나 일단 어떤 정서를 경험한 후라면 무표정일 때보다 표정을 지을 때 정서의 강도가 높아진다. 행복한 상태라면 웃을 때 더 행복해지고, 화난 상태라면 인상 쓸 때 더 분노가 치솟는 것이다.

정서 표현을 격려하지 않는 문화에서는 기뻐도 웃는 것을 자제한다. 그러면 행복할 수 있는 만큼 행복할 수 없다. 제대로 행복하고 싶을 땐 있는 힘껏 웃자. 누릴 수 있는 최고의 행복이 찾아올 것이다.

月

뒤센 미소

웨딩 촬영을 하고 결과물을 받아 본 날 적잖은 충격을 받았다. 기괴한 표정을 짓고 있는 내가 카메라를 노려보고 있는 것 아닌가. 이목구비가 최대한 뚜렷해 보였으면 해서 크게 뜬 눈이 화근이었다.

미소에도 진짜와 가짜가 있다. 웃는 표정에는 눈을 둘러싼 근육과 입꼬리를 들어 올리는 근육이 쓰이는데, 진짜로 기분이 좋을 때는 두 근육이 동시에 사용된다. 정서심리학자 에크만은 눈과 입의 근육을 동시에 사용하는 이 진짜 미소에 웃음 근육을 발견한 신경심리학자 뒤센 드불로뉴의 이름을 따서 '뒤센 미소'라는 이름을 붙였다.

억지로 웃음 지을 때는 눈 근육을 쓰기가 어렵다. 그래서 입만 어색하게 웃는 가짜 미소를 짓고 만다. 웃고 있지만 어디가 이상한 기괴하거나 부자연스러운 표정이 되는 것이다. 이 어색한 미소를 '팬암 미소'라고 부른다. 팬암은 지금은 사라진 대형 항공사로 승무원들의 형식적인 미소를 빗대어 생겨난 용어다.

진정한 아름다움은 진실한 표정에서 드러난다. 눈으로 웃을 때 진심이 느껴지고 훨씬 더 아름답게 보인다.

로또 1등에 당첨되는 상상을 해 보자. 심지어 당첨자가 나 한 명뿐이라면? 이 말을 하면 강의실에 앉아 있는 학생 열에 아홉은 뒤센 미소를 짓는다. 당신도! 지금 그 표정! 행복한 표정을 억지로 만들긴 어렵지만, 행복한 상상을 하면 행복한 표정을 짓는 것, 어렵지 않다.

정서 2요인 이론

사회심리학자 샥터는 사람들에게 에피네프린을 주사했다. 이는 흥분 유도 약물로 즐겁거나 짜증 날 때 나타나는 신체 각성 반응을 일으킨다. 연구팀은 주사를 맞은 한 집단에게는 정확한 약효를 알려 주었고, 다른 집단에게는 어지러울 수 있다는 거짓 정보를 주었다. 그 후 대기실에서 실험 참가자를 가장한 연기자가 매우 즐거워하거나 몹시 짜증을 부리면서 그들을 성가시게 했다. 참가자들은 어떤 정서를 느꼈을까?

실제 약효를 알고 주사를 맞은 사람들은 아무런 정서도 느끼지 않았다. 각성되는 신체 반응이 있긴 했어도 그것이 약물 때문이라는 사실을 인지하고 있었기 때문이다. 하지만 거짓 정보를 받은 사람들 중 짜증 내는 사람 곁에 있던 사람은 짜증을, 즐거워하는 사람 곁에 있던 사람은 즐거움을 느꼈다. 각성의 원인을 알 수 없었던 그들은 성가신 대기자에게서 전해진 감정이 자신을 흥분시켰다고 해석한 것이다.

'정서 2요인 이론'에 따르면 정서는 '신체적 반응'과 그에 대한 '인지적 해석'이 상호작용하여 일어난다. 그러니 자신의 상태를 어떻게 해석하느냐에 따라 좋게 느낄 수도, 나쁘게 느낄 수도 있는 것이다. 무대를 앞둔 사람의 두근대는 심장 박동을 상상해 보자. 누군가는 여기에 두려움이라는 이름을 붙일 것이고, 누군가는 설렘이라는 이름을 붙일 것이다. 그렇게 이름을 붙이면 그것이 진짜 정서가 된다.

기본 정서

영화『인사이드 아웃』은 라일리의 마음속에 있는 정서들이 제 역할을 해내는 이야기다. 선천적으로 가지고 태어나는 정서를 '기본 정서'라고 부르는데, 영화 속 다섯 캐릭터가 바로 그 기본 정서를 상징한다. 그래서 이들은 라일리가 태어날 때 함께 등장한다.

'기쁨이'는 '즐거움, 행복'과 관련된 정서다. 목표를 이루었을 때, 유쾌한 사건을 경험할 때, 편안함을 느낄 때, 보상을 받을 때 느끼는 기분이다. '슬픔이'는 '상실'과 관련된 정서다. 일시적으로 혹은 영구적으로 이별을 맞이했을 때, 건강이 악화되었을 때 우리는 슬픔을 느낀다. '소심이'는 '두려움'이다. 위험한 상황을 맞이했을 때 주로 느끼며, 지지를 받지 못할 때, 낯설 때도 나타난다. '까칠이'는 '혐오'다. 나쁜 냄새나 역겨운 맛처럼 불쾌한 감각을 접할 때 주로 느낀다. 끈끈한 물건을 잡거나 더러운 광경을 볼 때, 사회적 규율에 위반되는 행동을 볼 때도 느낀다. '버럭이'는 '노여움'이다. 장애물을 만나거나 계획이 틀어지고 좌절할 때 느낀다. 모욕을 당하거나 자율성을 박탈당할 때, 부당한 대우를 당할 때도 마찬가지다.

기본 정서의 분류는 학자마다 다르다. 얼마 전, 다람쥐와 뱀이 싸우는 영상을 보며 다람쥐를 응원하고 있었는데 갑자기 다람쥐가 뱀을 잡아먹어서 할 말을 잃었다. 이처럼 예상치 못한 일이 일어났을 때 느끼는 '놀라움'도 기본 정서다.

일차 정서와 이차 정서

차를 고치려고 정비소로 향한다. 가까운 곳이라 걸어간다. 도착하고서야 깨닫는다. 고칠 차를 안 가져왔잖아! 이런 상황을 웃프다고 한다. 웃기면서 슬프다는 뜻이다. 정서는 명쾌하게 정의하기가 쉽지 않다. 여러 정서가 서로 뒤섞이고 상호작용하면서 다양하고 복잡해지기 때문이다.

기본 정서는 '일차 정서'라고도 부른다. 정서의 가장 기본이 되는, 더 이상 나누어질 수 없는 정서다. '이차 정서'는 일차 정서들이 혼합되어 만들어진 정서다. '사랑'이라는 정서는 무엇이 혼합된 걸까? 기쁨과 수용이다. 누군가를 받아들임으로써 기뻐지는 것이 사랑이다. '죄책감'은 기쁨과 두려움을 합친 정서다. 얻어 내어 기쁘지만 정당하지 않아 두려운 것이다. 노여움과 기쁨이 만나면 '자부심'이 생긴다. 경쟁자를 이기는 날을 상상해 보면 어떤 정서인지 딱 와닿을 것이다. 부정적인 정서가 서로 만나 강력한 부정 정서가 생기기도 한다. 혐오와 노여움이 합쳐지면 '증오심'이 되는 것처럼 말이다.

흰색과 검은색을 섞으면 회색이 된다. 노란색과 파란색을 섞으면 초록색이 된다. 색깔은 이처럼 분명하다. 하지만 정서는 개념 정의마저 어려운 영역이다. 정서의 목록을 적확히 나열할 수도 없는데 혼합 정서를 정의하기란 더더욱 어렵다. 그러나 확실한 것은, 정서는 아주 다양하다는 사실이다. 우리가 단순히 '좋다/나쁘다(혹은 째진다/빡친다)'라고만 표현했던 정서를 톺아보면 내 마음을 이해하는 데 도움이 된다. 마음은 알면 알수록 '알아진'다.

나쁜 정서

으레 행복/즐거움/신남은 좋은 정서로, 슬픔/불안/원망은 나쁜 정서로 여긴다. 그렇다면 좋은 정서만 남고 나쁜 정서는 다 사라지는 게 좋을까?

'분노'는 부당한 대우로부터 나를 보호한다. 일한 만큼 보상받지 못하고도 사람 좋게 헤헤거리고 있는 것으로는 나를 보호하지 못한다. 화날 땐 화를 내야 나의 권리를 보장받을 수 있다. 다만 그 태도가 세련되면 좋을 것이다.

'혐오'는 어떨까? 출출하고 목도 말라 냉장고 문을 열었다. 마침 우유가 보여 벌컥벌컥 들이켰다. 순간 이상한 낌새를 느꼈지만 참고 마셨다. 그리고 발견했다, 유통기한이 2주나 지난 것을. 위생적이지 못한 상황에서 불쾌감을 느끼지 못하면 나를 지킬 수 없다. 냄새를 맡고 구역질을 한다면 순간은 불쾌하겠지만, 이후에 일어날 설사 대향연으로부터 나를 구해 낼 수 있다. 이것이 혐오의 역할이다.

'두려움'도 마찬가지다. 요즘처럼 이상한 사람이 많은 사회에서 두려움이 없다면? 아무한테나 객기를 부리다가 정신적으로 문제가 있는 사람이라도 만나면 큰 해를 입게 된다. 위협적인 사람과 부딪치지 않고 위험한 상황을 피하는 것은 두려움을 느끼는 사람만이 할 수 있다.

존재하는 모든 것에는 존재의 이유가 있다. 불편하다고 하여 나쁜 것은 아니다. 아프다고 주사가 나쁘다고 말할 순 없는 것처럼 말이다.

슬픔과 우울

'슬픔'은 분리와 관련된, 가장 피하고 싶은 정서다. 이별하거나, 정든 고향을 떠나게 되거나, 직장에서 잘리는 사건 등이 슬픔을 유발한다. 실패의 경험도 목표와의 분리이므로 슬픔을 초래한다.

슬픔은 자기반성을 이끌고, 행동을 바로잡아야 할 동기화를 부여한다. 애인이 떠나 슬픔에 빠지면 어떻게 하는가? 상대가 왜 떠났을까 고민하고, 자신의 행동을 돌이켜 보고, 자신의 부족함을 인정한다. 여기서 멈추지 않고, (성숙한 방식으로는) 용서를 구하거나 (미성숙한 방식으로는) 술 마시고 전화를 하는 등 어떠한 행동이라도 한다. 이런다고 상실을 무를 순 없다. 하지만 앞으로 올지 모르는 상실을 최대한 막거나 대비하게 만든다.

상실을 못 본 체하면서 그 상태에 머무르면 슬픔은 '우울'이 된다. 우울은 반추를 이끈다. 반추는 생산적이지 않은 되새김이다. 왜 그랬을까, 왜 그런 일이 생겼을까. 바꿀 수 없는 과거에 발목이 잡힌 채 점점 더 무기력해진다. 우울한 사람은 주변 사람들을 밀어내어 위로받을 기회마저 차단한다. 그래서 더 우울에 머물게 만든다.

우리는 최선을 다해 슬퍼해야 한다. 그러지 않으면 슬픔이 농축되어 우울이 된다. 괜찮아, 울지 마, 이런 말은 멈추자. 하나도 안 괜찮다. 울자. 충분히 슬퍼해야 슬픔이 사라진다.

두려움과 불안

두려움과 불안은 얼핏 비슷해 보인다. 그러나 '두려움'에는 명백한 대상이 있다. 어린 시절 개에게 물려 본 사람은 개를 두려워하고, 물에 빠져 본 사람은 물을 두려워한다. 고소 공포, 폐쇄 공포, 뱀 공포 등 명백한 대상에 대한 공포가 두려움이다.

반면에 '불안'에는 대상이 없다. 우리는 미래를 불안해한다. 미래에 가난해질까 봐, 취업에 실패할까 봐 걱정한다. 그러나 그 일이 일어날지 아닐지는 알 수 없다. 닥칠지 안 닥칠지도 모르는 앞일에 대해 느끼는 것이 불안이다.

두려움은 우리를 행동하게 한다. 대상을 해치우거나 피하는 시도를 하면서 문제로부터 자유로워질 수 있다. 그러나 불안은 아무것도 할 수 없게 만든다. 실재하지 않는 두려움에는 해결 방법도 없기 때문이다.

발표 '불안'은 사람들 앞에서 말을 하다가 어떤(그러나 정확히 뭐라고 정의할 수도 없는) 불미스러운 일이 생길까 봐 느끼는 부정적 정서다. 불안은 해결책이 없기 때문에 도망가고 싶은 마음안 가져다준다. 이때는 내가 무엇을 '두려워'하는지 구체적인 문제 상황을 찾아보자. 목소리가 떨릴 것 같다면 복식 호흡을, 발음이 샐 것 같다면 발음 연습을, 할 말을 잊어버릴 것 같다면 암기를. 불안의 대상을 두려움으로 치환하면 해결 방안이 떠오른다. 그땐 노력으로 극복해 내면 그만이다.

혐오

'혐오'는 정말 가능하면 겪고 싶지 않은, 너무나도 강력하게 불쾌한 정서다. 그러나 앞서 말했듯 혐오는 분명한 역할을 한다.

혐오감이 들게 하는 요인은 썩은 음식, 용변, 특정 동물, 비정상적 성행위, 시체, 위생 불량, 불미스러운 관계, 위법 등이다. 이런 대상을 보면 구역질과 같은 거부 반응이 나타난다. 더러운 음식에 거부 반응을 느끼지 못하는 우리 집 강아지는 길가에서 먹어서는 안 될 것을 삼켰다가 병원에 실려 가 구토 유도제를 여러 번 맞았다. 만약 내가 없었다면 벌써 큰 병에 걸렸을 것이다.

거부 반응은 오염으로부터 우리를 보호한다. 코로나19 기간 동안 혐오감을 많이 느낀 사람은 누가 기침 소리를 내었는가, 하며 사방을 살피고 최대한 사람들과의 접촉을 피했다. 그만큼 감염 가능성도 줄었을 것이다.

혐오는 피하고자 하는 동기를 유발해 우리를 성장시킨다. 친구의 입 냄새에 충격받은 아이는 양치를 열심히 해서 혐오스러운 사람이 되지 않도록 노력할 것이다. 혐오를 통해 좋은 습관을 들일 수 있는 것이다.

샌드위치를 한 입 베어 물고 벌레가 들어 있다는 사실을 알았다. 몇 마리가 있었을 때 가장 충격이 클까? 한 마리? 두 마리? 정답은 반 마리다. 이 경험은 앞으로 음식을 먹을 때 위생 상태에 민감하게 반응하도록 우리를 바꿔 줄 것이다.

분노

　　'분노'는 목표가 좌절될 때 느끼는 감정이다. 그러나 달리 말하면 분노는 장애물을 극복하도록 우리를 준비시킨다. 아르바이트 비용이 체불될 때, 부당하게 해고당했을 때, 말도 안 되는 조건으로 계약서를 작성했다는 사실을 알았을 때, 화를 참아서는 아무것도 해결할 수 없다. 분노하지 않으면 권리를 지킬 수 없다.

　　우리는 분노해야 마땅하나 마음껏 분노하지 못하는 문화에서 살아왔다. 그러나 세상은 조금씩 달라지고 있다. 부당함에 목소리를 내는 사람이 많아지고, 그 반기를 응원하는 사람도 많아졌다. 이런 현상은 우리 모두가 부당함을 견뎌 내고 있었다고 말해 주는 것 같다. 내겐 없던 용기를 내는 누군가에게 힘을 실어 주며 힘을 얻는 것이다.

　　물론 분노는 양날의 검과 같아서 조심히 다루어야 한다. 분노가 공격성으로 이어지면 문제가 커지기 때문이다. 소중한 사람을 비난하거나 폭력을 저지르는 것, 재물을 파손하고 사고를 치는 것은 본질적인 해결책이 아니다. 분노를 활용하는 것이 아니라 분노에 휩쓸리는 것이다. 분노할 때는 목적을 잊어서는 안 된다. 분노의 목적은 화풀이가 아닌, 장애물을 치우는 것이다.

수치심

도도한 주인공이 숙취를 앓으며 일어난다. 그때 불현듯 어제의 기억이 침투한다. 곤드레만드레 취해서 엉망인 자신의 모습! 그는 이불을 발로 차고 소리를 지르고 머리를 헝클어뜨리며 괴로워한다. 평소 쌓아 올린 이미지가 와르르 무너졌으니. 드라마에서 흔히 볼 수 있는 이 장면에서 느껴지는 감정은 수치심이다.

'수치심'은 도덕성이나 능력치에 대한 이상적인 기준에서 벗어나 자기상自己像이 손상되었을 때 찾아오는 정서다. 엄숙한 장소에서 적절치 못한 행동을 했거나, 중요한 과제에서 형편없는 결과를 얻을 때 수치심이 찾아든다. 수치심은 스스로의 가치가 떨어졌다고 느끼게 만든다.

성범죄 상황에서 '성적 수치심'이라는 용어가 논란이 되었다. 수치심은 문제의 원인이 본인에게 있음을 의미하기 때문이다. 성범죄의 피해자는 수치심이 아니라 '빡치심'(분노)을 느끼는 것이 적절하다. 실제로 지금은 성적 수치심 대신 성적 불쾌감이라는 용어가 쓰인다.

잃어버린 자기상을 회복하기란 쉽지 않다. 그래서 더 큰 수치심을 느끼지 않기 위해 회피하고만 싶어진다. 이땐 자기상의 기준을 낮추어 보자. 기준을 높게 잡을수록 수치심이 더 강해지기 때문이다. 사회적 물의를 일으키지 않는 선에서라면 조금 더 너그러워져도 괜찮다. 자신에게 말해 주자. 어때. 그럴 수도 있지, 뭐.

죄책감

정의 구현을 주제로 한 드라마에 흔히 나오는 장면. 고군분투하던 주인공이 벼랑 끝에 몰린 순간, 상대편에 서 있던 사람이 마음을 돌려 주인공에게 결정적인 도움을 준다면? 더는 답이 없어 보이는 상황에서 우리 편이 되어 준 그는 악역임에도 불구하고 주인공보다 더 매력적으로 보인다. 무엇이 그의 마음을 돌린 것일까?

잘못을 뉘우치고 옳은 길에 선다는 건 쉬운 일이 아니다. 그러나 우리의 본능은 옳음을 향해 있다. 바로 '죄책감' 때문이다. 죄책감은 나의 잘못으로 말미암아 누군가가 손해를 보거나 고통을 얻었다고 판단될 때 드는 감정이다.

수치심이 자신의 가치를 전반적으로 잃어버리는 느낌이라면, 죄책감은 잘못된 특정 행동에 대해서만 느끼는 정서다. 죄책감을 느끼는 사람은 회피하고 반추하는 것으로 자신을 공격하지는 않는다. 잘못만이 문제라는 사실을 알기 때문에, 잘못을 되돌리기만 하면 자신을 지킬 수 있다는 사실도 알게 된다.

죄책감은 상대가 받은 상처에 집중하게 만든다. 타인의 고통에 공감하게 되면서 고통을 줄이기 위해 동기화된다. 어떤 행동으로 잘못을 바로잡을 수 있을지 고민하고 행동으로 옮기게 한다. 사과하기, 변명하기, 실수를 정정하기, 죗값을 치르기, 선물하기 등등. 내가 할 수 있는 일로 상대의 마음을 되돌리려 노력한다.

죄책감은 여전히 우리가 인간답다는 증거다.

당혹감

　　　　학생이 '심고은 교수님께!'라는 제목으로 (중요한 부탁을 담은) 메일을 보냈다. 상대의 이름 실수에 나는 '황당'했고, 자신의 실수를 알아차린 그는 '당황'했다.

　　당황과 황당의 차이는? 황당은 똥 누려는데 방귀가 나온 것이고, 당황은 방귀 뀌려는데 똥이 나온 것이다. 황당은 어처구니없지만 넘어갈 수 있고, 당황은 넘어가기엔 난처한 상황이다.

　　당황스러움은 달리 말하면 '당혹감'으로, 적절하지 않다는 느낌을 주는 마음의 신호다. 평가나 검열받는 상황을 마주할 때 느끼는 난감하고 감추고 싶은 정서다. 중요한 타인의 이름을 기억하지 못하거나, 사람이 많은 곳에서 넘어지거나, 식사 중 웃다가 음식물을 발사했을 때 우리는 당혹감을 느낀다.

　　당혹감을 느끼는 모습은 들키고 싶지 않다. 그래서 우리는 아무렇지 않은 척, 당황하지 않은 척한다. 하지만 사실 숨기지 않는 것이 이득이다. 잘못하고도 뻔뻔하게 안색도 변하지 않는 사람을 보면 실망감이 들지만, 자기 잘못을 알아차리고 어쩔 줄 모르는 사람을 보면 이해가 되기 때문이다. 당혹감은 타인에게 나의 잘못이 의도적이지 않았다는 정보를 제공하고, 앞으로 조심하겠다는 다짐을 전해 준다.

　　당혹스러움을 드러내는 것인 실수를 만회하는 데 도움이 된다. 우리는 완벽한 사람이 아니라 인간적인 사람을 좋아하기 때문이다.

자부심

'자부심'은 성공 이후에 느끼는 정서로 스스로가 인정과 지위를 받을 자격이 있다는 느낌이다.

겸손이 미덕이던 시대에는 자부심을 드러내는 것이 흉이었다. 칭찬을 받고도 손을 내저으며 아니라고 말하는 것이 옳았다. 그러나 자기 PR 시대가 도래하자 자부심은 자신을 돋보이게 만드는 강점이 되었다. 물론 여전히 어떤 사람의 자부심은 불편하게 느껴지지만 말이다.

자부심에 대해 양가적 느낌이 드는 것은 자부심에 두 가지 측면이 있기 때문이다. 자부심은 진정한 자부심과 오만한 자부심으로 나누어 설명할 수 있다. '진정한 자부심'은 성공의 원인을 '노력'에 둔다. 노력을 통해 극복하기 어려운 과제를 성취했으므로 뿌듯하게 여길 자격을 얻는다. 그 노력은 박수 받아 마땅하다.

반면에 '오만한 자부심'은 성공의 원인을 '능력'에 둔다. 너보다 돈이 많은 집에서 태어나서, 너보다 잘나서 이렇게 해낸 거야. 이런 오만방자한 태도가 자리 잡고 있다. 노력 없이 얻은 것을 자랑할 수 있을까? 이걸 가지고 스스로 취해 있으니 얼마나 볼썽사나운가. 그래서 자부심은 때로는 근사해 보이고, 때로는 추해 보인다.

샤덴프로이데

나는 예고도 없이 군대에 끌려간 예능인이 절절매며 훈련을 받다 쓰러지는 모습, 무서운 교관 앞에서 긴장하여 말 실수를 남발하며 고통받는 모습이 그렇게 재미있었다. 누군가에게는 괴로움인데 왜 나는 웃었던 걸까?

'샤덴프로이데'라는 정서가 있다. 샤덴Schaden은 고통, 프로이데Freude는 즐거움을 뜻하는 독일어로 타인의 불행에 즐거움을 느끼는 정서를 말한다. 우리는 누군가의 괴로움에 은근한 쾌감을 느낀다. SNS에 인기 게시물로 떠오르는 영상은 대부분 누군가의 가벼운 실수(예쁜 음식 만들다 망치기) 또는 가벼운 사고 장면(인생 사진 찍다 물에 빠지기)이다.

샤덴프로이데는 가벼운 실수나 우스운 사고처럼 당해도 괜찮은 상황에서 유발되는데, 때로는 사악한 대상이 당하는 끔찍한 불행을 향해 나타나기도 한다. 『존 윅』 시리즈가 사랑받는 이유도 이 때문이다. 지지부진 끌 것 없이 못된 놈들을 바로바로 처단하니 얼마나 속시원한가. 타인의 불행이나 고통을 보며 즐거움을 느낀다고 해서 사이코패스 아닐까 의심할 필요는 없다. 자연스러운 정서다.

그러나 눈길에 넘어져 크게 다친 노인, 전쟁판에서 굶주리는 아이들을 보며 웃는 사람은 정상이 아니다. 샤덴프로이데는 약자가 고통받을 때 유발되는 정서가 아니다.

공감

애인이 바람피우는 현장에 카메라가 들이닥쳐 생중계하는 외국 프로그램이 있었다. 우연히 그 방송을 본 나는 몇 날 며칠 분해서 잠을 이루지 못했다. 배신당하는 꿈을 꾸는가 하면 당시 남자친구를 의심하기까지 했다. 피해자에게 지나치게 이입한 나머지 그 사람처럼 괴로워했다.

'공감'은 상대가 느끼는 감정을 자신도 느끼게 되는 것이다. 타인의 정서를 나의 정서로 전환하는 과정인 셈이다. 우리는 같은 정서를 공유하면서 서로에게 다가가고 도움을 주고받는다. 그렇다면 우리는 어떻게 공감을 하는 걸까?

우리는 무의식적으로 타인의 행동을 모방한다. 상대가 인상을 쓰면 같이 인상을 쓰고, 상대의 손이 테이블을 톡톡 두드리면 자기도 모르게 따라 두드린다. 그런데 특정 정서와 행동은 연결되어 있다. 통증을 경험하면 얼굴을 찡그리고, 긴장을 느끼면 다리를 떠는 것처럼 말이다. 그래서 상대의 행동을 모방하면 그 행동과 연결된 정서가 우리에게도 유발된다. 이것이 공감이 일어나는 원리다. 당신이 상대에게 공감할 때 거울을 들여다보면, 분명 상대와 같은 표정을 짓고 있을 것이다.

공감 능력은 '조망 수용 능력'을 발달시킴으로써 끌어올릴 수 있다. 조망 수용 능력이란 타인의 관점에서 세상을 바라보는 능력이다. 나와 타인이 다른 관점을 가졌다는 사실을 인정하고 그 사람의 시선에서 세상을 바라보는 것이다. 연기자가 되어 상대방의 역할을 소화한다고 생각해 보자. 그러면 상대방의 정서를 고스란히 느낄 수 있을 것이다.

대처

부정 정서에도 저마다의 역할이 있다 하지만, 그 강도가 세지면 치명적이다. 그래서 누구나 부정 정서를 멈추고 싶어 한다. 그럼 정서는 어떻게 끝낼 수 있을까? 정서를 유발하는 사건이 사라지면 정서도 사라진다. 그러나 사건이 저절로 끝나지 않을 때도 있다. 이럴 때는 두 가지 방식으로 대처할 수 있다.

첫 번째는 '문제 중심 대처'다. 문제 자체를 해결하는 것이다. 개가 떠나지 않으면 개가 오는 방향과 반대 방향으로 걸으면 된다. 살이 쪄서 스트레스를 받는다면 적게 먹거나 운동을 하면 된다. 직장 내 따돌림으로 극도의 우울과 불안, 나아가 자살 충동까지 느낀다면 당장에 직장을 그만두는 것도 해결 방법이다. 그 정서를 고스란히 소화하며 버틸 이유가 없다. 부정 정서를 주는 사건 자체를 제거하면 정서도 종결된다.

그러나 말이 쉽지, 대부분의 일은 호락호락하게 해결되지 않는다. 알면서도 직장을 그만두지 못하는 우리처럼 말이다. 그럴 때는 '정서 중심 대처'를 해야 한다. 정서 중심 대처란 현재 느끼는 감정 그 자체를 다루는 것이다. 우울할 때는 맛있는 음식을 먹고, 화가 날 때는 친구와 수다를 떨며 욕하고, 슬플 때는 충분히 울거나 기분 좋아지는 영상을 본다. 기분을 푸는 방법은 저마다 다르기 때문에 자신에게 알맞은 방법을 찾아야 한다. 문제 자체는 해결되지 않을지라도, 부정 정서가 쌓이지 않는다면 그럭저럭 살 만한 내일을 맞이할 수 있을 것이다.

정신분석과 프로이트

'정신분석'은 신경과 의사였던 프로이트가 마비 증상을 보이는 히스테리 환자 연구에 관심을 가지면서 시작되었다. 프로이트는 심리적 외상, 특히 성적으로 억압된 사건의 기억이 신체적 증상을 일으킬 수 있다고 믿었는데, 이를테면 수음에 대한 욕망으로 손이 마비될 수 있다는 것이다. 따라서 억압된 외상의 기억과 욕망을 끄집어내면 문제를 해결할 수 있다고 여겼다. 프로이트는 유년 시절 어머니의 나체를 보고 성적 충동을 경험했다고 고백했는데, 이런 경험이 성욕설을 주장하게 된 배경이라 짐작할 수 있다.

프로이트는 불면증을 호소하는 여성 환자를 치료하게 되었는데, 그녀는 어린 시절 아버지로부터 성적 유혹을 받아 괴로웠다고 고백했으나, 그 기억은 치료 때마다 달라졌다. 이를 통해 프로이트는 문제의 원인이 실제 사건이 아닌 사건에 대한 공상임을 깨달았다.

정신분석 이론은 과학적 검증이 불가능하다는 점, 남성 중심적이라는 점, 인간을 지나치게 성적으로 바라본다는 점에서 비판을 받아 왔다. 하지만 좋은 이론이란 고민할 거리를 많이 던져 주는 이론이다. 정신분석은 많은 학자로 하여금 고민하고 반박하게 만들었으며 인간의 마음을 깊이 들여다보는 물꼬를 터 주었다. 정신분석이 현대 심리학 발전에 지대한 영향을 미쳤음은 부정할 수 없는 사실이다.

마음의 지형학적 모형

　　　빙산은 바다에 떠다니는 얼음덩어리다. 얼핏 보기에는 작은 얼음 조각 같아도 수면 아래에는 거대한 얼음 뿌리가 잠겨 있다. 프로이트는 인간의 마음을 이 빙산에 비유하며 '마음의 지형학적 모형'을 주장했다.

　　　우리 마음에서 수면 위로 봉긋이 올라온 빙산의 머리 부분은 '의식'이다. 나는 지금 책상에 앉아 있다. 글이 논리정연하지 않아 짜증이 난다. 이 모든 상태를 자각한다. 이것이 바로 의식이다. 자각할 수 있는 지각, 사고, 정서 경험 등.

　　　그 아래, 찰랑찰랑한 수면 아래 잠겨 있지만 자세히 들여다보면 보이는 부분이 있다. 빙산의 이 부분이 '전의식'이다. "지난 주말 저녁에 뭘 드셨나요?"라는 질문에 바로 답하지 못하고 잠시 고민하다 뭘 먹었는지 곧 떠오른 것처럼 노력하면 떠오르는 마음 상태가 전의식이다.

　　　마지막으로 물속 깊이 잠겨 보이지 않는 빙산의 뿌리가 '무의식'이다. 수용할 수 없는 본성, 두렵고 수치스러워서 억눌러 놓은 기억, 부도덕한 욕구, 이기심 등은 무의식에 숨겨져 있어 자신도 알지 못한다.

　　　보이지 않는 빙산의 뿌리가 배를 침몰시키듯 보이지 않는 무의식의 세계가 내 인생을 침몰시킬 수 있다. 그러므로 때로는 보이지 않는 마음까지도 들여다보려 노력해야 한다.

자유연상

날마다 컴퓨터 앞에 앉아 열심히 무언가를 쓰는 것처럼 보이겠지만 사실 아무 의미 없는 단어들을 썼다 지웠다 하고 있을 뿐이다. 그러나 이 행위는 제법 효과적이다. 아무 말이라도 쓰다 보면 사고에 불씨가 붙어 기억과 감정이 떠오른다.

프로이트도 환자의 정신세계로 들어가기 위해 비슷한 방식을 활용했다. 문제를 해결하려면 무의식으로 침투하여 경험을 끄집어내야 한다. 그러나 그곳은 워낙 깊숙하고 단단히 닫혀 있어서 접근이 쉽지 않다. 이때 쓰는 방법이 '자유연상'이다. 자유연상은 내면의 감정과 충동으로 다가가기 위해 환자가 머릿속에 떠오르는 것들을 자유롭게 던지게끔 하는 정신분석 기법이다.

치료자는 편안한 소파에 환자를 눕히고, 서로 눈이 마주치지 않도록 머리맡에 앉는다. 그리고 지금 떠오르는 생각을 아무거나 말하도록 격려한다. 평가는 긴장을 일으키므로 하지 않는다. 논리적이지 않아도 되고 옳은 말이 아니어도 상관없다. 검열되지 않은 생각을 자꾸 던지다 보면 환자는 당황스러움, 공포, 수치심을 마주할 수 있다. 죄책감과 분노를 느낄 수도 있다. 이런 감정마저 걸러 내지 않고 보고하다 보면 어느새 무의식에 가닿게 된다. '무의식을 의식화하는 것'이 정신분석의 가장 큰 목표다.

꿈 분석

　　　　헤어진 연인들이 출연해 새로운 인연을 찾는 예능 프로그램『환승연애2』의 등장인물 나연과 희도. 두 사람은 다시 만나고 싶은 마음과 그래서는 안 되는 마음 사이 답을 내리지 못하고 갈등한다. 어느 날 나연은 잠을 자는 도중 "희도!"라고 잠꼬대를 했고, 그 장면은 고스란히 전파를 탔다.

　　프로이트는 꿈을 '무의식에 이르는 왕도'라고 말했다. 사람들은 인정하기 싫은 욕망이나 수용할 수 없는 동기를 무의식에 숨겨 놓는데, 이 욕망이나 동기는 사라지지 않고 꿈을 통해 존재감을 드러낸다. 그러므로 꿈을 해석하면 내면에 숨겨진 욕망을 발견할 수 있다.

　　프로이트는 꿈을 현재몽과 잠재몽으로 나눈다. '현재몽'은 꿈에 구체적으로 드러나는 사건 또는 줄거리, '잠재몽'은 현재몽이 상징하는 숨겨진 의미다. 프로이트는 꿈속 내용이 상징하는 바를 성과 관련하여 해석하려 시도했다. 예를 들어 나무, 뱀, 양초는 음경을, 계단이나 사다리처럼 올라가는 것은 성관계를 의미한다고 말이다. 그에 따르면 당신이 양초를 들고 계단을 오르는 꿈을 꾸었다면 엄청난 성적 충동을 숨기고 있는 것이다.

　　물론 프로이트의 꿈 분석은 과학적 증거가 없고, 인간을 너무 성적으로 바라보는 면이 있기에 많은 비판을 받았다. 아직까지 꿈의 원리는 파악되지 않았지만, 현대 심리학적 입장에서는 저장된 정보를 장기기억에 정리하는 과정에서 꿈을 꾸는 것으로 이해하고 있다.

프로이트의 실언

　　　학회에서 편집 간사를 맡던 시절이었다. 유난히 상대하기 어려운 사람들이 있었고, 그들에게 메일을 보낼 때마다 심장이 콩닥거렸다. 흥미로운 것은 그 몇 명에게 메일을 보낼 때마다 이런 오타가 났다는 사실. 안녕히 계씨ㅂ시오. 너무나도 욕 같은 인사말이었다. 그러나 그 실수는 사실 오타가 아닌 진심이었는지도 모른다.

　　　프로이트는 무의식적 욕망이 말실수로 나타날 수 있다고 주장했다. 그래서 속마음이 엉겁결에 드러나 말실수를 하는 것을 프로이트의 실언Freudian slips이라고 부른다. 말실수를 불러일으키는 욕망은 인정하기 싫거나 들켜서는 안 되는, 억압된 진심을 담고 있다. 의식할 수 없을 뿐 무의식 속에 그 생각이 가득하니 자기도 모르게 표현이 달리 튀어나오는 것이다.

　　　드라마 『산후조리원』에서 대기업 상무가 되어 탄탄대로를 걷던 중 임신 사실을 알게 된 현진은 엄마가 아닌 프로다운 모습을 보이려고 한다. 그러나 업무 상 통화를 하면서 수요를 수유로, MOU를 모유로 잘못 말하는 엉뚱한 모습을 보여 준다.

　　　물론 말실수는 말 그대로 실수일 수 있다. 발음이 꼬여서, 딴생각을 하다가, 갑자기 떠오른 어떤 기억 때문에…… 그러므로 타인의 말실수를 보고 그 사람의 진심을 예단할 수는 없다. 그러나 내가 말실수를 할 때는 혹시 나의 무의식이 온통 그 생각에 사로잡혀 있는 것은 아닌지 생각해 보자. 어쩌면 마음이 저를 알아 달라고 내게 신호를 보내는 중인지도 모른다.

원초아 그리고 초자아

가끔 내 안에서 여러 명이 갈등하는 느낌이 든다. 마음의 지형학적 모형에서 발전한 성격 모형에 따르면, 이 느낌은 틀림없는 사실이다. 프로이트는 우리의 정신세계가 세 가지 심리적 구조로 이루어져 있고, 그들이 내면에서 갈등을 일으킨다고 주장한다.

첫 번째 구조인 '원초아'는 본능을 따르는 성격 구조다. 현실을 고려하지 않고 즉각적으로 만족을 추구한다. 배가 고프면 음식을 훔쳐 먹고, 성욕이 생기면 상대를 덮친다. 충동구매, 반항, 비난, 게으름, 즉각적인 감정 표현까지 모두 당장의 만족을 원하는 원초아의 특기다. 원초아를 쉽게 통제할 수 없는 이유는 그의 활동 구역이 빙산의 뿌리, 즉 무의식이기 때문이다.

반면에 '초자아'는 완벽을 추구하는 이상적 마음의 측면이다. 초자아는 칭찬과 처벌을 통해 형성된다. 양보하고, 헌신하고, 희생하고, 성실한 수행 끝에 마침내 해내는 것은 초자아의 몫이다. 그러나 이런 행위는 즉각적으로 나오지 않는다. 약간의 고민이 있어야 우리는 옳은 선택을 한다. 전의식 영역이 초자아의 활동 구역이기 때문이다.

이쯤 되면 원초아는 쓰레기, 초자아는 천사 그 자체로 보일지도 모른다. 하지만 욕구는 한없이 억압할 수 없고, 이상은 온전히 실현될 수 없다. 원초아가 강해지면 제멋대로인 망나니가 되지만, 초자아가 강해지면 목표에 도달할 수 없는 불행한 완벽주의자가 된다. 지금 이 순간 필요한 것은 균형이다.

자아

버스에 앉아 창밖을 보며 사색에 빠지려는데, 뭔가 자꾸 내 어깨를 툭툭 친다. 돌아보니 곁에 서 있는 승객의 가방이 흔들리면서 나를 공격하고 있다. 한두 번은 참아 보려 하지만 자꾸 반복된다. 슬슬 울화가 치민다. 어떻게 대응할까?

원초아 주도적인 사람은 바로 쏘아붙인다. "아! 거! 가방 좀 치웁시다." 반면 초자아 주도적인 사람은 이상주의자다. 싫은 소리를 하면 이미지가 망가질 것 같아 꾹 참지만 속은 부글부글 끓는다.

해결책은 사실 별것 아니다. "죄송한데 가방이 계속 저를 쳐서요"라고 웃으며 말하면 된다. 그러면 상대는 (정상인이라는 가정 하에) "아! 죄송합니다" 하고 가방 위치를 바꿀 것이다. 이처럼 원초아와 초자아가 불편한 상태에서 해결자가 되는 성격 구조가 '자아'다.

자아는 현실적인 여건을 고려해 이성적으로 판단하는 성격 구조다. 원초아의 기대에 귀를 기울이면서 초자아의 품격을 지키는 적절한 선을 찾아낸다. 자아가 자신의 몫을 잘해 낸다면 하염없이 참을 필요도, 괜히 성질을 낼 이유도 없다. 웃으면서도 원하는 것을 얻어 낼 수 있기 때문이다.

물론 우리 인생의 문제는 버스 안 가방 사건보다 복잡하다. 그러나 성숙한 태도를 반복해 연습할수록 자아는 강해져, 다양한 상황에도 적절히 대응해 낼 것이다.

불안

　　　　자아는 원초아가 무례할 때 초자아를 달래고, 초자아가 융통성 없을 때 원초아를 다독인다. 그러나 원초아와 초자아는 고분고분하지 않아서 쉽사리 고집을 꺾지 않는다. 이때 자아가 느끼는 불편이 바로 '불안'이다.

　　불안에는 세 가지 종류가 있다. 멧돼지가 지하 주차장에 출몰한 뒤로 주차장에 갈 때마다 멧돼지에 들이받혀 날아가는 상상을 한다. 이처럼 공포에 대한 불안이 '현실 불안'이다.

　　'신경증적 불안'은 원초아의 충동이 드러나 마주하게 될 위험, 재난, 처벌 등의 상황을 두려워하는 것이다. 예컨대 술김에 좋아해서는 안 되는 사람(친구의 애인이라거나)에게 마음을 표현하여 사회적으로 매장되는 상황처럼 무의식이 나를 무장해제시켜서 본성을 들킬까 두려워하는 것이다.

　　양심에 위배되는 행동을 해서 초자아의 신념이 무너질까 봐 두려움을 느끼는 '도덕적 불안'도 있다. 학창 시절 나는 시험 시간만 되면 괜히 몸짓이 어색해졌다. 커닝할 생각도 없으면서 나도 모르게 시선이 친구의 답안지를 향할까 봐 긴장한 것이었다.

　　불안은 숨길수록 더 강해진다. 하지만 사람들은 불안을 보지 않으려고, 또 불안한 나를 숨기려고 애쓴다. 그러다 보면 현실을 왜곡하고 문제를 회피하는 행동 경향이 나타나는데 이것이 바로 '방어기제'다. 이제 방어기제를 하나씩 살펴보자.

억압

방어기제의 종류는 학자에 따라 다양하게 분류되는데, 가장 기본이 되는 것은 '억압'이다.

고난은 배려심이 없다. 사람을 가려 찾아오지 않는다. 어떤 사람은 고난을 잘 극복하지만 같은 고난이라도 유난히 받아들이기 힘들어하는 사람도 있다. 이런 사람이 불안을 극복하고자 사용하는 방어기제가 '억압'이다. 억압은 끔찍한 경험에 대한 기억을 무의식 깊이 숨기는 것으로, 억압을 방어기제로 쓰는 사람은 거짓말처럼 그날의 기억을 떠올리지 않고 지낸다. 자신이 안전하고 무난하고 행복한 삶을 살아왔다고 믿기도 한다. 싫은 기억을 잊는다면 좋은 것 아닌가 생각할 수 있지만 억압은 기억을 잊는 것이 아니다. 정확히 말하면 가둬두는 것이다.

억압된 기억은 지하창고에 갇혀 으르렁거리며 탈출할 기회만 엿보는 맹수와 같다. 억압된 기억이 밖으로 나오면 위험해지는 것은 물론, 나오지 않는다 해도 몸짓이나 울음소리로 건물 전체를 뒤흔들 것이다. 억압으로 영원히 자신을 지킬 수는 없다.

훌쩍 자란 아이의 키에 깜짝 놀랄 때가 있다. 마음도 마찬가지다. 크게 변화가 없는 듯해도 어느 순간 놀랄 만큼 단단해져 있다. 아픔을 직면하고 감정에 솔직할 만큼. 좀 더 씩씩하게 용기를 내자. 우리는 이제 어른이 되었으니까.

반동 형성

어린이는 좋아하는 이성 친구를 괜히 더 괴롭힌다. 누군가를 좋아한다는 사실이 알려지면 친구들의 놀림거리가 될까 불안하기 때문이다. 불안은 진심을 들키지 않으려고 마음과 반대되는 행동을 하게 만든다. 이런 방어기제를 '반동 형성'이라고 한다.

영화 『연애의 온도』에서 애인과 결별한 영은 슬프냐는 질문에 이렇게 답한다. "저 슬프냐고요? 아뇨. 왜 슬퍼야 돼요? 저 되게 기분 좋은데? 되게 기분 좋아요." 하지만 되게 기분이 안 좋아 보인다. 그의 상대 동희 역시 헤어져 보니 이게 해방감이라며 흥분을 감추지 못하지만 누구보다 해방 안 된 사람처럼 보인다.

슬픈 사람은 애써 행복한 척하고 우울한 사람은 애써 평온한 척한다. 가난한 가정에서 자란 자녀는 부모를 원망하다가 그런 자신이 혐오스러워 부모를 극진히 모신다. 진심과 반대되는 행동으로 죄책감을 덜어 내려는 시도다.

외모는 하나도 안 본다는 사람은 무엇보다 외모를 중요시하는 사람이고, 돈을 절대 좇지 않는다는 말을 강조하는 사람은 사실 돈에 환장한 사람이다. 이성에 전혀 관심이 없다는 사람은 성의 노예……는 아니고 아무튼 성에 관심이 많은 사람이다. 무언가에 지나친 거부 반응을 보인다면 사실 간절히 원하는 것을 반대로 표출하고 있을지도 모른다.

영원히 반대로 포장할 수 있는 마음은 없다. 강한 부정은 긍정, 바로 반동 형성을 두고 하는 말이다.

부정

불안과 고통이 극심해지면 있었던 일을 없었던 것처럼 현실을 왜곡한다. 이를 '부정'이라고 한다. 부정은 자신의 감정이나 사고 자체를 인식하지 못하는 상태에 빠지는 것이다. 이별을 경험한 사람은 애인의 배신을 부정하며 오해가 있을 거라 믿는다. 자녀를 잃은 부모는 죽음을 부정하고 날마다 밥을 차리며 오지 않는 아이를 기다린다.

드라마 『멜로가 체질』의 은정은 사랑하는 사람을 병으로 떠나보내고도 씩씩하고 쿨하게, 어른스럽게 지낸다. 문제는 존재하지도 않는 애인과 항상 대화를 나눈다는 것. 애인의 죽음을 부정하고 있던 것이다. 그러던 어느 날 은정은 카메라 테스트 도중 허공에 대고 말을 건네는 자신이 찍힌 장면을 보고 충격에 빠진다. 애인의 죽음을 인지하자 슬픔이 몰아친다.

미뤄 왔던 애도를 하고 나서 은정은 친구들 앞에 선다. 그리고 "나 힘들어"라고 말한다. 친구들은 그 말이 자기들을 향한 건지 죽은 남자친구에게 건넨 건지 알 수 없어 지켜만 본다. "너희들에게 말한 거야." 그 말에 이제껏 숨죽이고 있던 친구들은 은정을 끌어안으며 힘들다고 말해 줘서 고맙다고 말한다. 그리고 그 자리에 서서 한참을 운다.

고통을 직면하는 데에는 큰 용기가 필요하다. 그럼에도 해야 한다. 그래야 스스로 해결하든 남에게 도움을 받든 할 수 있다. 괜찮다고만 말하는 사람은 위로할 수도, 안아 줄 수도, 도와줄 수도 없다.

투사

제 친구는 문자를 주고받다가 갑자기 답을 안 해요. 그런 소통 방식에 익숙해졌어요. 하루는 친구가 먼저 문자를 보냈는데, 그냥 유머 글이었어요. 중요한 내용도 아니고 바빠서 읽고 말았지요. 그런데 곧바로 친구에게 전화가 왔어요. 여보세… 하는데 수화기 너머로 버럭 지르는 소리가 들리더군요. "야, 너 지금 나 무시하냐?"

한 커뮤니티에서 화제가 된 글이다. 적반하장도 유분수라고. 자신은 잘만 하는 '읽씹' 한 번에 이토록 화를 내는 건 무슨 심리인가?

영사기를 통해 빈 화면에 영상을 비추는 것을 '투사'라고 한다. 이와 비슷한 원리로, 내면의 문제를 타인에 투영하여 상대를 비난하는 방어기제를 '투사'라고 한다.

열등감과 공격성은 투사의 일종이다. 존중하지 않는 사람은 본인이면서, 상대의 행동을 보면서 존중받지 못했다고 착각한다. 바람기 있는 사람은 배우자를 의심하고, 거짓말하는 사람은 상대의 진심을 믿지 못한다. 나의 문제를 타인에게 투사하기 때문이다. 타인에게서 발견된 문제는 나의 문제인 경우가 많다. 인정하고 싶지 않다고? 나도 모르는 무의식에 억압된 진심일 수 있다.

타인의 단점을 잘 본다며 눈썰미를 자랑하고 있는가? 부끄러운 우쭐거림은 거기까지만. 좋은 사람 눈에는 좋은 것만 보인다.

전치

제주의 한 오름에서 방목된 말을 신기하게 여기며 조심스레 지나가고 있었다. 그런데 여행객 한 팀이 소리를 지르기 시작했다. 그들의 호들갑은 말을 자극했고, 말은 허공 여기저기를 물기 시작했다. 그러다 그 주둥이에 내 팔이 얻어걸렸다.

우리도 가끔은 이 말처럼 엉뚱한 사람에게 화풀이를 한다. 이것이 바로 '전치'라는 방어기제다. 전치는 감정이나 욕구가 생긴 대상이 강력하거나 위험할 때, 그보다 더 안전하고 만만한 대상에게 해소하는 것이다.

아버지와 다툰 어머니는 잘 자고 있는 자녀의 등짝을 때리며 누굴 닮아 게으르냐고 비난한다. 상사에게 싫은 소리를 들은 직원은 부하 직원에게 잔소리를 퍼붓는다. 누군가의 감정 쓰레기통 노릇을 하고 있는가? 그렇다면 그 사람의 전치 대상이 된 것이다.

전치의 가장 큰 문제는 강에서 약으로 계속 흘러간다는 것이다. 전치의 대상이 된 사람은 또 다른 만만한 상대에게 화풀이를 한다. 그 사람은 또 다른 만만한 대상을 찾는다. 그렇게 자꾸자꾸 흐르다 보면 가장 약한 사람은 어떻게 될까? 쥐도 궁지에 몰리면 무는 법이다. 더 이상 화풀이할 대상이 없는 이들은 아무에게나 무자비하게 분노를 표출하거나 자기 자신을 향해 공격성을 드러낼지도 모른다.

동일시

　　　　　대학 시절에 TV에서 너무 예쁜 배우를 보았다. 그녀에게는 웃을 때 한쪽 눈을 윙크하듯 찡긋하는 습관이 있었다. 지금 생각해 보면 참으로 민망하다만, 나는 그녀를 닮고 싶은 마음에 웃을 때마다 괜히 한쪽 눈을 부자연스럽게 찡그렸다. 그러다 친한 언니가 "눈을 왜 그렇게 감아?" 하고 묻는 말에 민망함이 밀려와 그 표정을 멈추게 됐다.

　　　나보다 강력하고 위대한 대상을 모방하는 방어기제를 '동일시'라고 한다. 타인이 가진 특징을 내 것인 양 굴면서 자존감을 높이려는 시도다. 자아가 강하고 자존감이 높은 사람은 자신의 모습에 만족하고 자율적으로 선택하며 독창적으로 행동하지만, 스스로를 믿지 못하는 사람은 믿음직해 보이는 타인을 모델로 삼아 그들의 모습을 흉내 낸다. 옷차림, 말투, 걸음걸이, 때로는 성형수술로 얼굴을 바꾸기도 한다.

　　　적당한 모방은 지금보다 나은 나를 만들어 줄 수 있다. 우리가 위인전을 보는 이유다. 그러나 어떤 모방은 무의식적으로 일어나고, 나아가 나의 본질을 잃게 만든다.

　　　최악의 상황은 전치와 동일시가 함께 나올 때이다. 이를테면 부모에게 학대당한 아이가 부모의 공격적 행동을 모방해 자기보다 약한 친구나 동생, 동물을 괴롭히며 부모에게 받은 상처와 그 분노를 해소하는 경우다. 상처를 직면하지 않으면 내가 가장 싫어하는 사람의 모습이 된다.

月

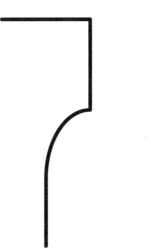

신 포도형 합리화

누구에게나 자신과의 약속을 어기는 날은 찾아온다, 그럴싸한 이유와 함께. 변명 또는 핑계라 부르는 이 방어기제의 공식 명칭은 '합리화'다. 합리화는 목적에 반하는 행동으로 기대와 다른 결과를 마주할 때 그럴듯한 이유를 붙여 정당화하는 것이다.

합리화에는 두 유형이 있다. 먼저 '신 포도형 합리화'는 이솝 우화에서 유래했다. 여우가 나무에 달린 포도를 따 먹으려고 힘껏 뛰었다. 하지만 안타깝게도 여우의 앞발은 포도에 한참 못 미쳤다. 결국 여우는 포도 먹는 것을 포기하고 이렇게 말했다. "어차피 시어서 따도 못 먹었을 거야."

우리 모습과 비슷하지 않은가? 자격증 시험에 떨어지고는 어차피 취업에 별 도움 안 되는 거라고, 소개팅 상대에게 차이고는 어차피 바빠서 연애할 시간도 없었다고, 원하는 결과를 얻지 못하고는 얻어도 어차피 별것 없었을 거라고 믿는 우리 모습과. 이처럼 기대하는 바를 이루지 못했을 때 처음부터 원하지 않았던 척하는 것을 '신 포도형 합리화'라고 한다.

신 포도형 합리화는 최악의 결과에서도 나의 자존감을 지켜 준다. 그러나 다시 시도할 필요를 못 느끼게 한다. 어차피 필요 없으니까. 그렇게 어차피 필요 없는 것들로 가득한 세상에서 무엇을 위해 살아갈 수 있을까?

달콤한 레몬형 합리화

　　　　　　최선을 다하지 않아서 바라던 결과를 얻지 못할 때도 있지만, 원치 않는 결과를 떠안아야 할 때도 있다. 그럴 때 우리는 부담스러워하기보다 만족하는 척 자신을 속인다. 합리화의 두 번째 유형은 '달콤한 레몬형 합리화'다. 시큼한 레몬을 달콤한 척하는 것처럼, 시원치 않은 결과에 만족한다고 믿는 것이다. 형편이 어려워져 작은 평수의 집으로 이사 간 후 청소가 편하다고 하거나, 임금이 터무니없이 낮은 회사에 취업하고는 배울 점이 많다고 하고, 성격 이상한 배우자를 만나고 재미있다며 행복한 척하는 격이다. 쉽게 말해 정.신.승.리.

　　매사에 늘 감사하는 사람이 있다. 얼핏 보면 성숙해 보인다. 보잘것없는 현실에서도 좋은 점을 발견하고 긍정적인 마음을 품는 사람을 보면 배우고 싶어진다. 어쩔 수 없는 불행에서도 교훈을 찾아내고, 절대 극복할 수 없는 실패에서도 의미를 찾아내는 모습이 어른스러워 보이기도 한다. 그러나 감사하는 것과 감사하는 시늉을 하는 것은 다르다. 감사의 가면을 쓰고 있어도 본심이 그렇지 않다면, 언젠가 불만은 펑 하고 터져 버릴 것이다. 괜찮지 않을 때 괜찮다고 하면 속은 더욱 곪는다.

　　성숙과 방어기제의 차이는 솔직한 마음을 인정하느냐 아니냐에 달려 있다. 건강한 감사의 정석은 '힘들다, 그렇지만 감사해'이다. '힘들지 않아, 감사해'가 아니다.

주지화

감당하기 어려운 슬픔을 마주할 때 어떤 사람은 감정을 완전히 배제한다. 이성적으로만 사고해 정신없이 바쁘게 행동하면서 감정이 틈타지 못하게 한다. 이처럼 해결책을 찾는 데 몰두하면서 정서적인 부분을 회피하는 방어기제를 '주지화'라고 한다.

감정은 논리적 판단을 방해한다. 때문에 주지화는 객관적으로 상황을 파악하고 해결책을 찾는다는 점에서 긍정적이다. 하지만 모든 일이 기적처럼 잘 해결되는 것은 아니다.

젊은 나이에 남편을 잃은 여인이 있었다. 그녀는 장례를 치르는 내내 흐트러지지 않는 자세로 조문객을 맞고, 장례 절차와 비용을 꼼꼼히 살피며 완벽(?)하게 장례식을 마무리했다.

여성은 사흘 내내 눈물 한 방울 흘리지 않았다. 그러나 모든 절차가 마무리되고 더 이상 이성적으로 처리해야 할 일이 없는 순간이 오자 슬픔이 쏟아졌다. 이 슬픔은 감당할 수 없는 수준이었고, 그녀는 극단적 선택을 시도하려다 가족에게 발견되었다.

비치볼에 바람을 채운 뒤 물속에 담가 보자. 있는 힘껏 누른다고 해서 공이 물에 잠기지 않는다. 세게 누를수록 공은 오히려 더 강하게 튀어 오른다. 감정도 마찬가지다. 안 보이는 곳에 숨긴다고 해서 사라지지 않는다. 억누를수록 오히려 더 세게 반동한다. 감정의 존재를 인정하고 공생하는 것만이 감정의 소용돌이에 휩쓸리지 않고 나를 지키는 방법이다.

승화

'미친 사람만이 그릴 수 있다.' 뭉크의 그림 「절규」에 적힌 문장이다. 이 문장에 고개를 주억거릴 수밖에 없는 이유는, 위대한 예술가 중에는 정말 미친 사람이 많기 때문이다. 그들은 마음의 병 때문에 괴롭고, 마음의 병 덕분에 성공한다.

성적·공격적 욕구나 수용할 수 없는 감정을 사회적으로 바람직한 방식으로 해소하는 방어기제를 '승화'라고 한다. 예술가가 작품을 통해 우울과 불안을 표현하는 것처럼 말이다.

보통 사람들도 승화를 사용한다. 화가 많은 사람은 권투로 공격성을 해소할 수 있고, 성욕이 강한 사람은 운동으로 에너지를 소진할 수 있고, 심란한 마음을 춤으로 정돈할 수도 있다. 그러나 억압된 감정을 아름답게 표현하는 데서 그친다면 보기에만 좋은 작품이 될 뿐이다.

승화보다 중요한 것은 직면과 정화다. 글을 쓰든 그림을 그리든, 무엇을 하든 간에 마음의 상태를 들여다봐야 한다. 어떤 감정을 느끼는지, 어떤 영향을 받았는지, 앞으로 어떻게 해야 할지. 직면할 때 감정은 녹아내린다.

승화는 건강한 방식으로 표현되기에 성숙한 방어기제라 해석된다. 그러나 어떤 방어기제도 문제의 본질을 해결하지는 못한다. 방어기제는 해결 방법을 찾을 때까지, 해결할 힘을 기를 때까지 나를 돌보는 임시방편이다.

심리 성적 발달 단계: 구강기

프로이트는 인간의 행동을 이끄는 성적 에너지를 '리비도'라고 지칭하며, 발달 시기에 따라 신체 일부에 리비도가 부착된다고 주장했다. 그 부위가 바로 성감대라는 것이 프로이트의 주장이다.

심리 성적 발달 단계의 시작은 '구강기'다. 구강기는 태어나서부터 한 살쯤까지의 기간으로, 이때 리비도는 입에 쏠려 있다. 구강기 아이들은 입으로 하는 행위를 통해 쾌락을 느낀다. 이 시기 아이들은 뭐든지 입에 넣는다. 손가락을 빨다가 몸을 가눌 수 있게 되면 발가락을 빨고, 숟가락, 리모컨, 인형…… 아무거나 닥치는 대로 입에 넣는다.

구강기 욕구가 충족되어야 리비도가 다음 단계로 이동할 수 있다. 에이, 그거 지지야! 물고, 빨고, 씹는 행위가 제지되면 아이들은 더욱 그 행위를 갈망하게되어 결국 리비도가 입에 머문다. 이처럼 리비도가 다음 단계로 넘어가지 못하고 머물러 있는 것을 '고착'이라 부른다. 구강기에 고착된 아이들은 입을 통한 행위에 중독된 채 성장한다. 많이 먹고, 많이 씹고, 많이 마신다. 심지어 많이 말하고, 많이 욕한다. 어린 시절의 욕구를 그렇게나마 해결하려는 무의식적 시도인 것이다.

나의 하루를 되돌아보면 끊임없이 먹는다. 씹고 삼키는 행위가 주는 즐거움에 중독된 것 같다. 그렇다면 내가 살을 빼지 못하는 이유는, 혹시?

심리 성적 발달 단계: 항문기

세상에는 두 종류의 사람이 있다. 급똥을 경험해 본 사람과 경험한 적 없는 척하는 사람. 고속버스 안에서, 쉬는 시간이 한참 남은 수업 시간에, 예상 못 한 순간에 찾아온 변의는 사람을 미치게 하지만 기다림 끝의 배변이 주는 희열은 말로 표현할 수 없다. 배변은 이토록 쾌락적이다.

구강기의 리비도는 한 살이 넘어가면 항문으로 이동하여 세 살 무렵까지 머문다. 이 시기가 바로 '항문기'이다. 항문기 아이들은 자신의 의지로 대소변을 방출하는 놀라운 경험을 하게 된다. 그러면서 참을 때의 긴장감과 배출할 때의 카타르시스로 유능감마저 느끼게 된다.

그러나 엄격한 배변 훈련으로 항문기의 욕구가 해소되지 않으면 두 가지 방향으로 고착이 일어난다. 첫 번째 고착은 '폭발적 항문기 성격'이다. 이런 아이들은 부모의 기대에 반하여 일부러 더 실수하고 더럽히는 행동을 하며 절제하지 않는 모습으로 반항한다.

반대로 부모의 통제에 극도로 불안함을 느끼면 '강박적 항문기 성격'에 고착된다. 실수를 용납하지 못하는 완벽주의적 성향으로 자라 규칙에 집착하며 불결한 것을 참지 못하는 피곤을 감수하며 살아야 한다.

배변 실수를 즐기는 아이는 아무도 없다. 어른들은 아이들이 건강한 성격으로 자라나도록 그들의 배변 활동을 칭찬하고 실수에 더욱 관대해져야 한다.

심리 성적 발달 단계: 남근기

　　세 살쯤 되면 리비도는 항문에서 남근(성기)으로 옮겨 가 여섯 살까지 머문다. '남근기'라고 부르는 이 시기의 아이들은 자신의 성기를 보고 만지면서 쾌감을 느낀다. 이 무렵이 바로 유아 자위 행위가 시작되는 시점이다.

　　아이의 행위가 징그러운가? 그러나 '쾌감'이란 간지러운 부위를 벅벅 긁을 때 느끼는 시원함처럼 상쾌하고 즐거운 느낌이다. 이 시기에 아이들이 느끼는 쾌감은 성인들이 느끼는 성적 쾌감과는 다른 의미의 즐거움이다.

　　문제는 이 모습을 보고 깜짝 놀란 어른들이 아이를 야단칠 때 생긴다. 이때 아이는 즐거움을 느끼는 것이 잘못이라고 학습하고, 성에 대해 건강하지 못한 인식을 형성한다. 이후 성에 대한 거부감을 느끼거나 쾌감을 억제하려다가 오히려 집착하게 될 수도 있다.

　　'남근기'는 성격 형성에 특히 중요한 시기다. 동성 부모를 흉내 내며 성 정체감을 형성하기 때문이다. 가정에서 보여 주는 성 역할은 아이의 행동에 지대한 영향을 미친다.

　　또한 남근기의 남자아이는 무의식적으로 아버지를 경쟁 상대로 삼는데, 이 마음을 아버지에게 들켜 남근이 잘릴 수도 있다는 공포를 느낀다. 이를 '거세 불안'이라고 한다. 너 자꾸 그러면 고추 떨어진다! 장난으로라도 이런 말을 했다면 반성하자. 아이들에게는 그 말이 어마어마한 공포로 다가오기 때문이다.

오이디푸스 콤플렉스

테베의 왕 라이오스와 왕비 사이에 아이가 생겼다. 그러나 태어날 아이가 아버지를 죽이고 어머니와 결혼하리라는 예언을 받는다. 라이오스는 태어난 아이를 죽이라고 명령하지만, 신하는 아이를 불쌍히 여겨 강물에 띄워 보낸다. 아이는 이웃 나라 왕의 양자가 되어 오이디푸스라는 이름으로 자란다.

성장한 오이디푸스는 우연히 자신의 미래에 대한 예언을 알게 된다. 양부모를 친부모로 알고 있던 그는 예언이 이뤄지지 않게 가출하고, 길에서 우연히 만난 무리와 싸움이 붙어 그들을 모두 살해한다.

당시 이웃 왕국에는 스핑크스가 자신이 낸 수수께끼를 맞히지 못한 사람을 잡아먹고 있었다. 수수께끼를 푼 오이디푸스는 그 나라의 영웅이 되고, 때마침 왕이 실종되면서 왕으로까지 추대되어 왕비와 결혼한다. 알고 보니 그 나라가 바로 테베였고, 오이디푸스가 죽인 일행 중 한 명이 실종된 왕이자 그의 친아버지인 라이오스였으며, 그가 결혼한 왕비는 친어머니였다. 결국 예언이 이루어지고 만 것이다.

남근기의 남자아이가 어머니의 사랑을 독차지하고 싶지만 늘 곁에 있는 아버지 때문에 괴로워한다는 이 심리적 갈등이 바로 '오이디푸스 콤플렉스'다. 오이디푸스 콤플렉스를 극복하기 위해 아이들은 아버지를 동일시하고, 그 과정에서 성역할 정체감을 형성한다.

심리 성적 발달 단계:
잠복기 그리고 성기기

　　　　일고여덟 살쯤 되면 남근에 있던 리비도는 갑작스럽게 자취를 감춘다. 이 시기를 '잠복기'라고 한다. 마냥 하고픈 대로 하던 아이들은 이제 학교라는 공간에서 통제에 따라야 한다. 마음대로 할 수 없는 일이 있다는 사실을 받아들이면서 아이들의 마음은 단단히 자란다. 규칙과 질서를 배우고 도덕적 가치관을 확립하면서 비로소 성숙해지는 것이다.

　　잠복기 아이들은 이성보다 동성 친구에게 더 큰 관심이 생기고, 큰 문제를 일으키지 않는 순수한 영혼으로 살아간다. 그런 아이들이 폭주하는 시기가 온다. 바로 '성기기'다. 어딘가에 잠복해 있던 리비도가 쏟아져 나오면서 아이들은 다시금 뜨거워진다. 육체적으로 성숙하면서 신체에 대한 궁금증이 폭발하고 성적인 관심이 증대한다. 부모 몰래 성과 관련된 자극적 콘텐츠를 찾아보거나, 이성 교제를 통해 성적 욕구를 충족하려고 시도한다.

　　하지만 잠복기 동안 배웠던 도덕성은 아이의 충동을 억누르려 한다. 원초아와 초자아의 갈등이 시작되는 것이다. 본능과 이상이 서로 갈등해 질풍노도의 시기가 찾아오면 돌발 행동이 잦아지고, 공격 성향도 높아진다. 이에 대한 죄책감과 수치심으로 괴로워하기도 한다. 그러나 이런 갈등을 접하고 때로 실수하고 극복하면서 진정한 성숙이 이루어진다. 비로소 자아가 마음의 중심을 잡는 것이다.

분석심리학과 융

MBTI를 혈액형이나 별자리와 다름없다고 주장하는 사람은 아마 이 사람의 존재를 모르는 사람일 테다. 분석심리학을 제창한 카를 융은 프로이트와 동등한 위치에 선 정신분석가로 심리철학의 발전에 지대한 영향을 미친 인물이다. 그가 제안한 '성격유형론'은 (과학적으로 증명되지 않았으나) 성격 특징의 일반화에 기여했으며, 오늘날 많은 사람이 빠져 있는 MBTI 검사의 이론적 토대가 되었다.

융의 아버지는 신도들의 존경을 받는 인자한 개신교 목사였지만 집에서는 감정을 쉽게 표출하고 화를 잘 내는 남자였다. 이중적인 아버지 밑에서 융은 내성적인 아이로 자랐고, 초자연적 환상에 깊게 빠져 지냈다. 융은 나무로 어떤 형상을 조각해 함께 대화를 나누는가 하면, 대학 전공을 선택할 때도 꿈을 근거로 결정할 만큼 신비주의적이고 영적인 인간이었다.

프로이트의 『꿈의 해석』을 읽은 뒤 융은 프로이트와 함께 정신분석을 연구했으나, 무의식과 리비도에 대한 견해 차이를 좁히지 못해 결별하게 되었다.

이후 융은 '분석심리학'을 창시했다. 그는 프로이트가 주장한 리비도를 성적 에너지가 아닌 일반 생활 에너지로 간주했다. 또한 결정론적 견해에 반박하여 인간을 후천적으로 성장 가능한 존재로 바라보았다.

자연 다큐멘터리를 보고 있자면 '쟤네들은 배우지도 않고 어떻게 저렇게 본능적으로 행동하지?' 싶을 때가 있다. 동물들은 특정 시기가 되면 알아서 바다로 뛰어들거나 자식을 버리거나 다른 지역으로 이동한다. 이러한 특징은 태어나기 전부터 어떤 행동을 하도록 프로그램되어 있는 일종의 '종특'이다.

인간에게도 종특이 있을까? 융에 따르면 인간의 마음에도 경험과 학습 전에 내재된 심리적 성향과 구조가 존재한다. 이를테면 난생처음 뱀을 보고도 무서운 동물이라는 걸 인지하고 도망치는 것처럼 말이다.

융의 분석심리학이 프로이트의 정신분석학과 차별되는 가장 독창적 개념은 '집단 무의식'이다. 집단 무의식이란 태어나기 전부터 인류 역사를 통해 물려받은 정신적 소인을 말한다. 개인의 경험을 토대로 형성된 것이 아니라, 선조로부터 전해 내려온 보편적 경향성이 바로 집단 무의식이다.

집단 무의식은 '원형'으로 구성되어 있다. 원형은 인류가 전반적으로 공유하고 있는 심상으로, 대표적 개념으로는 페르소나, 아니마와 아니무스, 그림자 등이 있다. 그 밖에도 우리는 신, 악마, 어머니, 아버지, 영웅, 현명한 노인, 사기꾼, 지도자 등에 대한 전형적인 이미지를 배우기 전부터 이미 인식하고 표현할 수 있는데, 이 정신적 이미지가 모두 원형이기 때문이다. 원형은 신화, 꿈, 환상, 예술을 통해 반복해서 나타난다.

페르소나

부모는 아이를 위해 희생하는 모습으로, 친구는 곁을 내주는 모습으로, 직장인은 책임감 있는 모습으로 살아간다. 의사는 아픈 사람들을 진심으로 돌보고, 선생님은 아이들을 차별하지 않는 모습으로 행동한다. 각각의 역할에는 응당 그래야 할 법한 모습이 있다. 그러나 우리는 인간이기에, 때로는 그렇게 살고 싶지 않다는 마음을 품는다. 물론 속마음을 숨긴 채 아닌 척하며 살아가지만 말이다.

융은 개인이 사회적 역할을 감당하려고 또는 타인에게 보이고 싶은 모습으로 자신을 포장하려고 드러내는 방식을 '페르소나'라는 원형으로 설명했다. 페르소나는 라틴어로 '가면'이라는 뜻으로, 마음의 가면으로 본심을 가리고 살아가는 우리의 모습을 잘 표현한다.

영화 『센과 치히로의 행방불명』에서 치히로는 금지된 신들의 세계로 들어가 '센'이라는 이름으로 살아간다. 문제는 시간이 지날수록 자신의 이름과 과거를 잊게 된다는 것이다.

인생이 센으로 가득 차면서 자신을 점점 잃어버리는 치히로처럼, 페르소나의 비중이 커지면 결국에는 나를 잃어버리고 만다. 영혼 없는 껍데기인 꼭두각시처럼 살아가다가 겉과 속이 다른 이중적인 성격으로 문제를 일으킬 수도 있다. 사회를 위해 절충해야 하는 부분도 물론 있지만, 중요한 것은 나를 잊지 않는 마음이다.

아니마와 아니무스

엄격하고 메말라 보이던 아버지가 늙어 가면서 눈물을 보인다는 이야기를 자주 듣는다. 우리 아버지들의 남성다움은 어디로 간 것일까?

융은 인간의 양성성을 강조하며 남성은 여성성을, 여성은 남성성을 가지고 있다고 믿었다. (시대에 맞지 않는 말이지만 융에 따르면) 남성성은 이성(로고스)이고 여성성은 사랑(에로스)을 대표한다. 사람들이 의식적으로 드러내는 모습은 남성은 남성답고 여성은 여성다운 모습이지만, 그들의 무의식 속에는 이성성異性性이 원형으로서 존재하고 있다. 융은 남성 안에 내재된 여성성을 '아니마', 여성 안에 내재된 남성성을 '아니무스'라고 불렀다.

남녀관계가 복잡한 이유는 서로의 의식적인 모습(남성-여성)과 무의식적인 모습(아니마-아니무스)이 서로 교차하기 때문일지도 모르겠다. 어느 부분에서는 이해되고 어느 부분에서는 반대되고, 또 반대의 반대를 이해해야만 하는 여러 가지 경우의 수 때문에 말이다.

남자는 말이야! 여자는 말이야! 이 말처럼 어리석은 말이 없다. 양쪽의 모습을 모두 갖출 때 우리는 더욱 성숙하고 안정된 인격을 형성할 수 있다. 융은 각자의 이성적 원형을 무의식에서 이끌어 내야 틀에 박힌 남성상이나 여성상에 갇히지 않는다고 주장한다. 그런 의미에서 눈물을 흘리는 아버지는 인격적으로 성숙하도다.

그림자

　　영화『부산행』의 용석은 좀비들의 공격을 받자 함께 있던 승객을 방패로 삼는 일도 서슴지 않는다. 다른 사람을 죽여서라도 자신을 지키려는 모습을 본 관객들은 '인간에게 저렇게 추악한 면모가 있다니' '좀비보다 무서운 것이 사람이다' 같은 감상평을 남겼다. 하지만 좀 더 솔직해져 보자. 우리는 과연 같은 상황에서 용석과 다른 선택을 할 수 있을까? 오늘 처음 만난 사람에게 인류애를 느끼며 그들을 위해 위험을 감당할 수 있을까? 만약 그럴 수 있다면 지금 당장에라도 통장 잔고를 몽땅 털어 삶이 막막한 불우이웃에게 전해 줄 수 있어야 한다.

　　모든 인간에게는 어둡고 사악한 측면이 있다. 이를 상징하는 자아의 동물적이고 공격적인 충동을 융은 '그림자'라고 불렀다. 누구에게나 그림자가 존재하며, 우리는 그림자를 숨겨야 한다고 생각하기 때문에 '나는 그런 사람이 아니야' '그런 모습이 나에게 있을 리가 없어!' 하며 억압한다. 그러나 그림자는 때로 생명력, 자발성, 창조성의 원천이 되어 우리를 이롭게 한다. 무조건 차단하기 전에 잘 활용할 수 있게 그림자를 바라보는 용기 또한 필요하다.

　　그림자는 결국 빛이 있기에 존재한다. 다시 말해 그림자가 존재한다는 건 우리 내면에 밝은 빛 또한 존재한다는 방증 아닐까?

태도

　　　　『뽕뽕 지구오락실』은 시청자의 사랑과 원성을 동시에 받은 예능 프로그램이다. 하도 괄괄해서 '괄괄이'라는 애칭으로 불린 이영지의 성향 때문이다. 그녀는 시차 적응이 필요한 해외에서까지 쉴 새 없이 노래하고 춤추고 소리를 지르고 상황극을 한다. PD가 다음 코너를 준비하는 동안에도 몸이 근질근질한지 심심하다며 아우성을 친다. 시청자들은 그런 모습을 재미있어 하면서도 기가 빨려 볼 수가 없다며 90분 남짓한 프로그램을 30분씩 나누어 보기도 했다.

　　　융은 개인이 에너지를 발산하는 방향을 '태도'라 정의했다. '외향성'은 외부 세계에 관심을 가지는 객관적 태도로, 외향적인 사람은 활동적이고 에너지를 외부를 향해 발산한다. 반대로 '내향성'은 내면세계에 관심을 두는 주관적 태도로, 에너지를 내부를 향해 집중시킨다. 내향적인 성격을 소심하거나 소극적인 태도로 오인하는 경우가 있는데, 그들은 내면을 향해 굉장히 적극적인 사람들이다.

　　　성격검사가 일상화되면서 외향성과 내향성을 이분법적으로 구분하는 문제가 종종 벌어진다. 그러나 MBTI 검사의 이론적 기초가 된 융의 성격유형론에 따르면, 우리에게는 두 가지 태도가 번갈아 가며 나타난다. 물론 어느 한쪽이 우세하기는 하지만 상황에 따라 (또는 무의식적으로) 반대 태도를 보일 수 있다. 따라서 어느 한 방향의 태도에 나를 가두기보다는 유연하게 방향을 틀 수 있다는 가능성을 지니는 것이 좋다.

합리적 기능: 판단

　　　　부부가 기다리던 아파트 청약이 당첨되어 사전 점검을 갔다. 감격한 아내는 눈물이 그렁그렁한 채 남편을 부둥켜안았다. 남편은 그런 아내를 토닥이며 이렇게 말했다. 울지 말고 하자 찾아.

　　공감하지 못하는 사람을 보고 "너 T야?"라고 묻는 질문이 한동안 유행했다. MBTI의 사고형을 비꼬는 표현이었다. 사람들에게 사고형은 냉혹한 판단자, 감정형은 따뜻한 위로자로 그려진다. 그러나 사고와 감정 모두 '판단'하는 기능을 한다. 다만 사고형은 이성적으로 판단하고, 감정형이 감정에 따라 판단하는 것이다.

　　카페에 갔는데 불편한 의자만 잔뜩 있다고 상상해 보자. '사고' 기능은 '불편하니 빨리 마시고 일어나자'라는 결정을 내리거나 '주문을 취소하고 다른 카페에 가자'며 해결책을 제시할 수도 있다. 현실을 재빨리 파악하고 더 나은 결론을 찾는 기능이 사고 기능이다. 반면 '감정' 기능은 감정을 토대로 상황을 받아들일지 말지 결정한다. 카페 자리가 불편하다면 부정적 감정을 느낄 것이고, 이 감정을 토대로 '이 카페는 정말 별로다'라는 판단을 내릴 것이다.

　　사고형은 판단하고 감정형은 공감한다는 오해가 있다. 그러나 판단과 공감은 반대 개념이 아니다. 공감해 달라는 말은 다르게 말하면 감정적으로 내가 옳다고 '판단'해 달라는 의미다.

비합리적 기능: 인식

우리는 때로 판단(합리적 기능)을 배제하고 세상을 있는 그대로 받아들인다. 이를테면 어떤 시청자는 드라마의 설정이 충돌해도 따지지 않고 재밌게 본다. '비합리적 기능'이 우세한 사람이기 때문이다. 비합리적 기능은 이성적 판단을 뒤로하고 세상의 정보를 '인식'하는 것으로 어떤 의도나 노력, 개입 없이 그냥 저절로 일어난다.

비합리적 기능 중 '감각'은 오감(눈, 코, 입, 귀, 피부)으로 자극을 받아들일 때 생기는 의식적 경험이다. 카페 의자에 앉았는데 피부가 '차갑다'라는 느낌을 받았다면 그 자체가 감각이다. 그게 전부다. 해가 뜨면 밝다고 느끼고, 마라탕을 먹으면 맵다고 느끼는 것이 감각이다. 한 걸음 더 나아가면 합리적 기능인 판단이 개입된다. '마라탕은 매워서 건강에 안 좋으니 다른 음식을 먹자'라고 판단한다면 사고가 기능한 것이고, '마라탕을 먹으니 기분이 좋아져, 나 마라탕 좋아하네'라고 판단한다면 감정이 기능한 것이다.

비합리적 기능의 또 다른 유형인 '직관'은 자극의 근원이 분명하지 않고 갑작스럽게 나타나는 경험으로, 육감 혹은 촉이라고도 표현된다. 영화 『비긴 어게인』의 그레타는 오랜 연인인 데이브가 작곡한 노래를 듣고 그가 바람피우고 있다는 사실을 눈치챈다. 그 장면을 보면서 어리둥절했던 기억이 난다. 도대체 저걸 어떻게 아는 거지? 증거는 없다. 그러나 알게 되는 것이 있다. 직관은 이런 것이다. 그냥 떠오르는데 생각보다 잘 맞기도 한다.

단어연상검사

몇 년 전, 외국에서 '가슴 안 보기 챌린지'가 유행했다. 남성의 시선은 무의식적으로 여성의 가슴을 향한다는 말에 반발한 몇몇 스트리머가 자신은 여성이 지나가도 결코 가슴을 보지 않는다며 도전한 것이다. 도전자는 자신의 눈이 모니터 어디를 향하는지 표시하는 아이 트래커를 착용한 채 여성이 등장하는 영상을 시청했다. 처음에는 의도적으로 여성의 얼굴을 바라보았지만 몇 초도 버티지 못했다. 아이 트래커의 화살표가 여성의 가슴을 향하는 순간 그들은 욕을 내뱉었고, 시청자들은 폭소했다.

무의식은 통제가 어렵기 때문에 더 솔직하게 튀어나온다. 예를 들어 숨겨진 욕망은 좀 더 빠른 속도로 나온다(재빨리 가슴을 보는 것처럼). 때로 억압하고 싶은 욕망은 멈칫하며 속도를 느리게 한다(의도적으로 다른 곳을 보는 것처럼). 융은 이런 심리를 이용하여 개인의 무의식을 분석했다.

융이 사용한 '단어연상검사'는 100가지 자극 단어를 순서대로 제시하고, 내담자가 단어를 듣고 떠오르는 것을 빠르게 대답하게끔 하는 것이다. 예컨대 '머리'라는 자극을 제시하면 내담자는 '염색'이라는 대답을 할 수 있고, '잉크'라는 자극을 제시하면 내담자는 '시험'이라는 대답을 할 수 있다. 이때 어떤 단어가 나오는지, 그 단어가 나올 때 속도가 어땠는지, 표정이나 감추려는 감정이 있었는지를 토대로 무의식을 해석하는 것이다.

개인심리학과 아들러

심리학자 아들러는 1870년 비엔나에서 여섯 형제 중 둘째로 태어났다. 그는 어릴 때부터 골연화증을 앓아 네 살이 되도록 걷지 못했고, 다섯 살 때는 폐렴으로 죽을 고비를 넘겼다. 길거리에서 손수레에 치여 죽을 뻔한 적도 두 번이나 있다.

신체적 조건이 좋지 않았던 그는 정신적으로도 뛰어나지 않았다. 선생님은 학업이 부진한 아들러에게 학교를 그만두고 구두 제조 기술을 배우라고 설득하기도 했다. 그러나 아들러의 아버지는 늘 아들을 신뢰하고 격려했고, 그 덕분에 아들러는 열등감으로 가득한 유년기를 보내면서도 포기하지 않았다. 타고나길 허약해 자주 앓은 데다 동생이 사고로 사망한 일까지 겹치자 이를 계기로 그는 의사가 되겠다는 꿈을 품었고, 그 결과 비엔나 의과대학에 입학했다.

아들러는 「기관 열등과 정신적 보상」이라는 논문으로 프로이트의 열렬한 지지를 받으며 정신분석 학회의 주축이 되었다. 그러나 그는 프로이트와 견해 차이를 극복하지 못했다. 프로이트는 인간을 결정론적으로 바라보았지만, 아들러가 살아온 삶은 달랐기 때문이다. 아들러는 삶의 경험에 휘둘리지 않고 열등감을 극복한 인물이었다. 그는 목적만 있다면 개인은 변화하고 성장할 수 있다고 믿었다. 그에 따르면 모든 인간은 열등감을 극복하기 위해 노력하며, 열등하기 때문에 성장한다. 그렇게 그가 제창한 이론이 '개인심리학'이다.

열등감

'열등감'은 타인과 비교해 자신을 낮추어 평가하는 감정이다. 우리는 열등감 느낀다는 표현을 부정적으로 받아들이지만, 열등감은 사실 분명한 존재 가치를 지닌다. 아들러에 따르면 열등감을 가질 때에만 삶의 목적이 생기기 때문이다. 열등감은 우리에게 극복해야 하는 과제를 만들어 줌으로써 삶을 이끄는 원동력이 된다.

열등감을 극복하려는 마음은 더 나은 사람이 되고자 하는 '우월성 추구'에서 비롯된다. 더 똑똑해지고 싶다, 더 건강해지고 싶다, 더 말을 잘하고 싶다. 이런 마음은 우리를 노력하게 하고, 결과적으로 더 나은 나를 만든다. 문제는 우월성 추구에 집착하다가 열등감에 사로잡히는 것이다. 이것이 바로 '열등감 콤플렉스'다. 열등감이 너무 강해 극복할 수 없다고 느끼는 순간 열등감이 나를 지배하고, 그때부터는 못난 모습을 들키지 않겠다는 마음이 앞서 도전을 회피한다.

열등감을 드러내는 시대가 도래했다. 키가 작거나 뚱뚱한 사람은 체형이 비슷한 이들에게 옷을 코디해 주고, 장애인은 삶의 고충을 드러내는 콘텐츠를 만든다. 그들의 당당함은 열등감을 가진 다른 이들이 세상에 나오도록 든든한 언덕이 되어 준다. 그러니 흠이 있다면 그 흠을 밟아 보자. 그건 당신을 막아선 걸림돌이 아니라, 더 큰 세상으로 인도할 디딤돌이 될 것이다.

생활양식

아들러는 삶의 목표를 달성하기 위해 지니는 개인의 독특한 신념 체계를 '생활양식'이라 불렀다. 생활양식은 사람에 대한 공감을 의미하는 '사회적 관심', 그리고 인생 전반에 걸쳐 사용하는 에너지의 양인 '활동 수준' 두 차원에 따라 네 가지 범주로 나뉜다.

먼저 '지배형'은 사회적 관심은 적지만 활동 수준은 높은 생활양식으로, 가부장적이고 유교적인 가정에서 통제받으며 자라 온 아이에게서 나타난다. 이들은 부모와 마찬가지로 권력을 휘두르면서 문제를 해결하는 방식을 습득한다. '기생형'은 사회적 관심도 적고 활동 수준까지 낮은 생활양식으로, 주로 과잉보호를 받고 자란 아이에게서 나타난다. 이들은 타인이 자신의 문제를 해결해 주길 바라는 의존적이고 수동적인 태도를 보인다. '회피형'은 칭찬에 인색하고 비난을 일삼는 부모 밑에서 자란 아이가 형성하는 생활양식으로, 기생형과 마찬가지로 사회적 관심과 활동 수준이 전부 낮다. 격려받은 경험이 없어 세상에 대해 부정적이고 소극적 태도를 보인다.

바람직한 생활양식은 사회적 관심도 크고 활동 수준도 높은 '사회적 유용형'이다. 이들은 성실하고 자신과 타인의 욕구를 모두 중요하게 여기며 다 같이 이기는 삶을 추구한다. 사회적 관심은 높고 활동 수준은 낮은 유형은 존재하지 않는데, 어찌 보면 당연하다. 관심이 높다면 행동은 자연히 따르기 때문이다.

출생 순위

여섯 형제 중 둘째로 태어나 형의 그늘에서 자란 아들러는 '출생 순위'가 개인의 성격에 영향을 준다고 주장한다.

첫째는 응석받이로 자라다가 동생이 생기는 순간 소외되는 '폐위된 왕'이다. 그들은 부당한 대우에 거부감이 크고 권위를 되찾으려 노력을 멈추지 않는다. 책임감이 강해 성인이 되면 가족을 돌보는 경우가 많다.

둘째(가운데)는 태어날 때부터 존재하는 경쟁 상대 때문에 압박감을 크게 느끼면서도 전면전을 두려워한다. 따라서 첫째가 미숙한 분야를 개발시켜 인정과 사랑을 받으려 한다. 첫째에게 열등감을 느끼지만 다양한 관계적 기술을 습득하여 갈등에 탁월하게 대처한다.

막내는 영원히 통치할 진정한 왕으로 모든 가족의 사랑을 독차지한다. 자칫 과잉보호의 대상이 되어 의존적이고 자기중심적으로 자랄 수 있다. 그러나 자유롭게 살아온 만큼 개성이 강한 사람으로 성장하고, 예술과 같은 비전형적 영역에서 재능을 발휘한다.

마지막으로 외동아이는 자기중심적인 행동을 할 가능성이 크고, 형제자매와의 경험이 부족해 협력을 어려워하지만, 또래 관계를 통해 이 부분은 극복할 수 있다.

모든 부모가 같은 방식으로 아이를 키우지 않고, 인간은 가정이 아닌 또 다른 환경을 마주하며 자라기 때문에 출생 순위가 모든 것을 설명해 주지는 못한다.

자기충족적 예언

"넌, 정말 타고났구나. 못다 이룬 나의 꿈을 네가 이룰 거야. 넌 디즈니의 애니메이터가 될 거란다." 아버지가 했던 정확한 말은 기억나지 않지만, 어쨌든 이 말은 나의 유년 시절을 사로잡았다.

—『픽사 스토리텔링』(매튜 룬 지음, 박여진 옮김, 현대지성, 2022)

『토이스토리』『인사이드 아웃』등 감동적인 애니메이션을 제작한 매튜 룬의 뒤에는 아버지의 든든한 격려와 믿음이 있었다. 이처럼 기대가 현실이 되는 것을 '자기충족적 예언'이라 부른다. '이런 사람이 될 것'이라는 타인의 지지는 자신감을 끌어올려 자질을 찾게 하고, 노력을 이끌어 낸다. 노력은 성공 가능성을 높여 예언을 실재로 만든다.

자기충족적 예언은 '피그말리온 효과'라고도 한다. 여신상을 만든 조각가 피그말리온이 조각상과 사랑에 빠져 매일밤 조각상이 사람이 되게 해 달라고 기도했더니, 이에 감동한 아프로디테가 조각상에 생명을 불어넣었다는 이야기에서 유래했다.

자기충족적 예언은 자신에게도 적용할 수 있다. '나는 작가가 될 거야'라고 믿었던 한 심리학도는 그 믿음을 토대로 출판하는 방법을 찾아보았고, 글을 쓰다가 출판사에게서 연락을 받았다. 내 이야기다. 긍정적 기대는 현실을 만든다. 믿음대로 될지어다!

베르테르 효과

약혼자가 있는 여자를 흠모한 남자가 결국 극단적 선택을 하고 마는 소설 『젊은 베르테르의 슬픔』은 발표 직후 유럽 전역에 유행처럼 번져 나갔다. 젊은이들은 베르테르에게 동화되어 그를 따라 하다가 베르테르의 극단적 선택마저 모방하고 말았다. 이 현상 때문에 유명인의 사망, 특히 자살이 노출된 후 모방하는 사람이 늘어나는 현상을 '베르테르 효과'라고 부르게 되었다. 자살 방식과 상황에 대한 노골적 묘사, 당사자의 심적 상태에 대한 세세한 정보는 사람들 마음에 공감을 불러일으키면서 마치 자신이 당사자가 된 것처럼 괴로움을 느끼게 만든다.

베르테르 효과의 반대말은 '파파게노 효과'다. 언론 노출을 막아 극단적 선택의 내막을 숨기면 사람들의 마음을 지킬 수 있다는 것이다. 이 효과가 강조되면서 더 이상 유명인의 사망에 대한 자세한 보도를 언론에서 볼 수 없게 되었다.

그런데 '파파게노 효과'라는 말이 유래한 오페라 『마술 피리』를 보면, 연인을 잃고 비관하여 자살하려던 파파게노에게 요정들이 찾아와 희망 찬 노래를 불러 준다. 그 노래를 듣고 파파게노는 살아야겠다고 마음먹는다. 그러니 좀 더 따뜻한 세상을 만들려면 단순히 문제를 숨기는 데에서 만족하지 말고, 살고 싶다는 마음이 들도록 만들어야 한다. 이제 우리는 현 시대의 파파게노에게 위로를 전하는 요정이 되어 줘야 하지 않을까?

지식의 저주

　　　　　나보다 무능한 사람을 보고 분개할 때가 있다. 자기중심적으로 인식하는 '지식의 저주' 때문이다. '지식의 저주'란 일단 무언가를 알게 되면, 그것을 알지 못하던 상태를 상상할 수 없는 것을 말한다. 예를 들어 한글을 아는 우리는 아기였을 때 한글을 읽고 쓸 줄 몰랐던 상태를 상상하지 못한다. 이런 지식의 저주 때문에 내가 잘해 내게 되었을 때, 누군가는 아직 잘하지 못하는 상태일 수 있다는 사실을 이해하기 어렵다.

　　　　지식의 저주는 사회적 문제를 일으킨다. 세상의 빠른 변화를 쉽게 따라가는 이들이 잘 따라오지 못하는 약자를 무시하거나 나쁘게 대하는 경우가 생기기 때문이다. 키오스크를 활용하지 못하는 손님을 답답해하고, 스마트폰을 다루지 못하는 부모에게 짜증을 부리는 것처럼 말이다. 누구에게나 처음은 있다. 이 사실을 다시금 기억할 때, 아량이 생기는 것은 물론 내 마음도 편안해진다.

　　　　책을 쓸 때마다 벽에 부딪힌다. 이렇게 쉬운 내용을 남들이 모를 리가? 다른 책에서 다 보지 않았을까? 너무 뻔한 소리를 늘어놓는 거 아냐? 그럴 때마다 처음 강의실에서 심리학 이론을 배웠던 날을 떠올린다. 맞아, 나 그때 이 이론 듣고 진짜 위로받았는데! 그러면 또 키보드에 손이 간다.

선택 과부하 효과

샌드위치 전문점 '서브웨이'가 막 유행했을 때, 얼마나 공부를 많이 해야 했는지 모른다. 무슨 샌드위치 하나 사는 데 빵에, 토핑에, 소스에, 굽기까지 결정해야 한단 말인가? 겨우겨우 주문에 성공했지만, 만족감보다는 피로감이 더 컸다. 선택지가 주어진다는 것은 축복일까, 저주일까?

심리학자 아이엔가와 레퍼는 시식용 음식의 선택지 개수가 구매에 영향을 끼치는지 실험했다. 잼 시식 코너에 여섯 가지 맛을 꺼내 놨을 때는 고객의 30퍼센트가 잼을 구입했지만, 스물네 가지 맛을 꺼내 놓으니 고작 3퍼센트만 잼을 구입했다. 선택권이 많으면 자율성을 보장할 것 같지만, 오히려 마음에 부담을 준다. 이런 현상을 '선택의 패러독스' 또는 '선택 과부하 효과'라고 한다.

선택지가 많으면 사람들은 최선의 결정을 내려야 한다는 압박감을 느낀다. 그래서 선택의 과정이 즐겁지 않다. 또한 최선의 선택을 했다손 치더라도 만족감이 떨어진다. 하나를 선택한다는 것은 그를 제외한 나머지를 경험할 수 없다는 뜻이기 때문이다. 혹시 저걸 선택했다면 더 낫지 않았을까? 하는 생각을 떨치기 어렵다.

배달 앱을 열면 스트레스부터 받는다. 무슨 식당이 이렇게 많단 말이냐. 그땐 메뉴가 뼈해장국 하나뿐인 단골집을 고른다. 자부심이 느껴져서 좋기도 하지만, 선택하느라 고민할 필요가 없어서 더 좋다.

신념 고수

　　지구 평평설의 신봉자는 우주선에 태워 지구를 보여 줘도 지구가 동그랗다는 사실을 믿지 못할 것이다. 신념의 뿌리를 뽑기란 여간 어렵지 않기 때문이다. 이처럼 일단 자리잡은 신념은 정보의 신빙성을 잃어도 유지되는 경향성이 있는데, 이를 '신념 고수'라 한다.

　　오수를 정화해서 수돗물로 사용해야 한다면? 완벽하게 정화한다면 괜찮지 않을까? 심리학자 하다드, 로진, 네메로프, 슬로비치는 정화된 오수가 얼마나 안전한지 과학적 증거를 토대로 사람들을 설득하는 실험을 했다. 그러나 아무리 탄탄한 증거를 들이밀어도 오수는 더럽다는 사람들의 신념을 변화시킬 수는 없었다. 시민들은 실험 결과를 불신했고 정화된 오수를 거부했다. 이처럼 신념에 어긋나는 사실이라면 과학계가 완벽한 합의점에 도달해도 대중에게 배척되는 것을 '과학 배척'이라고 한다.

　　비판적 사고만큼 중요한 것이 수용적 사고다. 나와 정반대의 생각을 수용하는 과정이 반복되면 신념에 매몰되지 않는 능력을 얻게 된다. 여러 지식을 동시에 습득하는 것도 좋다. 이를테면 365가지 심리 개념을 설명해 주는 책을 읽어 보면 어떨까? 책 한 권만 읽는 사람이 책 한 권도 읽지 않은 사람보다 무섭다지만, 이런 책을 읽는 사람이라면 좀 다를지도?!

마법적 전염 효과

진시황 시절, 빨간색은 황제의 색이었다. 그러므로 감히 빨간색으로 이름을 썼다가는 참수형을 당했다. 빨간색으로 이름을 쓰면 죽는다는 건 그런 의미였다. 그것도 모르고 우리는 빨간색으로 이름을 쓰면 저주에라도 걸린다고 착각하고 있다. 자, 저주의 실체를 알게 된 지금! 빨간색으로 이름을 쓸 용기가 생겼는가? 그럼에도 못 쓸 가능성이 높다. 초자연적 현상에 대한 신념은 마음에 강하게 자리 잡아서 합리적으로 통제하기 어렵기 때문이다.

위치도 구조도 가격도 마음에 드는 집을 발견했다. 그런데 딱 하나 신경 쓰이는 점이 있다. 이 집에서 살인 사건이 일어났다는 사실이다. 당신은 이 집을 계약할 수 있겠는가? 어쩐지 피해자의 운명이 나에게도 옮겨 올 것 같아 망설여질 것이다.

부정 탄다는 말처럼 찝찝한 기운이 나에게 옮으리라는 느낌에 사로잡히는 것을 '마법적 전염 효과'라 부른다. 사람들은 달갑지 않은 대상이 있을 때 그것이 품은 부정적 기운이 전염된다고 믿는다. 물리적으로는 옮을 수 없는데도 말이다.

예전에 이사를 준비할 때, 모든 것이 마음에 드는 집을 발견했다. 그러나 그 집은 무속인이 신당을 차렸던 곳이었다. 나는 내가 이성적이고 합리적인 사람이라고 믿고 살았다. 하지만 그날만큼은 달랐다. 손이 떨려 차마 계약을 할 수 없었다.

이케아 효과

결혼할 때 샀던 원목 가구를 전부 팔았다. 중고 판매로 번 돈은 처음 구입가의 30퍼센트도 안 됐다. 우리 부부는 그 돈을 가지고 이케아로 향했다. 조립식 철제 TV테이블과 선반을 구입하고 작은 화병과 전구도 샀다. 원래 있던 가구보다 훨씬 저렴한 제품들이었지만, 우리 손으로 직접 조립한 가구로 거실을 채우니 기분이 훨씬 좋아졌다.

이케아 가구의 특징은 저렴한 대신 소비자가 직접 조립해야 한다는 것이다. 간단하게 조립할 수 있는 제품도 많지만, 그 과정이 생각보다 복잡한 가구도 있다. 그 노력의 결과는 어때야 할까?

애쓴 만큼 결과가 형편없다면 인지부조화◀가 온다. 그래서 우리는 만족한다. 아니, 해야만 한다. 이처럼 노력이 들어간 대상에 애착이 생기는 현상을 '이케아 효과'라 부른다.

물론 무조건 직접 만드는 것이 능사는 아니다. 너무 어려운 과제는 귀찮고 피곤하여 포기를 유도하기 때문이다. 노력을 요할 때는 적당한 성취감이 들 만한 수준을 찾는 것이 중요하다.

예전에 심리 모임을 진행할 때는 모든 과정을 내가 진두지휘했다. 정확한 지식을 최대한 많이 주는 것이 가장 유익하다고 믿었기 때문이다. 그러나 최근에는 강의 시간을 줄이고 이야기를 나누고 함께 활동하는 시간을 늘렸다. 그러자 사람들의 참석률도 만족감도 높아졌다. 그 시간을 스스로 꾸려 나갔다는 자부심이 모임을 값지게 만들기 때문이다.

◀ 5월 5일 인지부조화 참고.

호손 효과

하버드대학교 교수 메이오와 뢰슬리스버거가 호손 윅스라는 공장에서 조명과 생산성의 관계를 연구하는 실험을 진행했다. 연구팀은 밝은 조명이 생산성을 높일 것으로 예측했다. 실험 결과, 실제로 조명의 밝기를 높인 직원들의 능률이 향상되었다. 그런데 흥미롭게도 조명의 밝기를 원래대로 유지한 직원들도 평소보다 능률이 올랐다.

직원들은 자신이 실험 대상으로 선택 받았다는 사실을 인식하고, 스스로를 특별한 존재라고 착각하기 시작했다. 착각은 열심히 하고자 하는 동기를 불어넣어 주었고, 또 책임감을 갖게 했다. 그래서 평소보다 생산성이 향상되고 만(?) 것이다. 이처럼 타인의 시선을 의식해 태도나 능력이 달라지는 현상을 공장의 이름을 따서 '호손 효과'라 부른다.

호손 효과는 생산성을 올리는 가장 중요한 요인이 직무 동기라는 사실을 증명한다. 직원에게 열심히 하라고 다그치거나 실적이 떨어질 때 비난만 하면 통제받는 느낌을 줄 뿐 아니라 자존감을 떨어뜨려 능률을 저하시킨다. 반면에 능력을 인정해 준다면(그것이 착각일지라도) 동기를 끌어올린다.

그러나! 호손 효과의 역습에 당하지 않도록 주의해야 한다. 어떤 작자는 월급을 적게 주거나 마땅한 대가를 지불하지 않고, 대신 상대의 능력을 치켜세우며 사탕발림으로 재능을 착취하기 때문이다.

유인 효과

쇼핑하다 보면 '와, 이걸 누가 살까?' 싶을 정도로 이상한 옷이 종종 눈에 띈다. 그러나 이 또한 고도의 전략이라면?

예쁘지만 비싼 옷과 저렴하지만 평범한 디자인의 옷이 있다면 우리는 구매를 망설인다. 저마다의 장단점이 뚜렷하기 때문이다. 그러나 여기에 저렴하면서 난해한 디자인의 옷이 등장한다면 선택은 쉬워진다. 저렴하고 평범했던 옷이 저렴한 데다 괜찮은 옷으로 보이기 때문이다.

선택은 상대적으로 이루어지므로 선택을 유인하기 위해 의도적으로 덜 매력적인 기준을 제시하기도 한다. 새로운(부정적) 옵션이 추가될 때 기존의 상품을 구매할 확률이 올라가는 것을 '유인 효과'라 부른다.

저렴하고 그저 그런 옷을 사면 잘못 선택한 기분이 든다. 그런데 저렴한 데다 '상대적으로' 괜찮은 디자인이라니? 반대도 마찬가지다. 유인 제품의 디자인이 난해하면서 금액까지 터무니없이 비싸다면 원래 선택하려던 고가의 예쁜 제품이 '상대적으로' 합리적으로 보인다.

비교 대상이 생기면 없던 매력이 생기고, 선택에 정당한 근거가 되어 준다. 또한 최악의 옵션을 회피했다는 믿음은 애매한 옵션의 선택이 틀리지 않았다는 합리적 근거가 된다.

인간의 결정은 이토록 상대적이다. 현명해 보이진 않지만 그래서 만족할 수 있다면, 뭐 그걸로 충분하지 않을까?

月

타협 효과

취미로 악기를 연주하고 싶어져서 키보드를 사려고 알아본 적이 있다. 십만 원짜리부터 몇백만 원짜리까지 가격이 천차만별이었다. 무엇을 사야 할지 머리가 복잡해졌다. 며칠 밤낮을 알아본 결과, 가장 평이 좋은 세 가지 모델이 후보에 올랐다. 첫 번째는 8만 원에 초보자가 쓰기에 좋은 입문용 악기로 건반 개수가 많지 않고 디자인이 그저 그런 제품이었고, 두 번째는 40만 원에 적당히 예쁘고 소리도 크게 문제가 없는 수준이었다. 마지막은 200만 원에 엄청난 음향과 거실에 놔도 손색없는 디자인, 부드러운 타격감을 자랑하는 제품이었다. 당연히 나는 두 번째 제품을 골랐다.

값싼 모델, 중간 가격대 모델, 비싼 모델이 있으면 중간 가격대 모델을 선택하려는 경향이 있다. 극단적 선택을 하면 그에 따른 비용이 반드시 존재하기 때문에 안전하게 평균을 선택하는 것이다. 이처럼 양극단을 피해 적당한 선택을 하는 현상을 '타협 효과'라고 한다.

아무튼 그렇게 내 나름대로 타협한 끝에 우리 집 한구석을 차지한 키보드는 1년 가까이 외투걸이로 활용되다가 35만 원에 새 주인을 찾아갔다. 너무 값싼 제품을 샀으면 중고로도 못 팔았을 것이고, 너무 비싼 제품은 살 때 부담스러웠을 테니 나는 여전히 선택에 만족하고 있다.(다만 다시는 악기를 배운다고 까불지 않기로 다짐했다.)

매몰 비용

한 항공기 제조회사에서 100억 원을 들여 신형 비행기를 제조하던 중, 경쟁 회사에서 더 뛰어난 비행기를 개발했다는 소식을 들었다. 앞으로 10억 원만 더 들이면 되는 상황인데, 비행기를 완성하겠는가? 대부분이 완성하는 편을 택한다. 그렇다면, 비행기 제작에 착수하지 않은 상황에서 경쟁 회사가 더 뛰어난 비행기를 개발했다고 해 보자. 신형 비행기를 만드는 데 10억 원이 든다면? 이때는 포기할 것이다.

사실 둘 중 앞 시나리오의 손해가 더 크다. 110억을 지출해 고작 경쟁사보다 안 좋은 비행기를 개발하는 것이기 때문이다. 그런데 왜 두 번째 시나리오에서 지키려는 10억을 이 시나리오에서는 지키지 않는 걸까? 왜 위험을 감수하며 더 큰 지출을 하는 걸까? 이미 지출한 금액이 있다는 사실 자체가 추가 투자에 대한 명분이 되어 주기 때문이다. 여태까지 쓴 돈이 아깝잖아! 다시 말해서 '매몰 비용'에 대한 미련 때문이다. 매몰 비용이란 서비스나 재화에 지출하여 이미 사라진 비용을 말한다. 우리는 그 비용이 아까워서 추가 손해를 감수한다. 그러나 손절은 빠를수록 좋다. 주식이든 인간관계든 마찬가지다.

매몰 비용이 시간일 경우에는 이야기가 달라진다. OTT로 영화를 틀었는데, 40분쯤 지나도 재미가 없다. 여태까지 본 40분이 아깝다고 남은 시간을 견디지는 않는다. 시간은 다시 모을 수 있는 개념이 아니기 때문이다.

위험-수익 분석

알래스카에서 게를 잡는 일은 10만 명당 100여 명이 죽을 정도로 위험도가 높다. 그런데도 이 일을 하려는 사람이 줄을 섰다. 한 시즌만 일해도 엄청난 수익을 올릴 수 있기 때문이다. 우리는 위험 수준과 그에 따른 수익을 비교 분석하여 뛰어들지 말지 결정한다. 이것이 바로 '위험-수익 분석'이다.

위험한 일을 받아들일지 말지 결정할 때 고려하는 중요한 요인 한 가지가 '위험의 이해도'이다. 이해 안 되는 위험은 두렵고, 이해되는 위험은 어쩐지 만만하게 느껴진다. 코로나19가 처음 시작되었을 때, 우리는 위험 수준을 이해할 수 없었다. 어떤 사람은 감기라 했고, 어떤 사람은 치명적 질병이라 했다. 말은 계속 바뀌었다. 우리는 최대한 대면을 피하고 몸을 사렸다. 그러나 익히 알려진 위험에 대해서는 너그럽다. 가공육이 몸에 좋지 않다는 사실도, 저가 항공기나 경차가 안전을 보장하지 않는다는 사실도 알지만 우리는 위험을 감수한다. 잘 알고 있는 위험은 통제할 수 있다고 믿는 것이다.

위험을 선택할 것이냐, 피할 것이냐. 여기에 옳고 그름이 있을까? 폐암 4기를 선고받은 한 연기자가 암 완치 사례를 보고 개 구충제를 먹었던 사연이 있었다. 병원에서는 반대했지만 그는 그런 선택을 했다. 결국 암은 치유되지 않았다. 그래도 나는 그의 선택을 용감한 결정이었다고 믿는다. 그가 걸었던 희망은 감히 값으로 매길 수 없는 귀한 수익이었기 때문이다.

시간 할인

하루 2만 원씩 아끼면 한 달 뒤 60만 원을 저축할 수 있는데, 오늘도 나는 배달 앱을 켠다. 한 달 후 행복보다 오늘의 배부름이 더욱 값지기 때문이다.

사람들은 보상을 얻는 시점이 멀게 느껴질수록 수익에 가치를 적게 부여한다. 이러한 심리를 '시간 할인'이라고 한다. 시간 할인이 일어나는 이유는 미래가 어떤 모습일지 생생하게 떠올릴 수 없기 때문이다.

연명 치료를 미리 거부하는 사망 유언도 시간 할인의 영향을 받는다. 아프지 않은 지금은 얼른 눈을 감는 게 나을 것 같지만, 막상 통증이 찾아온다면 치료를 거부할 수 있을까? 신중해야 한다. 우리는 경험해 보지 않은 고통은 상상하지 못하기 때문이다. 라섹 수술을 하기 전, 무통 안약을 넣으면 회복이 더디다는 말을 듣고 절대 넣지 않겠다고 다짐한 나는 40분에 한 번씩 무통 안약을 넣는 패배자가 되었다. 한 치 앞의 고통도 예측하지 못하면서 죽음의 순간을 어떻게 결정한단 말인가.

노인으로 보정된 자신의 얼굴을 보고 나면 적금 비중을 더 높인다는 연구 결과가 있다. 상상하기 어려웠던 나의 노후가 구체적으로 그려지기 때문이다. 나의 미래는 어떠한 모습일까? 시간 할인을 줄이기 위해서는 그날의 모습을 생생하게 그려 보는 연습이 필요하다.

장 이론

심리학자 레빈은 선택이 어려운 이유가 갈등하는 여러 동기 때문이라는 '장場 이론'을 제안했다. 하고 싶은 (혹은 하기 싫은) 동기가 주도적이라면 선택은 어렵지 않다. 그러나 서로 다른 방향을 원하는 다양한 동기가 동시에 생겨날 때 선택은 어려워진다.

동기는 세 가지 유형으로 갈등한다. 먼저 '접근-접근 갈등'은 이것도 좋고 저것도 좋은 것이다. 짜장면이냐 짬뽕이냐, 이 어려운 숙제를 푼 중국집은 결국 성공했다. 바로 '짬짜면'을 개발한 것이다. 두 개의 대안을 원한다면 둘 다 내주자. 아인슈페너와 아메리카노도 한 잔에 나오길 간절히 바라옵나이다.

'접근-회피 갈등'은 하나의 대상에 좋고 싫음이 명확할 때 나타난다. 이때는 제품에서 싫어하는 특징을 없애 주면 된다. 밤 열두 시에 커피가 당기는데 카페인이 신경 쓰인다. 이럴 땐 디카페인 커피를 마시면 된다.

마지막 '회피-회피 갈등'은 해도 싫고 안 해도 싫을 때 일어난다. 이럴 땐, 해야 하는 일을 싫지 않게 만들어야 한다. 이가 아픈데 치과 가는 건 싫고, 그렇다고 방치하는 것도 싫다. 그럼 무통 마취 주사를 놔 주는 치과를 찾아가면 된다. 치과에 가서도 안 아프고 치료받고 나서도 안 아프니 천국이 따로 없다.

깨진 유리창 이론

스탠퍼드대학교 심리학 교수 짐바르도는 고장 난 것처럼 보이는 자동차를 거리에 방치하고 사람의 행동을 관찰했다. 처음에 사람들은 자동차 부품을 떼어 갔고 이 행동을 아무도 제지하지 않았다. 더 이상 가져갈 것이 없자 사람들은 이유 없이 차량을 마구 부수기까지 했다.

범죄학자 켈링과 정치학자 윌슨은 짐바르도 연구팀의 실험 결과를 보고 방치된 경범죄가 강력범죄를 불러일으키는 현상에 '깨진 유리창 이론'이라는 이름을 붙였다(실제 연구에서 방치된 차량은 유리창이 깨진 상태는 아니었지만, 쉽게 범죄를 허용하도록 방치된 상태를 '깨진 유리창'이라고 상징적으로 표현한 것이다).

뉴욕 시장 줄리아니는 이 이론에 따라 지하철 안의 지저분한 낙서를 지우고 낙서한 범인을 추적해 처벌했다. 몇 년에 걸쳐 낙서를 지우자 도시가 깨끗해진 것은 물론, 놀랍게도 낙서와 관련 없는 강력범죄가 줄어들기 시작했다. 낙서조차 허용되지 않는 이 도시에서 어떠한 범죄도 저지를 수 없었던 것이다.

깨진 유리창 이론은 범죄 현장에서만 적용되는 건 아니다. 강의에서 상습적으로 지각하는 사람을 기다리느라 5분씩 늦게 시작했더니 다른 사람들까지 지각하기 시작했다. 배려라고 생각한 5분의 기다림은 강의의 깨진 유리창이 되어 버렸다. 에구구, 다음 강의부터는 지각자에게 페널티를 주어야겠다.

현상 유지 편향

원시 시대의 인류가 먹을 것을 찾아 헤매다 뭔가 찾아냈다. 평소에 먹던 버섯과 처음 보는 풀이다. 하나만 먹어도 될 것 같은데, 둘 중 무엇을 선택할까? 변화에는 위험이 따른다. 맛도 보장되지 않은 새로운 풀에 굳이 목숨 걸고 도전할 이유가 없으니 기존의 선택을 유지하는 편이 안전하다. 새로운 시도보다 익숙한 선택을 유지하려는 성향이 인류를 보호했고, 이런 경향성은 오늘날 우리에게도 남았다. 이처럼 익숙함에 안정감을 느껴 현재에 머무는 것을 '현상 유지 편향'이라고 한다.

현상 유지 편향을 이용하여 사람들을 선한 방향으로 이끌 수도 있다. 이를테면 오스트리아인은 장기 기증률이 굉장히 높다고 알려져 있는데, 오스트리아에서는 태어날 때부터 장기 기증이 기본 옵션이기 때문이다. 물론 원하지 않으면 기증하지 않아도 된다. 그러나 신청해야 한다. 이 작은 변화가 귀찮은 사람들은 장기 기증이라는 기본 옵션 상태에 머문다. 현상 유지 편향을 활용한 것이다. 그렇다면 현상을 유지하는 심리가 언제나 우리에게 이득일까?

몇백 년 전만 해도 토마토는 악마의 열매라고 소문이 났었다. 토마토를 먹으면 영혼이 더러워져서 미치거나 죽는다고 믿었다. 그러나 용기 있게 토마토에 도전한 존슨이라는 사람 덕분에 우리는 케첩과 스파게티를 즐길 수 있게 되었다. 우리는 변화를 싫어한다. 위험을 감수해야 하기 때문이다. 그러나 변화가 없으면 기회도 없다.

투사 편향

　　　　퇴근 후 배부르게 저녁을 먹고 마트에 갔는데 왜인지 오늘따라 눈에 들어오는 물건이 없다. 결국 꼭 사기로 했던 생필품 몇 개만 들고 마트를 나섰다. 그리고 다음 날 엄청나게 후회했다. 집에 먹을 게 하나도 없을 줄이야!

　　장을 보는 이유는 앞으로 먹을 식량을 준비해 놓기 위해서다. 그러나 배가 부른 상태에서 마트를 둘러보면 내일도 모레도 지금처럼 배가 부를 것 같다는 착각에 빠진다. 그래서 식재료를 사지 않는다. 이처럼 우리에게는 현재 상태를 미래에 투사하는 경향이 있다. 이를 '투사 편향'이라 부른다. 미래 상태가 현재와 비슷할 것으로 투사하고 결정한다. 그러나 오늘의 나는 어제의 나와 다르기에 어제의 선택을 후회할 수밖에 없다.

　　지금 내가 여유롭다면 남의 부탁을 흔쾌히 들어주게 마련이다. 그러나 당장 해 줄 것이 아니라면 신중 또 신중해야 한다. 막상 당일 아침이 되면 피곤하고, 덥거나 춥고, 귀찮고 등등 예상 못 한 방해물이 나타나 영화 『인터스텔라』 속 주인공처럼 과거의 나를 말리고 싶어질 테니까.

　　살을 빼겠다는 결연한 의지로 헬스장에 6개월을 덥석 등록하거나, 동기부여 강의를 듣고 무리하게 사업을 시작하거나, 헤어진 연인과 다시 만나면 잘해 볼 수 있을 것 같다는 기대는 철저히 무너질 것이다. 당신의 미래는 오늘과 다르기 때문이다. 미래를 확언하지 말자. 미래는 도무지 예측이 불가능하다.

공유지의 비극

이케아에서는 쇼룸을 보다가 마음에 드는 제품명을 메모할 수 있도록 고객에게 연필을 무료로 제공하고 있다. 그러나 우리나라에서만큼은 무료 제공을 중단할 수밖에 없었는데, 이른바 '이케아 연필 도둑 사건' 때문이었다. 연필을 가져가라는 안내를 받은 한국 고객들은 필요도 없는 연필을 한 줌씩 쓸어 담았고, 몇 년을 써도 충분했을 연필이 고작 몇 달 만에 소진되었다. 참으로 부끄러운 일이 아닐 수 없다.

생물학자 하딘은 주인 없는 목초지에 마을 사람들이 너도나도 자신의 소와 양 떼를 풀어놓는 바람에 결국 황무지가 되었다는 사례를 통해 '공유지의 비극 이론'을 제안했다. 공공자원에 개개인이 욕심을 내기 시작하면, 모두가 손해를 본다는 이야기다. 양보하고 배려한다면 다 같이 오래도록 이익을 누릴 수 있는데도 나 하나쯤이야 하는 생각이 쌓이고 쌓여 결국은 비극을 맞이하게 된다.

요즘 개방 화장실을 만나기가 어려워졌다. 휴지를 훔쳐 가는가 하면 신발로 변기 커버를 딛고 올라서거나 바닥에 침을 뱉으며 더럽히는 사람들 때문이다. 그 바람에 산책하다 배탈이 나면 '대장의 비극'을 마주하게 된다. 조금씩만 노력하면 함께 살 수 있다. 그러나 그게 안 된다면 비용을 부과하거나 강제성을 띤 규칙을 내세운다 해도 어쩔 수 없는 일이다.

도박사의 오류

지난주에 깜빡하고 로또를 사지 않은 남편이 다행이라며 안도한다. 지난주 로또 1등 당첨자가 스무 명이 넘어서 당첨금이 10억도 안 된단다. 아니, 지난주에 로또를 샀다고 당첨될 리도 없잖아. 그러나 매주 3천 원씩 꾸준히 로또를 산 남편은 이번엔 분명 당첨될 차례라고 믿어 의심치 않았다.

이번 주 로또의 결과는 지난주 로또의 결과와 전혀 관련이 없는 독립적인 사건이다. 그러나 어쩐지 둘 사이에 관계가 있지 싶은 묘한 기분이 든다. 이를 '도박사의 오류'라고 한다. 도박으로 돈을 계속 잃고 있는 사람이 이번에는 반드시 되겠다는 착각을 하는 것처럼 전혀 관련 없는 사건을 두고 잘못된 확률 계산을 하는 것이다. 돈을 내리 따고 있을 때도 도박사의 오류는 계속된다. 여태까지 잘 풀렸으니 앞으로도 잘 풀릴 것 같다고 착각하는 것이다. 어떤 사기꾼은 이런 심리를 이용하여 초반엔 일부러 상대가 돈을 따도록 판을 짜고 결정적인 순간에 뒤통수를 친다.

과거에 일어난 사건의 결과가 앞으로 일어날 일에 영향을 미치려면 그 결과는 노력에 기인한 것이어야 한다. 오직 노력만이 좋은 결과에 연쇄작용을 일으켜 우리를 더 좋은 세상으로 이끈다. 매일 로또를 사러 가는 성실함도 노력이라고 말하겠다면 할 말은 없지만 말이다.

넛지

남자 화장실 소변기에 파리 스티커가 붙어 있다는 소문을 들었다. 조준 사격 본능이 발동하여 청결 문제가 해결되기 때문이라고 한다. 변기의 파리 스티커처럼, 세상이 바라는 목적과 방식에 자연히 따르도록 유도하는 개입이 있다. 바로 '넛지'nudge다.

넛지란 원래 팔꿈치로 슬쩍 찌른다는 뜻인데, 경제학자 탈러와 법률가 선스타인이 '특정 선택을 유도하기 위해 부드럽게 개입하는 현상'으로 재정의하면서 새로운 의미로 사용되기 시작했다. 판매량을 늘리고 싶은 제품을 계산대 바로 옆에 배치하는 것, 횡단보도 근처에 공을 줍는 아이 모형을 설치하는 것, 밟으면 음악이 나오는 계단을 설치하여 걸어 오르도록 유도하는 것, 종이수건이 줄어들 때마다 지구가 오염되는 이미지를 케이스에 넣어 절약을 유도하는 것, 이 모든 게 넛지가 활용되는 예시다.

아름다운 사람은 머문 자리도 아름답습니다, 지구를 보호합시다…… 이런 문구는 잔소리처럼 느껴지고 반항심을 불러일으킨다. 누가 몰라? 불편하니까 못 하는 거지! 옳은 말이든 아니든 이래라저래라는 딱 질색인 게 사람 마음이다. 그런 메시지로 행동을 바꿀 사람이었다면, 메시지를 접하기 전부터 진작에 바른 행동을 했을 것이다. 교육적인 유도가 필요할 때는 넛지를 활용해 보자. 흥미로운 방식으로 옳은 길을 간다는 느낌이 세상도 자신도 '윈윈'하게 할 것이다.

트롤리 딜레마

인부 다섯 명이 일하고 있는 선로를 향해 브레이크가 고장 난 전차가 달려오고 있다. 인부들은 일에 집중하고 있어 사고를 피하지 못할 것으로 보인다. 만약 당장 선로를 변경한다면 다섯 명을 살릴 수 있다. 그러나 방향을 돌린 다른 선로에서 일하고 있는 인부 한 사람은 희생되어야 한다. 당신의 선택은?

다른 상황을 제시하겠다. 이번에도 브레이크가 고장 난 전차가 달려오고 있다. 선로에는 역시 다섯 명의 인부가 일하고 있고 당신은 육교 위에서 덩치 큰 사람과 함께 이 상황을 보고 있다. 이 사람을 밀어 선로로 떨어트리면 전차는 충격으로 멈출 것이고 다섯 명은 사고를 당하지 않을 것이다. 당신의 선택은?

진화심리학자 마크 하우저의 연구 결과에 따르면 첫 번째 트롤리 사례에서는 응답자 85퍼센트가 전차 방향을 돌리는 데에 찬성했지만, 두 번째 육교 사례에서는 12퍼센트만이 덩치 큰 사람을 희생시키는 데에 동의했다. 한 사람이 죽고 다섯 사람이 사는 똑같은 결과인데, 왜 다르게 판단한 것일까? 개인적 판단과 그렇지 않은 판단을 구분하기 때문이다.

육교 문제처럼 특정인에게 직접적으로 상해를 주면서 그 행위가 자신의 능동적인 행위라면 개인적 상황이라고 판단하게 되고 이때 정서 반응이 더 강하게 유발된다. '어떻게 사람을 내 손으로 죽일 수 있어!' 하는 마음에 선택을 회피하게 되는 것이다.

내집단·외집단 편향

같은 사회적 정체성을 공유하는 집단을 '내집단', 그 외의 사람들을 '외집단'이라고 한다. 사람들은 내집단 소속원을 더 유능하다고 믿고 선호하는 경향을 띠는데, 이것이 '내집단 편향'이다. 반대로 외집단 소속원을 인정하지 않고 함부로 대하는 경향을 '외집단 편향'이라 부른다. 어떻게 하면 편향된 태도에서 벗어날 수 있을까?

드라마 『미스터 선샤인』의 주인공 유진초이는 조선 땅에서 노비의 자식으로 태어나 무시를 당하다 못해 생명의 위협을 느끼는 상황에 처한다. 살아남기 위해 미국으로 도망가지만 그곳에서도 얻어맞고 돈도 빼앗긴다. 여기서 그는 좌절하는 대신 군인이 되기로 결심한다. 그의 눈에 비친 군인들은 신분과 피부색으로 구분되지 않는 결집체로 보였기 때문이다. 외집단 편향을 없애는 한 가지 방법은 기존의 집단 구분을 허물고 새로운 집단으로 서로를 묶는 것이다.

또 다른 방법도 있다. 예전에 우리나라에서는 흑인들이 생활하기가 쉽지 않았다고 한다. 피부색이 다른 그들이 낯설었기 때문이다. 그러나 최근 한국 사회에서는 흑인을 향한 불편함이 많이 사라졌다. 방송에 등장하는 흑인 예능인을 보면서 심리적 거리감이 줄어든 덕이다. 낯설다는 느낌이 너와 나를 구분할 때는 접촉의 빈도를 늘리는 것도 도움이 된다. '우리'란 특별한 것이 아니다.

기차에서 만난 이방인 현상

처음 인터넷이 도입되었을 때는 인터넷을 사용하는 동안 집 전화가 끊겼다. 하루는 뭘 하느라 그렇게 전화를 안 받느냐는 엄마의 꾸중에 할 말을 잃었는데, 채팅에 정신이 팔려 시간 가는 줄 몰랐던 것이다. 그날 익명의 누군가와 나눈 대화는 십몇 년을 함께 한 가족과의 대화보다 진솔했고 위로가 되었다.

기차에서 만난 이방인과 비밀스러운 이야기를 나누게 되는 장면은 영화 속에 드물지 않게 등장한다. 어떤 사람인지도 모르는데 어떻게 그런 이야기가 술술 나오는 걸까? 다시는 볼 수 없는 사람이라는 생각이 오히려 마음을 쉽게 열도록 만드는 것이다. 심리학자 루빈은 이처럼 낯선 사람에게 쉽게 속마음을 터놓게 되는 현상을 '기차에서 만난 이방인 현상'이라고 명명했다.

속마음을 털어놓을 누군가가 필요하지만, 나의 진솔함이 사람들에게 부담이 될까 두렵고, 약점을 들킬까 조마조마하다. 그래서 친밀한 지인 대신 대나무숲을 찾아간다. 오늘 처음 만난, 앞으로는 만나지 않을 사람을 대나무숲 삼는다.

그러나 조심해야 한다. '케빈 베이컨의 6단계 법칙'에 따르면, 여섯 다리만 건너면 세상 사람 모두 아는 사람이다. 세상에 온전히 낯선 사람이란 존재하지 않는다. 나중에 괜히 민망한 상황과 마주하지 않도록 비밀은 비밀로 남겨 두자.

문화 의존 증후군

　　　　　화병은 억울한 마음을 삭이지 못해 가슴에 답답하고 불타는 느낌이 나고 불면증을 호소하는 질환으로, 우리나라에만 존재한다. 이처럼 특정 문화에만 존재하는 심리적 질환을 '문화 의존 증후군'이라 부른다.

　　동남아시아에서만 나타나는 '아모크'는 '살인광'이라는 뜻인데, 격정적으로 폭력을 행사하거나 무차별 살인을 저지르는 증상이 나타난다. 아이일 때는 관대하다가 성인이 되면 갑자기 엄격해지는 규율 문화로 인해 나타나는 것으로 보고 있다.

　　'코로'는 '거북이 머리'라는 뜻으로, 중국 남부·동남아시아·아프리카 등지에서 남자들에게 나타나는 문화 의존 증후군이다. 거북이 머리가 몸통에 들어가는 것처럼 자신의 성기가 하복부로 들어가 죽을 수도 있다는 공포를 느끼는 것이다.

　　일본의 '히키코모리'는 '운둔형 외톨이'라는 뜻으로 6개월 이상 방에 처박힌 채 사람들과 교류하지 않는 증상이 특징이다. 그밖에 '섭식장애'는 원래 서구 문화권에서만 발생했지만, 미디어의 발달과 더불어 외모지상주의가 팽배해지면서 다양한 문화권에서 발생하고 있다.

　　다양한 문화 의존 증후군은 우리가 살아가는 사회의 가치관, 문화, 신념 등이 개인의 정신건강에 지대한 영향을 미친다는 사실을 증명한다.

스톡홀름 증후군

　　스페인 드라마 『종이의 집』은 조폐국을 터는 강도들의 이야기다. 그들은 도쿄, 베를린, 나이로비 같은 도시 이름을 코드네임으로 사용하는데, 그중 특이한 인물이 있다. 원래 인질이었던 스톡홀름은 조폐국장과 불륜 관계였는데, 위기 상황에서 그에게 버림받자 강도 중 한 명인 덴버와 사랑에 빠져 강도단에 합류한다. 그녀는 왜 스톡홀름이라는 이름을 선택했을까?

　　1973년 스톡홀름의 한 은행에서 강도 사건이 발생했다. 이때 직원 네 명이 인질로 잡혔는데, 경찰과 오랫동안 대치하면서 강도와 인질은 서로 친밀해졌다. 인질들은 강도를 옹호하고 변호하기까지 했다. 이 사건을 보고 피해자가 가해자에게 정서적 유대감을 갖게 되는 현상을 '스톡홀름 증후군'이라 부르게 되었다.

　　생존이 위협받는 상황에서 판단력은 흐려진다. 그런데 이때 가해자가 생각보다 위협적이지 않거나 심지어 작은 친절을 베풀면 그를 좋은 사람으로 착각하게 된다. 그래서 가해자에 대한 호의적인 태도가 형성되는 것이다. 때로는 살아남기 위해 가해자에게 협조했던 행동이 인지부조화◀를 일으키면서 가해자에게 긍정적인 마음이 생기기도 한다.

◀ 5월 5일 인지부조화 참고.

소닉 브랜딩

한 조미료 광고 노래를 흥얼거리다가 필요도 없는 그 제품을 산 적이 있다. 마치 CM송이 나에게 최면을 건 것 같았다.

소비자 심리학에서 가장 강조하는 점은 소비자의 기억에 브랜드를 각인시키는 것이다. 이에 가장 효과적인 것은 청각 자극을 활용하는 것이다. 한번 떠오르면 흥얼거림을 멈출 수 없어 소위 '수능 금지곡'이라 불리는 노래들처럼 청각 자극을 활용하여 소비자에게 브랜드를 각인시키는 것을 '소닉 브랜딩'이라 부른다.

소닉 브랜딩과 수능 금지곡의 공통된 특징은 다음과 같다. 1)단순하고 2)반복되며 3)부담이 없어야 한다. 인간의 기억 능력에는 한계가 있기 때문에 장황한 음악은 쉽게 잊는다. 그래서 많은 기업이 짧고 단순한 CM송을 만들기 위해 열과 성을 다한다. 물론 단순한 음악이라고 해서 무조건 기억에 남는 건 아니다. 다양한 자극에 노출되는 우리는 이전에 접한 자극을 금세 잊기 때문이다. 그래서 효과적인 CM송은 SNS, TV, 길거리에 반복적으로 노출된다. 이때 너무 시끄럽거나 자극적이거나 계속 들었을 때 불쾌감이 들면 부정적인 이미지가 생기므로 피로감이 없게 만들어야 한다.

한 가지 더, 의도적으로 중독시키려는 챌린지는 역풍을 맞는다. 사람들은 누군가 자신을 조종한다는 시도에 거부감을 가지기 때문이다. 중독성 있는 멜로디를 만들어 낸다는 것은 원리만큼 쉬운 일이 아니다.

리더십

영화『콜 오브 와일드』는 가정견이었던 벅이 썰매견으로 팔려 가면서 야생에 적응해 나가는 이야기다. 개들의 무리에서 복종을 요구하는 우두머리 스피치와 달리 벅은 동료들을 살뜰히 챙긴다. 그렇게 진정한 리더의 자리를 꿰차기 시작한다. 힘 있는 우두머리가 훌륭한 리더가 되는 것은 아니다. 그렇다면 진정한 리더십이란 무엇일까?

'교류적 리더십'은 개개인의 결과에 따라 보상을 달리하는 것이다. 무임승차는 조직원들의 사기를 떨어뜨리는 반면, 개인의 역량을 인정해 주면 조직을 위해서도 개인을 위해서도 최선을 다하는 인재를 키워 낼 수 있다.

'변혁적 리더십'은 리더가 더 높은 자리에 있는 것이 아니라 모두가 동등하다는 사실을 강조하면서 잠재력을 이끌어 내기에 개개인의 성장에 큰 도움이 된다.

'카리스마 리더십'은 천부적 재능을 지닌 리더가 맹신을 받는 존재로 자리매김하고, 무조건적 수용과 복종을 요구하는 것이다. 바람직해 보이지 않으나 의외로 수동적이고 의존적인 조직원에게 효과적인 리더십이다.

몇 해 전부터 유행처럼 번지고 있는 '셀프 리더십'은 조직원 한 사람 한 사람이 리더가 되어 스스로 역량을 개발하게 만드는 방식으로, 모든 조직원이 조직을 내 것처럼, 가족처럼 생각하길 바라는 것이다. 다만 조직에 대한 충성심이 없는 소속원에게 셀프 리더십을 요구하면 오히려 의욕을 떨어뜨릴 수 있다.

설단 현상

아…… 그 있잖아! 그 운동선수랑 결혼한 배우! 김…… 아, 그 영화에도 출연했는데!

누구나 한 번쯤 이런 경험이 있을 것이다. 분명 머릿속에 저장된 정보인데 입 밖으로 도저히 끄집어낼 수 없는 상황. 예능 프로그램에서도 이런 게임을 한다. 유명인의 사진을 보여 주고 3초 안에 이름을 대도록 하는 것이다. 그 이름을 말하지 못해 당황하는 출연진의 모습을 보며 시청자들은 샤덴프로이데▼를 느낀다. 우리는 즐거우나 그들은 난감할 것이다. 이처럼 분명 알고 있지만 혀끝에만 맴도는 현상을 '설단舌端 현상'이라고 한다. 전혀 기억나지 않으면 차라리 편할 텐데, 알고 있다는 확신이 우리를 더 괴롭게 만든다.

정보를 처리하려면 전의식◀▼에 속한 정보를 의식적 자각 상태로 끌어와야 한다. 그런데 그 과정이 수월하게 이루어지지 않으면 설단 현상이 일어난다. 정보를 정확하게 저장하지 않았거나, 저장해 놓은 후 자주 꺼내지 않았거나 그 밖의 이유로 정보를 꺼내는 과정이 방해를 받을 때.

이 답답함에서 벗어나는 방법은 그 정보와 관련된 힌트를 찾는 것이다. 배우 이름이 생각나지 않는다면, 그 사람이 출연한 영화 제목이나 광고를 떠올리는 것처럼 관련 정보를 생각하다 보면 그 기억까지 덩달아 떠오른다. 그렇게 정답을 찾아낼 때 가슴이 뻥 뚫리는 기분은 생각보다 유쾌하다!

▼ 6월 14일 샤덴프로이데 참고.
◀▼ 6월 18일 마음의 지형학적 모형 참고.

부주의 맹시

인지심리학자 사이먼스는 흥미로운 실험 영상으로 심리학자들을 열광시킨 바 있다. 영상 속에서 검은 셔츠를 입은 학생 세 명과 흰 셔츠를 입은 학생 세 명이 농구공을 주고받는데, 우리는 이 영상을 보며 흰 셔츠 팀의 패스 횟수를 맞추어야 한다. 한참 동안 열심히 패스 횟수를 세고 있는데 이런 메시지가 나온다. "고릴라를 보셨나요?" 고릴라는 무슨! 그러나 다시 영상을 돌려 보면, 맙소사! 고릴라 분장을 한 사람이 화면을 가로질러 지나간다. 휙 지나가는 것도 아니고 느릿느릿, 심지어 걷다가 화면 정중앙에 서서 포효하며 가슴을 두드리기까지 한다. 그러나 많은 사람이 고릴라의 존재를 눈치채지 못한다. 당신도 아마, 이 글을 읽기 전에 영상을 봤다면 고릴라의 존재를 알지 못했을 것이다.

세상에는 자극이 넘쳐난다. 만약 우리가 모든 자극을 보고 느끼고 기억한다면 우리 뇌는 펑 하고 터져 버릴 것이다. 다행히 우리에게는 관심 없는 자극에 주의를 돌리지 않는 능력이 있고, 그 덕분에 한정된 주의 능력을 효과적으로 사용할 수 있다. 이처럼 필요한 것에만 선택적으로 주의를 두고 나머지를 보지 않는 현상을 '부주의(무주의) 맹시'라고 한다. 우리는 고릴라뿐만 아니라 중요하지 않은 대부분의 자극을 보고도 보지 못한다. 오늘 집에 오는 길에 서 있던 가로수 잎이 무슨 색깔이었던가?

자동화

　　　　　처음 운전대를 잡았을 때는 모든 순간이 긴장의 연속이었다. 자, 이게 액셀이고 이게 브레이크지. 아차차! 벨트 매야지. 주차 선에서 빠져나갈 때도 좌우를 확인하며 조심조심 차를 뺐다. 그러나 어느 순간부터 운전석에 앉으면 오른발은 자연스럽게 브레이크를 밟고 오른손은 벨트를 당겨 채우고는 곧바로 P에 있던 기어를 D로 옮긴 후 주차장 출구로 향하는 나를 발견한다. 이 모든 과정에는 아무런 의식적 노력도 필요하지 않다.

　　　　우리는 아침에 일어나 화장실로 가서 변기에 어떻게 앉을지 고민하지 않는다. 양말을 신을 때 어느 발을 먼저 들어야 할까 혼란스러워하지도 않는다. 젓가락을 잡기 위해 손가락 하나하나의 움직임을 의식하는 것도 아니다. 이 모든 행동은 어릴 때부터 반복하여 형성된 습관이기 때문이다. 많은 행동은 수없이 반복하다 보면 의식적 자각 없이 해내게 된다. 이것이 '자동화'다.

　　　　우리가 반복하여 연습해야 하는 이유는, 자동화가 이루어지면 노력 없이 그 일을 해 낼 수 있기 때문이다. 우리의 행동은 고도록 반복할수록 고도로 자동적이 된다. 어떤 과제를 수행할 때 긴장되고 미숙하다면, 그건 연습 부족이다. 발표가 떨리고, 요리가 서툴고, 타자가 느리다면 몸이 그 행동을 자동적으로 처리할 만큼 반복하지 않았다는 증거다. 다르게 말하면, 반복해서 노력해 나간다면 어느 순간 전문가처럼 능숙해질 수 있다는 희망이기도 하다.

스트룹 효과

'청개구리 가위바위보'를 해 보셨는지! 가위
바위보의 원래 규칙과 달리 청개구리 게임에서는 반대로 가
위가 바위를 이긴다. 그래서 가위를 낸 사람은 '이겼다!'라고
외치고, 바위를 낸 사람은 '졌다!'라고 외쳐야 한다. 여기서 이
기고 지는 것은 중요하지 않다. 자신의 승패를 빠르고 정확하
게 파악하는 것이 중요하다. 이 게임은 생각보다 훨씬 어렵다.
오랜 세월을 거쳐 형성된 가위바위보 규칙이 마음속에서 자
동적으로 처리되기 때문이다.

인지심리학에도 이와 유사한 과제가 있다. '빨강'이라는
낱말을 파란색 글자로 써 놓고는 낱말이 아닌 글자의 색을 말
하게 한다. 파랑이라고 말해야 하지만, 무의식적으로 빨강이
라고 읽어 버리거나 답을 찾느라 한참을 고민하기 일쑤다. 우
리는 아주 오랫동안 한글을 보면 자연히 읽도록 학습되어 왔
고(그 글자가 무슨 색이든 간에), 글자를 읽는 것은 우리의 노
력과 관계없이 자동적으로 처리되기 때문이다. 이를 '스트룹
효과'라고 하는데, 이 현상을 발견한 학자 이름을 땄다.

우리의 사고는 습관에 뿌리를 두고 있다. 이미 익숙한 방
식의 정보처리는 빠르게, 자동적으로 이루어진다. 그래서인
지 노력이 필요한 생각은 이미 굳어진 생각을 따라잡기 힘들
고, 나이가 들수록 아집이 강해지고 신념과 어긋나는 생각을
하기가 어려워진다. 다양한 사고를 품으려면 자동화된 마음
의 방해를 극복하기 위해 노력해야만 한다.

의미망 모델

　　　　래퍼 행주가 맛집 프로그램에 출연했다. 식당 사장님에게 자신의 이름을 소개하자, 한참 뒤에 사장님이 행주를 보고 이렇게 말했다. "이 사람 걸레라고 했지?" 행주와 걸레, 모두 더러운 것을 닦는 물건임은 틀림없으나 사뭇 다른 뉘앙스에 다들 포복절도할 수밖에 없었다.

　　　'의미망 모델'에 따르면 우리의 지식 구조는 위계적으로 네트워크를 이루고 있다. 책이라는 상위 개념 아래 교과서와 문제집이 연결되는 것처럼 각 요소끼리는 마디(노드)로 연결되어 있다. 청소 도구라는 지식 안에 행주와 걸레가 연결되어 있던 식당 사장님에게 래퍼 행주와 걸레를 구별하는 일은 쉽지 않았을 것이다.

　　　지식 구조의 마디는 사람의 경험에 따라 다르게 연결될 수 있다. 예를 들어 누군가에게는 사과와 백설 공주가 연결되고, 또 누군가에게는 사과와 애플이라는 브랜드가 연결될 수 있다. 이처럼 경험과 학습을 통해 지식이 저장될 때 의미가 유사한 지식이 서로 연결되어 마디를 형성한다.

　　　경험은 마디를 늘린다. 다양한 경험으로 복잡한 의미망을 형성한 사람의 사고는 여기저기로 연결되어 풍요롭다. 반면에 경험이 적은 사람의 의미망은 단순해서 틀에 박힌 사고에서 벗어나기가 어렵다. 오늘은 평소에 해 보지 않은 경험을 해 보는 것이 어떨까? 간단히 오늘 저녁 메뉴 선택부터 말이다.

점화 효과

어린 시절, 나의 밤은 꼬리에 꼬리를 무는 생각으로 가득 찼었다. 스위치를 탁 켜면 연결된 모든 전구에 불이 붙는 것처럼, 어떤 기억을 떠올리면 그것과 연결된 모든 기억이 떠올랐다.

여름을 떠올리면 바다가, 바다를 떠올리면 갈매기가, 갈매기를 떠올리면 새우깡이 생각나듯, 가스레인지 점화 플러그에 한번 불이 붙으면 연결된 화구에 불이 옮겨 붙는 것과 같이 하나의 생각을 떠올리면 연결된 생각이 함께 활성화되는 현상을 '점화 효과'라고 한다. 불이 옮겨 붙은 정보는 생각에 심지어 행동에도 영향을 미친다.

사회심리학자 바그의 연구팀은 실험 참가자들 중 일부에게 노인을 떠올릴 만한 단어(고집 센/현명한/주름/은퇴/회색 등)를 제시하고, 이 단어들로 문장을 만들어 보라고 요청했다. 이후 실험실에서 나간 참가자들이 승강기까지 가는 데 걸린 시간을 측정했더니, 노인 관련 단어를 접한 집단이 그렇지 않은 집단에 비해 현저히 느리게 걸었다.

미움을 넘어선 혐오가 가득한 세상이다. 사실 우리는 모두 선한데, 악한 정보가 우리를 조종하는 것은 아닐까? 젊은이의 느려진 걸음처럼, 미움이 불붙은 마음이 의도와 상관없이 우리를 나쁘게 행동하게 만드는 것일지도. 이제 마음에 아름다움을 불붙여 보면 어떨까? 아름다운 것만 보고 행동하기에도 인생은 짧다.

신호 탐지 이론

내시경 검사 결과 큰 문제가 없었던 환자의 위에서 뒤늦게 큰 병이 발견되었다. 환자는 오진을 주장했다. 그러나 의료진은 실수를 인정하나 오진은 아니라고 주장했다. 병원의 입장은 마치 술은 마셨지만 음주 운전은 하지 않았다는 말처럼 황당했으나 '신호 탐지 이론'에 따르면 그 미묘한 차이가 구분된다.

신호를 탐지할 때는 네 가지 결과 중 하나를 맞닥뜨리게 된다. 먼저 '적중'은 신호가 있고 이를 정확히 탐지하는 것이다. 짧은 순간 빛이 번쩍였고 이 빛을 보았다면, 마약 탐지견이 가방에 든 필로폰을 찾아낸다면 적중이다. '오경보'는 실제로 없는 신호를 탐지하는 것이다. 아무 소리도 나지 않았는데 무슨 소리 나지 않았느냐며 혼란스러워하거나 엑스레이의 얼룩을 질병으로 오인하는 것이 오경보다. '탐지 실패'는 표적이 존재하나 이를 놓친 것으로, 병이 있는데 몰랐다거나 숨은 그림 찾기의 마지막 하나를 도저히 못 찾는 것과 같다. 마지막으로 '바른 기각'은 표적이 없을 때 그 부재를 정확히 파악하는 것이다. 병이 없을 때 병이 없다고 진단하는 것처럼 말이다.

2023년 이탈리아에서 성병을 종양으로 착각해 환자의 성기를 잘라 버린 사건이 있었다. 이는 명백한 오진에 해당한다. 그러나 병을 놓친 경우는 틀린 결론을 내린 것이 아니라 '탐지 실패'이므로 오진이 아니라고 주장할 수 있는 것이다.

전경과 배경

유명한 착시 그림 '루빈의 컵'을 보면, 두 사람이 서로 마주 보는 장면 또는 검은 컵이 보인다. 무엇이 보이느냐는 사람마다 다르지만 확실한 것은, 두 사람이면 두 사람이고 컵이면 컵이지 두 이미지가 동시에 보이지는 않는다는 사실이다. 물론 의도적 노력을 기울이면 둘을 번갈아 볼 수 있다.

다양한 자극이 동시에 보일 때, 눈에 확 띄는 자극은 전경이 되고 그 외의 자극은 배경처럼 희미하게 처리된다. 그래서 이목을 끌지 못하는 자극에는 주의를 기울이지 않게 된다. 이러한 경향성을 '전경과 배경 현상'이라고 한다.

당신의 삶은 행복한가, 불행한가? 우리의 삶에는 좋은 일과 나쁜 일이 번갈아 찾아온다. 컵과 두 사람의 얼굴처럼 말이다. 이때 좋은 일을 전경으로 보는 사람은 사소한 나쁜 일을 배경으로 처리하고 매일 감사하며 살 수 있다. 그러나 불행한 일을 전경으로 삼는 사람은 소소한 기쁨을 놓치며 원망 가득한 나날을 보낸다. 어떤 삶을 인생의 전경으로 삼을지는 우리의 선택에 달려 있다.

게슈탈트

'게슈탈트'Gestalt란 형태, 모양, 꼴 등을 의미하는 독일어로, 게슈탈트 심리학에서는 인간이 개별적인 대상의 조합을 하나의 형태로 보며 더 큰 의미를 찾아내는 존재라고 말한다. 다시 말해 인간에게 전체는 부분의 합보다 크다.

게슈탈트의 원리는 몇 가지 법칙을 따르는데, 이는 사람을 바라보는 태도에도 반영된다. 이를테면 '관상은 과학'이라는 말이 있다. 사람들은 문제를 일으킨 사람과 닮은 사람에게도 같은 문제가 있겠거니 하며 싸잡아 의심한다. 이처럼 비슷하게 생긴 것끼리 한데 묶어 인지하는 것을 '유사성의 법칙'이라 부른다.

'끼리끼리는 사이언스'라고, 함께 몰려다니는 사람들을 다 같은 유의 사람으로 착각하는 경향도 있다. 이는 가까이 있는 자극들을 하나의 덩어리로 인식하는 '근접성의 법칙'에 해당한다.

같은 방향으로 움직이는 것들을 하나로 인식하는 경향은 '공동운명의 법칙'이다. 이는 단순히 물리적인 움직임에만 적용되지 않는다. 여럿이 같은 의견을 내면 하나라는 느낌이 든다. 하지만 반대 의견을 제시하거나 다른 방식으로 살아온 사람은 타자화하고 배척하게 된다.

게슈탈트는 세상을 빠르고 편리하게 지각하도록 돕지만, 개별의 의미를 퇴색시킬 수 있다. 빠른 판단 이면에 오해와 편견이 싹트지 않도록 의도적으로 경계해야 한다.

칵테일파티 효과

수업하다 쉬는 시간이 되면, 멀리 갈 것 없이 교탁 앞에 앉아서 쉰다. 학생들 떠드는 소리가 어찌나 왁자지껄한지 오히려 휴식에 별 타격이 없다. 그런데 이때 누군가의 입에서 "교수님이~"라는 말이 나오면 상황은 달라진다. 쉬려던 내 귀가 쫑긋 열려 무슨 이야기를 하려는지 궁금해지니 휴식은 물 건너간다.

시끄러운 파티장에서 누군가 당신의 이름을 부른다면 당신의 귀는 쫑긋 설 것이다. 이처럼 아무리 시끄러운 상황에서도 자신과 관련된 정보가 제시되면 우리는 거기에 주의를 자동으로 빼앗긴다. 이것이 '칵테일파티 효과'다.

칵테일파티 효과는 나와 관련된 정보뿐 아니라 관심을 유도하는 자극이 제시될 때도 나타난다. 이를테면 층간 소음 문제가 그렇다. 누군가에게는 익숙한 소리가 또 다른 사람에게는 끔찍한 소음이 된다. 둥둥 울리는 진동 소리, 쿵쿵 규칙적으로 반복되는 소리, 도르르 굴러가는 소리. 내가 유난히 신경 쓰는 소음은 남들보다 훨씬 더 예민하게 다가온다.

카페에 앉아 지인과 대화를 나누는데, 옆 테이블에서 커플이 말다툼을 시작했다. 나의 귀는 그들의 사연을 향해 있다. 속닥속닥 아무리 작은 소리로 싸워도 그 순간만큼 나의 청력은 소머즈를 능가한다. 사랑싸움만큼 흥미로운 주제도 없으니까. 그래서 저들은 오늘 헤어질 것인가? 그러다 문득 앞에 있는 지인에게 미안한 마음이 든다. 하지만 괜찮다. 그 역시 그쪽을 향해 귀를 쫑긋 세우고 있을 것이 틀림없으니.

미해결 과제

　　　　사람들은 성형 수술을 하고 나타난 연예인에게 불편함을 느낀다. 마음에 들지 않는 부위를 예쁘게 만든 것인데도, 시청자는 연예인의 눈, 코, 입을 구분 지어 보지 않고, 그 사람의 인상 전반을 하나의 덩어리로 봐 왔기 때문에 익숙함에서 벗어난 모습이 (훨씬 나아졌을지라도) 불편하다. 이처럼 우리는 세상을 게슈탈트, 즉 통합된 전체로 바라본다.

　　　게슈탈트 치료의 창시자 펄스는 '게슈탈트'의 개념을 심리 치료에 적용했다. 게슈탈트를 형성한다는 것은 개인의 중요한 욕구 혹은 감정을 전경으로 떠올린다는 말과 같은 뜻이다.

　　　지금 내 마음에 중심이 되는 이슈가 무엇인지 알아채지 못하면 곤란한 상태에 빠진다. 이를테면 어젯밤 말다툼을 벌이고 화해하지 않은 채 잠든 부부는 다음 날 회사에 가서도 업무에 집중할 수 없다. 부부싸움이 전경으로 떠올라 다른 중요한 일이 배경으로 처리되기 때문이다. 그러나 자기 마음 상태를 잘 알지 못하면 일에 집중되지 않는 이유를 몰라 괴로움에 빠진다. '미해결 과제'란 이처럼 해결되지 않고 마음에 남아 다른 중요한 사건이 전경이 되는 것을 방해하는 것이다. 미해결 과제는 지금 당장에 중요한 게슈탈트 대신 끊임없이 전경으로 떠올라 의식을 지배하려 한다. 때문에 지금 나의 상태를 알아차려야 한다. 놀랍게도, 알아차리기만 해도 지금 나의 마음을 정돈할 수 있다.

지각 항등성

한밤중에 불이 꺼진 거실 식탁에 놓인 사과를 상상해 보자. 어떤 색으로 보이는가? 당신은 빨간색 사과를 상상할 것이다. 그러나 그것은 엄청난 착각이다. 어두운 거실에서는 사과가 '빨간'색으로 보이지 않기 때문이다. 아무리 암순응이 되었다 해도 사과는 검붉은 자주색으로 보일 것이다. 그런데도 우리는 그 사과를 빨간색으로 본다.

방문이 열리면 직사각형의 문이 사다리꼴로 변하는데도 우리는 문이 찌그러진 모양이 되었다고 놀라지 않고, 백인이 어두운 방에 들어가 피부가 검게 보여도 그를 흑인으로 생각하지 않으며, 소형견이 카메라 렌즈 가까이에 붙어 커다랗게 찍혀도 대형견으로 여겨 깜짝 놀라지 않는다. 이처럼 각도나 조도에 따라 사물의 모습이 변해도 마음속 이미지 그대로 대상을 지각하는 것을 '지각 항등성'이라고 한다.

우리는 일단 보기로 마음먹으면 그렇게 본다. 망막에 맺힌 상이 분명 다르다 할지라도 말이다. 단순히 시각 자극에만 국한된 현상은 아니다. 나쁜 사람과 사랑에 빠지면 그가 어떤 행동을 해도 사랑으로 보인다. 반대로 어떤 사람을 나쁜 사람으로 보기로 결정하면 그 사람이 무슨 행동을 해도 나쁘게 보인다. 설사 그가 착한 행동을 해도 무슨 꿍꿍이가 있을 거라 믿는다.

실인증

감각 정보를 지각하고 구분하는 데 '심각한' 문제를 가진 사람들이 있다. 이들이 겪는 증세를 '실인증'失認症이라고 한다.

보통 안면인식장애라고 부르는 '얼굴 실인증'은 사람 얼굴을 알아보지 못하는 것이다. 외국인 영화배우를 구분하지 못하는 것처럼 사소한 수준이 아니다. 얼굴 실인증이 있으면 엄마와 아빠를 구분하지 못하고, 자기가 낳은 자식도 못 알아본다. 심각한 경우에는 거울에 비친 자신의 얼굴도 낯설게 느낀다. 그런데 흥미롭게도 얼굴 실인증 환자 대부분이 동물 얼굴은 식별한다. 그들이 구별할 수 없는 것은 단순한 눈, 코, 입의 형태가 아니라 '사람'의 얼굴이다.

정상적인 시력을 가지고도 눈에 보이는 것을 지각하지 못하는 '시각 실인증', 세부 항목 하나하나는 인식하나 전체 혹은 동시에 여러 사물을 인식하지 못하는 '동시 실인증', 방향과 위치를 인지하지 못하는 '공간 실인증' 등 실인증의 종류는 다양하다. 특히 '편측 무시'라는 증세는 말 그대로 세상의 한쪽을 무시하는 것이다. 이 증상을 앓는 이들에게 아날로그 시계를 보여 주면서 따라 그리게 하면 1시부터 6시까지만 그리거나 원의 반쪽에 1시부터 12시까지를 몰아넣기도 한다. 심지어 화장할 때도 한쪽 얼굴에만 화장을 한다.

실인증은 뇌의 특정 부위가 손상되거나 기능하지 못할 때 나타나는 증세로 알려져 있다. 따라서 의지와 노력, 연습으로는 고칠 수 없으며 의학적 치료를 받아야 한다.

月

맥락 효과

강의를 제안하는 연락을 받았다. 그런데 기능 재부를 해 달라는 것이 아닌가? 화를 내다 당이 떨어져 슈퍼에서 빠는 팡을 사려고 했는데 품절이란다. 하는 수 없이 집에 돌아와 멸린 말치를 씹어 먹었다.

한국인이라면 이 문단을 읽는 데 아무런 어려움을 느끼지 않는다. 문맥으로 정보를 파악하기 때문이다.

THE CAT

두 단어에서 가운데 글자는 같은 모양이지만 앞은 H로, 뒤는 A로 읽힌다. 주위의 알파벳이 맥락을 이루고 있기 때문이다. 이처럼 우리는 주변 상황을 통해 자극을 받아들이는데, 이를 '맥락 효과'라고 한다. 기능 재부, 빠는 팡, 멸린 말치라는 단어를 보고도 글을 읽을 수 있는 이유는 문장의 의미를 통해 단어의 뜻이 자연스레 유추되기 때문이다.

한동안 한국인만 알아볼 수 있도록 해외 여행지에 리뷰를 다는 것이 유행이었는데, 이것 역시 맥락 효과를 이용한 것이다. 문제는 과학 기술이 발전해서 이런 맥락 효과까지 번역되기 시작했다는 사실. 구글 번역기에 '이게렇 면쓰 한인국만 알볼아 수 는있 거 좀 이많 웃잖기아'라고 써 보라. 'If it's like this, only Koreans can recognize it. You're laughing a lot.'라고 번역된다. AI가 인간을 따라잡을 날이 얼마 남지 않은 듯하다.

회상과 재인

사실 나는 암기 능력이 형편없다. 그래서 이 책의 수많은 내용 중 하나를 불쑥 물어본다면 선뜻 대답하지 못할 것이다. 그러나 여기 있는 모든 개념을 '설명'하라면 누구보다 잘할 수 있다. 그것도 유창하게! 모순처럼 들리는 이 말은 진실이다.

기억을 끄집어내는 방식에는 두 가지가 있다. 첫 번째 방식인 '회상'은 단답형이나 주관식 문제처럼 아무런 단서 없이 기억에서 바로 정보를 인출해 내는 것을 말한다. 두 번째 방식인 '재인'은 객관식 문제나 OX 퀴즈의 답을 찾는 것처럼 단서를 보고 그것이 사실인지 아닌지를 판단하는 것이다.

단순 암기에 약한 나는 개념을 익히는 데 어려움을 겪는 편이다. 회상하려면 단어를 암기하고 끄집어내야 하는데, 기억에 입력하는 것부터 어려우니 인출 역시 어렵다. 그러나 이해력은 좋아서 재인에는 소질이 있는 편이다. 단서가 주어지기만 하면 내가 지닌 다양한 경험과 사례를 통해 술술 풀어낼 수 있다.

회상 능력을 올리려면 어떤 노력을 해야 할까? 정보를 익숙한 대상으로 만들어야 한다. 영어 단어 외우기가 아무리 어려워도 사과가 apple이라는 사실을 모르는 사람은 드물다. 알파벳을 배우는 첫날부터 반복해서 접했기 때문이다. 기억은 결국 반복, 반복만이 살길이다!

간섭 효과

숫자 6을 소리 내어 열 번 외쳐 보라. 자, 이제 빠르게 퀴즈! 신데렐라를 도와준 난쟁이는 몇 명인가? 당신은 속으로 '풋, 내가 속을 줄 알고? 당연히 일곱 명이지' 생각할 것이다. 과연 일곱 명일까? 신데렐라 이야기에 난쟁이는 등장하지 않는다.

기억 저장고에서 정보를 끄집어낼 때 방해받는 현상을 '간섭'이라 한다. 간섭에는 두 가지 종류가 있는데, 먼저 '순행 간섭'은 이미 알고 있던 정보가 새로운 정보의 인출과 학습을 막는 것이다. 상대가 심각하게 '난 이제 지쳤어요'라는 메시지를 보낼 때, 한국인 대부분은 '땡벌 땡벌'을 떠올린다. 이후 그 사람이 하려는 말을 진지하게 마음에 담으려 노력해도 자꾸만 웃음이 튀어나오고, 시간이 지나도 대화 내용은 기억나지 않을 것이다.

설운도의 『사랑의 트위스트』를 열창하고 나면 지영선의 『가슴앓이』를 부르기 어렵다. '아~ 어쩌란 말이냐, 트위스트 추면서' 이렇게 자동으로 노래가 바뀌어 버리기 때문이다. 이처럼 새로운 정보나 활동으로 인해 기존에 학습한 내용을 기억하는 데 어려움을 겪는 경우는 '역행 간섭'이라 한다.

돈을 세거나 시간을 셈할 때 꼭 엉뚱한 소리로 방해하는 친구가 있다. 아무리 집중력이 뛰어난 사람이라도 간섭에서 자유롭기란 여간 어려운 일이 아니다. 그럴 땐 방법이 없다. 조용히 두 손가락을 뻗어 친구의 입을 닫는 수밖에.

기억술

　　　　　단순 암기가 필요한 순간이 있다. 그럴 땐, 심리학자들이 제안한 기억술을 사용해 보라!

　　먼저 '범주 묶기'는 다양한 항목을 같은 범주로 묶는 것이다. 이를테면 영어 단어는 a로 시작하는 것/b로 시작하는 것끼리 묶어 외우고, 생물의 종류는 동물/식물끼리 묶어 외운다. 이렇게 하면 연관성이 높아져 떠올리기 쉬워진다.

　　'쐐기법'은 이미 아는 단어와 암기할 단어를 연결하는 것이다. '신'라면을 먹는 배우 김'고은'을 상상해 보라. 이제 당신은 내 이름을 영원히 기억할 것이다.

　　'장소법'은 암기 대상을 친숙한 장소에 연합하는 것이다. 암기 목록의 각 개념이 내 방 침대/거실 소파/TV장/화장실 변기에 있다고 상상해 보자. 그곳에 그 단어가 둥둥 떠 있다는 상상을 하면 기억에 오래 남는다.

　　누구나 써먹어 봤음직한 '머리글자 기억법'은 '태정태세문단세'처럼 일단 앞 글자를 달달 외운 후 나머지 글자를 채우는 법이다.

　　외국어 단어를 외울 때는 '핵심 단어법'을 써 보자. 고등학교 친구 M은 '차고'를 뜻하는 'garage'가 좀처럼 외워지지 않아서 '그놈은 차고에나 가라지'라는 문장을 만들어 내게도 알려 주었다. 수십 년이 지난 지금도 또렷이 기억하는 걸 보면 정말 효과적인 기억술이 아닐 수 없다.

계열 위치 효과

아이에게 동화를 들려주고, 다시 이야기해 달라고 부탁해 보자. '옛날 옛날에 공주가 살고 있었대'로 시작하여 '두 사람은 오래오래 행복하게 살았대'로 마무리할 것이다. 그러나 중간 내용은 빼먹기도 하고 바꾸기도 할 것이다.

정보가 길고 많다면 처음과 마지막이 가장 또렷이 기억된다. 이처럼 기억에 도움이 되는 경향성이 순서에 따라 달라지는 것을 '계열 위치 효과'라고 한다.

우리는 가장 최근에 접한 정보를 잘 기억한다. 최근의 정보는 역행 간섭을 받지 않아 오염되지 않은 채 유지되기 때문이다. 이처럼 마지막에 저장한 정보가 기억에 남는 것이 '최신 효과'다. 반대로 처음 기억한 정보는 순행 간섭을 받지 않아 기억에 오래 머문다. 이처럼 처음 기억하는 정보가 더 잘, 오래 기억되는 현상을 '초두 효과'라 한다.

어떤 유명한 영화라도 결과만 봐서는 재미가 없다. 오프닝이 웅장해도 그렇다. 우리의 삶도 마찬가지다. 시작도, 마무리도 아니지만 즐거운 순간들이 존재한다. 이 소중한 일상을 기억하는 것이 삶의 원동력이 된다. 그러나 우리는 시작과 끝만 잘 기억하고 중간 과정은 쉽게 잊곤 한다. 잊지 않고 기억하려면 더 많은 노력을 기울여야 한다.

맥락 의존 기억

　　　　대규모 강의에서는 시험 날이 가장 곤란하다. 한 강의실에 100명쯤 되는 학생들이 다닥다닥 붙어 앉아 있으면 커닝을 관리하기가 어려우니 말이다. 그래서 보통 강의실을 하나 더 빌려 학생 절반은 다른 강의실로 보낸다. 그러나 이 방법은 결코 공정하지 않다. 우리의 기억은 정보를 접했던 장면, 즉 맥락에 의존하기 때문이다.

　　　공부하다 시원한 콜라 생각이 간절해져 주방으로 향한다. 그런데 막상 냉장고를 열면 뭘 하려 했는지 기억이 나지 않는다. 어리둥절. 이런 경험, 다들 한 번씩은 있을 것이다. 희한하게 방으로 돌아와 자리에 앉는 순간 콜라를 가지러 갔다는 사실이 떠오르는 경험까지도.

　　　어떤 기억을 인출할 때는 그 기억을 했던 맥락이 단서가 된다. 그래서 그 맥락에 있을 때 더 잘 떠올릴 수 있다. 방에서 콜라가 간절했다면, 방으로 돌아왔을 때야 그 느낌이 떠오르는 것처럼. 이를 '맥락 의존 기억'이라고 한다. 학생 절반을 다른 강의실로 보내는 것이 불공정한 이유도 여기에 있다. 낯선 공간에서 시험 보는 학생보다 원래 강의실에 있는 학생이 학습한 내용을 더 쉽게 떠올린다. 강의실이 기억을 떠올리는 단서가 되기 때문이다.

　　　중요한 기억이 떠오르지 않을 때는 그 기억이 생겨난 장소로 가 보자. 그럴 만한 상황이 아니라면, 그곳에 있다는 상상을 하며 마음속으로 시뮬레이션을 하는 것도 도움이 된다.

상태 의존 기억

남자에게 잔인하게 배신당한 여자가 있다. 그러나 이별 후 다른 남자를 만났고 곧바로 사랑에 빠졌다. 여자는 새로운 연인을 완벽한 사람이라고 굳게 믿었다. 그렇게 그녀는 불행했던 과거를 까마득히 잊었다. 아니, 잊은 줄 알았다. 어느 날 남자가 여자에게 사소한 거짓말을 했다. 정말 사소한 것이었다. 그러나 그 사건은 그녀의 과거 기억에 불을 붙였다. 분노가 밀려와 남자를 증오하게 되었고, 그와 이별한 그녀는 불행해졌다.

시간이 지나 잊은 줄 알았는데 생생히 기억이 되살아날 때가 있다. 그 사건과 유사한 일이 일어날 때 주로 그렇다. 이처럼 기억이 어떤 상태와 연결되어 더 잘 떠오르는 현상을 '상태 의존 기억'이라고 한다. 예를 들어 배가 아픈 날 있었던 일은 또다시 배탈이 났을 때 더 잘 떠오르고, 술 취한 날 들은 이야기는 취중에 더 잘 기억해 낸다.

어떤 기분이 지속되는 이유도 상태 의존 기억 때문이다. 기분 좋은 날에는 좋았던 기억만 떠올라 기분이 고조된다. 반면에 우울한 날에는 안 좋았던 일만 기억난다. 곁에 있는 사람이 아무리 희망찬 메시지를 전해도 나를 스쳐 지나갔던 불행만 머릿속에 맴돌고, 결국 '내 인생에는 나쁜 일만 일어난다'는 결론에 이르고 만다. 한번 빠져 버린 감정의 골에서 벗어나기란 쉽지 않다. 그러나 그럴 때일수록 상태가 단서가 되어 나를 옭아매고 있다는 사실을 알아차려야 한다. 그래야 감정의 소용돌이에서 벗어날 수 있다.

암묵 기억과 외현 기억

영화 『럭키』는 전설적인 킬러 형욱이 목욕탕에서 비누를 밟고 넘어지면서 기억 상실증에 걸리는 장면으로 시작된다. 형욱은 목욕탕에 함께 있던 가난한 청년의 소지품을 보고 자신이 그 청년이라고 착각하며 살아간다.

이야기는 형욱이 분식집에 취업하면서부터 흥미롭게 흘러간다. 형욱은 킬러였다는 기억은 싹 잃었지만 현란한 칼질로 단무지 꽃을 만드는 기행을 선보이며 자신이 칼을 잘 쓴다는 사실을 알게 된다. 또 단역 배우 아르바이트를 하다가 싸움을 잘한다는 사실을 알고 액션 배우로 데뷔까지 한다. 기억은 잃었지만, 신체 기술은 잃지 않은 것이다.

우리의 기억은 외현 기억과 암묵 기억으로 구분된다. '외현 기억'은 사실이나 지식, 정보와 같이 회상하거나 재인하는 기억을 말한다. 자신의 이름, 직업, 공부해서 얻은 지식, 살아온 경험 등은 외현 기억에 속한다. 반면에 '암묵 기억'은 자각하지 못하면서 자동으로 처리되는 기억이다. 어린 시절 춤깨나 췄던 친구들을 떠올려 보자. 어디선가 음악이 들려오면 아무리 오랜 세월이 흘렀어도 '몸이 기억한다'면서 움직인다. 기억 상실증에 걸리면 외현 기억은 떠올리지 못하나 암묵 기억은 사라지지 않는다.

가끔 문 앞에서 멍해질 때가 있다. 아무리 생각해도 비밀번호가 기억나지 않는다. 그럴 때는 긴장을 풀고 손가락에게 상황을 맡겨 보자. 비밀번호가 외현 기억에서는 사라졌을지라도, 손가락은 어느 번호를 눌러야 할지 알고 있을 테니까.

기억 상실증

여전히 걸작으로 꼽히는 고전 영화 『메멘토』는 기억 상실증의 대표 영화다. 주인공 레너드는 아내가 살해당한 뒤 충격으로 10분마다 모든 기억이 리셋되는 문제가 생긴다. 기억에 의존할 수 없는 그는 핵심 단서를 자신의 몸에 문신으로 남기면서까지 범인을 추적한다. 드라마 『원 더 우먼』도 기억 상실증을 소재로 한 유쾌한 드라마다. 비리 검사였던 연주는 사고로 기억을 잃고, 도플갱어이자 재벌 상속녀인 강미나를 자신으로 착각해 그녀의 인생을 대신 살아간다.

두 이야기 모두 기억 상실증을 다루고 있지만 『메멘토』는 '순행성 기억 상실증'을, 『원 더 우먼』은 '역행성 기억 상실증'을 다루고 있다. 순행성 기억 상실증이란 특정 순간 이후의 기억을 상실하는 것으로, 경험이 기억에 머물지 못하는 것이다. 역행성 기억 상실증은 어떤 사건 이전의 기억을 상실하는 것으로 과거를 떠올리지 못하는 것이다. 비유적으로 설명하자면 순행성 기억 상실증은 원고 작업을 열심히 하고도 영영 저장 버튼을 누르지 못하는 것이고, 역행성 기억 상실증은 하드에 있던 모든 자료가 날아간 것이다.

순행성 기억 상실증에 걸려 아내를 기억 못 하는 어느 할아버지의 영상을 보았다. 아내를 가장 사랑하던 순간 이후 기억을 잃은 할아버지는 아내를 볼 때마다 새로이 사랑에 빠진다. 아름답기도 하고 안타깝기도 한, 영화 같은 사연이다.

오정보 효과

내 두 눈으로 똑똑히 봤다고요! 이 말을 얼마나 신뢰할 수 있을까? 인지심리학자 로프터스는 교통사고 영상을 보고 사고 당시 차량의 속도를 예측하게 하는 실험을 했다. 참가자들은 모두 같은 사고 영상을 보았다. 그러나 한 집단에게는 사고 차량이 '박살 났을 때'라는 표현을 쓰고 다른 집단에게는 '접촉했을 때'라는 표현을 썼다. 그 결과, '박살'이라는 말을 들은 집단의 답은 평균 65.7km/h, '접촉'이라는 말을 들은 집단의 답은 평균 51.2km/h였다. 더 강력한 표현을 들은 사람들이 차의 속도를 더 빠르게 예측한 것이다.

우리의 머리는 컴퓨터가 아닌지라 목격한 장면이 그대로 정확하게 저장되지 않는다. 저장하는 순간에 혹은 그 정보가 다시 인출되는 순간에 노출되는 다른 정보에 영향을 받는다. 그래서 쉽게 왜곡된다. 이를 '오정보 효과'라고 부른다.

사고 현장이 아니라도 우리는 오정보 효과 때문에 종종 난감한 상황에 처한다. 서로의 기억이 달라서 눈에 불을 켜고 싸우는 경우가 얼마나 많은가. '네가 내 부탁을 들어주기로 했네, 아니네' 같은 중요한 문제부터 '그날 치킨을 먹었네, 짬뽕을 먹었네' 같은 사소한 말다툼까지.

내가 했다고 믿는 말은 사실 머릿속에서 맴돌다 만 생각일 수 있고, 내가 기억하는 장면은 보는 순간 다른 정보와 섞여 왜곡된 기억일 수 있다.

목격자 증언

아기를 안고 방에서 나오다가 아기를 안고 있던 어른이 벽을 손으로 쿵 때린다. 그리고 아기에게 걱정스러운 눈빛을 보내며 "괜찮니?" 하고 묻는다. 그러면 아기는 마치 머리를 부딪힌 것처럼 엉엉 울기 시작한다. '괜찮니'라는 물음이 아이들에게 경험한 적도 없는 가짜 기억을 떠올리게 한 것이다. 부딪힌 적도 없으면서 말이다.

이와 같은 현상을 로프터스는 실험으로 증명했다. 사람들에게 '어린 시절 당신은 디즈니랜드에서 벅스 버니를 만났다'는 광고 문구를 이곳저곳 써 붙였다. 그 광고를 본 사람들은 자신이 어린 시절 디즈니랜드에서 벅스 버니를 만난 기억을 회상했다. 그러나 벅스 버니는 워너 브라더스의 캐릭터로, 결코 디즈니랜드에서 만날 수 없는 존재다. 이처럼 어떤 질문은 경험한 적도 없는 기억을 떠오르게 한다.

기억은 쉽게 왜곡된다. 그래서 '목격자 증언'에도 신빙성을 떨어진다. 아이들은 조사관의 말투, 분위기, 때로는 의도치 않은 유도 심문에 영향을 받는다. 그래서 질문 내용과 자신의 경험을 구분하지 못하고 의도치 않은 거짓 증언을 한다. 성인이 되어서도 마찬가지다. 질문에 포함된 단어 하나에 기억이 다른 방향으로 튀는 경우가 부지기수다.

물론 목격자의 증언이 모두 틀렸다는 말은 아니다. 그러나 증언을 하기 전에 자신의 기억에 100퍼센트 맞지 않을 수 있다는 책임감을 가지고 조심스럽게 기억을 떠올려야 할 것이다.

대표성 휴리스틱

세상에는 고민하고 답을 내려야 하는 문제가 많다. 그러나 모든 문제에 최선을 다하면 금방 지치고 말 것이다. 그래서 우리 뇌는 사소한 결정에 에너지를 인색하게 쓰고 대충 때려 맞히는 사고방식을 사용하는데, 이것이 바로 '휴리스틱(어림짐작)'이다.

린다는 총명한 서른한 살의 독신 여성이다. 그녀는 학창 시절 철학을 전공했고 사회 문제에 관심이 많으며 반핵 운동에도 참여했다. 자, 그렇다면

A. 린다는 은행원이다.

B. 린다는 페미니스트 은행원이다.

정답은 무엇일까? 만약 둘 중 무조건 정답이 있다면 A다. A가 틀릴 확률은 없지만, B가 틀릴 확률은 있기 때문이다. 천천히 생각해 보자. 페미니스트인 은행원(B)은 언제나 은행원(A)이다. 그러므로 B가 답이라면 A도 당연히 답이다. 반대로 A가 답이어도 B가 답이 아닐 가능성은 존재한다(페미니스트가 아닌 은행원일 확률). 하지만 린다의 묘사가 전형적인 페미니스트의 모습이기 때문에 사람들은 B를 선택한다.

이처럼 전형적인 범주의 모습을 상상하며 어림짐작하는 것을 '대표성 휴리스틱'이라고 하는데, 이 휴리스틱은 고정관념에 비롯되어 잘못된 판단을 이끌어 낼 때가 많다. '심리학 책은 어렵다'는 고정관념을 가진 사람은 이 책을 희망도서 목록에서 아예 배제할 것이다. 이보다 큰 비극이 있을까.

가용성 휴리스틱

한 여행 유튜버가 비행기를 타자마자 라이브 방송을 했는데, 몇 초 후 비행기가 추락하면서 사고 장면이 그대로 구독자에게 노출되었다. 며칠 뒤에 제주도로 떠난 나는 그 영상 생각에 비행기에서 내내 가슴을 졸일 수밖에 없었다.

많은 사람이 비행기를 탈 때는 공포심을 느끼면서 차를 탈 때는 아무렇지 않아 한다. 실제로 사고 확률은 비행기보다 차가 더 높지만 비행기 사고가 훨씬 더 떠올리기 쉽기 때문이다. 우리는 떠올리기 쉬운 일이 일어날 확률을 실제보다 더 높게 판단하는 경향이 있다. 이것이 바로 '가용성 휴리스틱'이다.

카너먼과 트버스키는 실험에서 참가자들에게 다음과 같은 퀴즈를 냈다. 영어 단어 중에 R로 시작되는 단어가 더 많을까, 세 번째 철자가 R인 단어가 더 많을까? 실제로 더 많은 것은 세 번째 철자가 R인 단어지만, 사람들은 R로 시작하는 단어가 더 많다고 응답했다. R로 시작되는 단어를 떠올리기가 훨씬 쉽기 때문이다.

올해 1월 엄청난 고열에 시달렸다. 검사 결과는 음성이었지만 시국이 시국인지라 코로나19를 확신했다. 그렇게 미련하게 버티던 나는 열이 41도가 넘어가고서야 응급실로 실려 갔다. 신장에 문제가 생겼고 조금만 늦었으면 평생 투석을 할 뻔했다는 의사의 말에 내 머리를 쥐어박았다. 떠올리기 쉬운 것이 언제나 맞는 건 아니다.

닻 내림 효과

부모님과 여행을 떠나기 전에는 '비싸다'는 말을 금지하는 규칙을 만들라고들 한다. 모처럼 좋은 경험을 시켜 드리려는데 산통을 깨기 때문이다. 부모님들 눈에는 뭐가 그리 비싼 걸까? 그건 부모님들 나름의 소비 기준이 있기 때문이다.

배를 정박하기 위해 닻을 바닥에 내리면 배는 닻에 연결된 줄 이상으로 움직이지 못한다. 우리의 판단도 마찬가지다. 일단 판단의 근거가 될 기준을 닻으로 삼으면, 그 기준에서 크게 벗어나지 않는 결정을 내린다. 이를 '닻 내림 효과(정박 효과)'라고 부른다. 옷 가게에서 가격을 '~~65,000원~~→50,000원'과 같이 표기하는 이유가 여기에 있다. 이런 표기를 보면 소비자는 65,000원에 '닻을 내리고' 50,000원이 저렴하다고 판단하게 된다.

카버먼과 트버스키는 실험 참가자들에게 UN 회원국 중 아프리카 대륙에 속한 국가의 비율을 물었다. 답을 알기 어려운 질문이었다. 참가자들은 대답하기 전에 돌림판을 돌려야 했는데 이 돌림판은 조작된 도구였다. 돌림판에서 10이라는 숫자를 본 사람들에게서 나온 답은 평균 25퍼센트였고, 65라는 숫자를 본 사람들에게서 나온 답은 평균 45퍼센트였다. 정답과 관련 없는 돌림판의 숫자에 의존해 판단한 것이다. 이처럼 인간은 때로 아무 의미 없는 자극을 기준으로 삼아 닻을 내리기도 한다.

착각 상관

한 마을에 붉은 눈동자를 가진 여자가 이사 왔다. 그런데 며칠 후 폭풍이 몰아쳐 마을이 물바다가 되었다. 사람들은 그 여자를 마녀라고 몰아세우며 마을에서 쫓아냈다. 과거에는 이런 비상식적인 일이 일상적이었다. 쫓아내는 정도로 끝나면 다행이었고, 묶어서 불에 태우는 끔찍한 짓도 서슴지 않았다. 지금이라고 다를까?

까마귀 날자 배 떨어진다는 말이 있다. 전혀 관련 없는 두 사건을 연관 지어 생각하는 것이다. 이런 오류를 '착각 상관'이라고 부른다. 독립적인 두 사건을 각각 판단하는 것보다 둘을 연결하여 생각하는 편이 더 빠른 의사결정을 가져오기 때문에 우리는 착각 상관의 늪에 빠진다.

이 시대의 착각 상관은 어떤 형태로 나타날까? 또 다른 마녀사냥으로 나타날 수 있다. "널 만나고 나서 되는 일이 하나도 없어!" 하고 상대를 몰아붙이는 것부터 시작해서, 강아지 똥을 치우지 않는 일부 몰상식한 견주를 보고 개를 키우는 모든 사람을 비난한다거나, 아이를 제대로 돌보지 않는 일부 부모를 보고 모든 부모가 이기적이고 막무가내로 행동할 거라고 지레짐작하고 욕한다. 문신이 있는 사람은 범죄를 저지를 가능성이 크다고 여기고, 반대로 예쁘고 잘생긴 사람은 좋은 사람이라고 믿기도 한다. 한 사람의 문제는 한 사람의 문제일 뿐인데, 그와 별개의 것을 연관 지어 생각하는 것이다.

빠른 판단은 언제나 오류를 동반한다. 나의 섣부른 판단이 착각은 아닐까 고민해 볼 필요가 있다.

메타인지

중학교 때까지 공부를 너무 못해서 뒤에서 3등을 차지하곤 했다. 더욱 안타까운 사실. 나보다 앞선 (뒤에서) 1, 2등은 공부를 포기한 친구들이었고, 나는 공부를 제법 열심히 했다는 것이다. 방과 후면 성실하게 독서실로 직진해 교과서가 너덜너덜해질 때까지 밑줄을 그었다. 그러나 성적은 처참했다. 뭐가 문제였을까?

인지는 사실을 아는 것이다. 그렇다면 '메타인지'는 무엇일까? '상위인지', '초인지'라고도 하는 이 능력은 인지를 아는 것, 그러니까 내가 알고 있는 것을 아는 것을 뜻한다. 나는 교과서에 밑줄 친 부분을 내가 아는 것이라 믿었다. 그러나 답을 써 내려갈 수 없었다. 글자를 읽고 이해했을 뿐 머릿속에 입력하지 않았으니까. 그렇다. 나는 메타인지 능력이 부족했다.

이해하는 것과 내 것이 되는 것은 다르다. 유능한 사람은 자신이 얼마나 알고 있는지를 알고 얼마나 채워 나가야 하는지도 안다. 반면에 무능한 사람은 순간 이해한 것을 잘 알고 있다고 착각한다. 그래서 꼭 필요한 순간에 머릿속에서 꺼내는 작업에 실패한다. 내 것이라면 기억에서 언제든 인출하고 활용할 수 있어야 한다. 그럴 수 없는 정보는 이미 휘발된 것이나 다름없다.

결과가 기대에 못 미친다면, 그건 운이 나쁜 것이 아니라 내가 내 수준을 파악하지 못한 것이다. 결과는 언제나 정직하다.

이중 언어

God breath you 신의 가오가 있기를….

사람들은 한 누리꾼의 댓글에 '전설의 0개 국어'라는 별명을 붙여 주었다. 당신은 몇 개 국어를 활용할 수 있는가?

모국어와 다른 나라 언어를 모두 사용하는 것을 '이중 언어'라고 한다. 여러 언어를 활용하는 것이 사고하는 데 도움이 될까? 다양한 연구 결과를 통합해 보면, 이중 언어는 좋다/나쁘다로 결론 내리기 어렵다. 어떤 사람에게는 긍정적 효과를 내지만 어떤 사람에게는 오히려 부정적 영향을 끼치기 때문이다.

이중 언어의 효과는 두 가지로 설명된다. 동시 통역가나 번역가처럼 두 언어를 능숙하게 구사하는 사람은 '가산적 이중 언어'를 사용한다. 잘 습득한 모국어에 새로운 언어가 더해지는 것이다. 반면에 새로운 언어를 습득하면서 모국어를 잊어버리는 경우도 왕왕 있다. 호주와 한국 이중 국적을 가진 샘 해밍턴은 호두가 영어로 뭔지 기억하지 못해 hodu 거리다가 결국 사전을 검색했고, 일본인 강남은 일본인과 소통에 어려움을 겪어 전현무에게 일본어 학원 등록을 권유받기도 했다. 이처럼 두 번째 습득한 언어가 모국어 사용을 방해하는 것은 '감산적 이중 언어'라고 한다.

이처럼 두 개 이상의 언어를 능숙하게, 또 효과적으로 사용하기란 쉽지 않다. 오히려 두 언어가 서로를 방해하여 '0개 국어 사용자'라는 놀림을 받기가 더 쉬울지도.

기억의 원리

다음 단어를 보고 떠오르는 단어를 말해 보자. 의자, 천둥, 빵, 사과, 노랑, 낮, 소녀, 해.

아마 의자 하면 책상이, 천둥 하면 번개가, 빵 하면 버터나 커피가 떠올랐을 것이다. 일상생활에서 함께 접하는 개념들이 있으면 하나만 떠올려도 나머지 것들이 쉽게 떠오른다. 이는 '근접성'의 연합 원리로 두 항목이 가까운 관계일수록 더잘 기억된다는 것을 의미한다.

사과 하면 오렌지나 포도 같은 과일을, 노랑 하면 초록이나 파랑 같은 색깔을 떠올렸을 수도 있다. 이는 같은 계열의 유사한 개념들이 연합되어 기억되는 '유사성'의 연합 원리다. 또한 낮 하면 밤, 소녀 하면 소년, 해 하면 달을 떠올렸을 것이다. 이는 '대비성'의 연합 원리로 반대되는 개념이 서로 짝지어질 가능성이 크다는 사실을 말해 준다.

이런 기억의 원리는 '최초의 연합주의자'로 알려진 철학자 아리스토텔레스가 처음 제안한 것이다. 연합주의에서는 학습이 어떤 자극과 자극 혹은 자극과 반응의 단순한 연합을 통해 일어난다고 주장한다. 하나의 생각은 다른 생각과 연결되어 있다. 잉꼬부부 중 한 사람을 떠올리면 다른 사람도 자동으로 떠오르고, 어떤 음식을 좋아하는 친구가 있다면 그 음식만 봐도 그 친구가 생각난다.

아름다운 것을 가까이에 두자. 그렇다면 자연히 당신은 타인에게 참 좋은 사람으로 기억될 것이다.

망각 곡선

신나게 어린 시절 이야기를 하는 나를 보고, 남편이 하품을 쩍 하며 말한다. "그 얘기 벌써 열 번도 더 함!" 민망함이 몰려온다. '이 말을 내가 했었나?' 어째서 내가 한 말도 기억 못 할까?

사람들은 자신의 기억력을 맹신하는 경향이 있다. 그러나 우리의 기억은 영원하지도, 완벽하지도 않다. '망각 곡선'을 보면 그 사실을 알 수 있다. 망각 곡선은 저장된 기억이 시간의 흐름에 따라 잊히는 수준을 수치로 기록한 그래프로, 실험심리학의 선구자 에빙하우스가 제시한 것이다. 에빙하우스는 사람들에게 HAQ, ZOD처럼 의미 없는 철자를 여러 개 암기하도록 한 뒤, 일정 시간이 지나고 얼마나 기억하고 있는지 확인했다. 그 결과, 학습 내용의 40퍼센트가 한 시간 이내에 기억에서 사라졌고, 하루가 지나자 70퍼센트가 사라졌다. 한 달이 지나면 기억에 남는 정보는 고작 20퍼센트 남짓이다.

정보를 기억에 오래 머물게 하려면 반복해야 한다. 반복하는 빈도가 높을수록 기억에 오래 남는다. 완벽하게 암기했다고 믿는 경우라도 (우리는 반드시 망각하므로) 또다시 반복해야 한다. 이 정도면 충분하다는 생각이 들어도 과하다 싶을 정도로 학습해야 한다. 성공하는 사람은 '적당히'를 모르는 사람일지도 모른다.

습관화

얼음 정수기를 설치하고 가장 큰 걱정은 소음 문제였다. 아니나 다를까, 얼음 떨어지는 소리는 생각보다 요란했고, 이삼십 분마다 들리는 소리에 자다가도 깜짝깜짝 놀라 깨곤 했다. 다행스럽게도 며칠 지나지 않아 소음에 적응이 되어 더 이상 불편함을 느끼지 않게 됐다.

'습관화'는 반응을 유발하는 자극이 반복해서 제시되면 반응 강도가 줄어드는 현상이다. 매일 수십 번씩 듣는 우당탕 소리에 더는 놀라지 않게 되었듯, 어떤 자극이든 반복되면 익숙해지고 처음과 같이 반응하지 않게 된다.

습관화는 유기체가 힘든 상황에 적응하며 살아갈 수 있게 돕는다. 날마다 반복되는 소음에 신경 쓰지 않게 되고, 주변의 악취에 익숙해진다. 아무리 피곤해도 아침에 일어날 수 있게 되고, 걷기도 벅찼던 거리도 자꾸 걷다 보면 수월하게 느껴진다. 자극을 예민하게 주시하지만 않는다면 우리는 모든 자극을 없는 것처럼 취급할 수 있다.

얼음 정수기를 설치하고 3년 뒤에 강아지를 가족으로 맞이했다. 고요한 집에서 코를 골며 자던 강아지는 우당탕 소리에 까무러치듯 놀라 주변을 두리번거렸다. 그 모습이 어찌나 귀여운지 우리는 깔깔대며 웃다가도 한편 안타까웠다. 이대로 지내면 얼마나 피곤할까? 그러나 다시 3년이 지난 지금, 강아지는 얼음이 떨어지거나 말거나 배를 까고 잠만 잘 잔다.

파블로프의 개

역사상 가장 유명한 두 마리의 동물은 아마도 '파블로프의 개'와 '슈뢰딩거의 고양이' 아닐까. 다들 한 번쯤은 들어 봤을 것이다. '슈뢰딩거의 고양이'는 설명해 줄 수 없으나 '파블로프의 개'는 자신 있게 설명해 보겠다.

파블로프는 심리학 역사상 대단히 유명한 학자라고 할 수 있지만, 사실은 생리학자다. 그는 소화계 연구를 위해 개 한 마리를 특수 장치에 고정했다. 그리고 개가 먹이를 먹을 때마다 분비되는 타액의 양을 측정했다. 그런데 문제가 발생했다. 개가 먹이를 먹기도 전에 침을 흘리기 시작한 것이다. 파블로프는 이 예상치 못한 결과를 실험 설계의 오류로 받아들이지 않고 학습의 원리로 이해하기 시작한다.

처음에 개는 먹이를 먹고 소화를 시키느라 침을 흘렸다. 그러나 절차가 반복되면서 개는 새로운 사실을 깨닫는다. '먹이는 연구원이 가지고 온다. 연구원이 올 때는 발소리가 난다.' 이제 개는 발소리만 나도 침을 흘리기 시작한다.

어떤 자극은 어떤 반응을 일으킨다. 큰 소리에 놀라고, 쓴 음식에 인상이 찌푸려지는 것처럼. 그런데 때로는 전혀 상관없는 자극이 반응을 일으키는 자극과 짝지어진다. 그러면 그 상관없는 자극이 반응을 일으키는 신기한 일이 일어난다. 이를 '조건 형성'이라고 부른다. 배달 앱만 켜도 침이 넘어가는 이, 택배 도착 문자에 심장이 두근거리는 이. 이 시대의 파블로프의 개는 누구인가?

고전적 조건 형성

세상에는 특별한 경험 없이도 무조건 반응을 일으키는 자극이 있고, 그에 따라 자동반사적으로 나타나는 반응이 있다. 예컨대 레몬을 한입 물면 의지와 관계없이 침이 흐르는데 여기서 레몬은 '무조건 자극', 침은 '무조건 반응'이다. 이것이 바로 '고전적 조건 형성'의 시작이다.

한편 대다수에게 아무런 반응도 일으키지 않는 자극도 있다. 이를테면 시끄럽지 않은 알림음이나 깜빡이는 빛처럼 말이다. 이를 '중성 자극'이라고 한다. 그런데 만약 빛이 깜빡일 때마다 레몬을 입에 넣어야 한다면 우리는 빛이 깜빡이기만 해도 침이 나오는 경험을 하게 될 것이다. 나타날 때마다 레몬의 등장이 예상되기 때문이다.

레몬과 빛처럼 두 자극이 반복 제시되면서 짝지어지는 것을 '연합'이라 부른다. 무조건 자극과 연합된 중성 자극은 '조건 자극'이라는 새로운 이름을 얻는다. 그리고 조건 자극으로 유발된 침 반응은 무조건 반응이 아닌 '조건 반응'이 된다.

딸기 맛 진통제를 반복해서 먹으면 딸기 향이 첨가된 간식만 먹어도 진통 효과가 생긴다는 연구 결과가 있다. 딸기 향만 감지해도 우리 몸이 진통 물질을 기대하며 통증을 가라앉히는 것이다. 학습의 효과가 고통마저 줄여 준다니, 연합의 힘은 참으로 놀랍다.

획득과 소거

마늘 냄새를 맡을 때마다 성적으로 흥분하게 된 외국인이 있었다. 그가 이렇게 변해 버린 이유는 한국인과 연애를 시작하면서 마늘 냄새 풍기는 식사 뒤에 로맨틱한 시간을 보냈기 때문이다. 이전의 그에게 마늘 냄새는 중성 자극(혹은 혐오 자극)이었지만, 애인과의 시간이 이어지자 조건 자극이 되었다. 이처럼 무조건 자극과 중성 자극이 연합해 조건 반응을 일으키는 과정을 '획득'이라고 한다.

물론 획득된 두 자극의 연합이 영원히 유지되는 것은 아니다. K는 연인을 데려다줄 때마다 퀸의 『러브 오브 마이 라이프』를 들었다. 이 노래는 데이트와 연합되어 K에게 설렘을 가져다주는 조건 자극이 되었다. 하지만 안타깝게도 두 사람은 이별을 맞이했다. 문제는 그 후에 일어났다. 그가 일하는 카페 사장이 퀸을 좋아해 늘 퀸 노래를 튼 것이었다. 처음에 K는 『러브 오브 마이 라이프』의 전주만 나와도 가슴이 미어졌다. 노래가 떠나간 그녀를 상기시켰기 때문이다. 그러나 노래가 나올 때마다 정신없이 손님이 밀려들고 바삐 일하다 보니 어느 순간부터 그 노래에 아무런 감흥도 느껴지지 않기 시작했다. 연합이 깨진 것이다. 조건 자극(노래)을 맞이해도 더 이상 무조건 자극(연인)이 나타나지 않는다는 사실을 학습하자 설렘도 이별에 대한 슬픔도 떠오르지 않았다. 자극과 자극이 동시에 제시되지 않는 상황이 지속되면서 연합이 깨지는 과정을 '소거'라고 한다.

자발적 회복

　　　　　이런 경험이 있다. 시간이 흘러 다 잊은 줄 알았는데 노래 한 곡에, 코끝을 스친 향수 냄새에, 잊고 있던 맛에 그날의 기억이 와르르 쏟아져 나오는 일. '달랑 한 곡 들었을 뿐인데 많고 많았던 밤들이 한꺼번에 생각나고' 말았다는 어느 노랫말처럼.

　　　그런데 두 자극의 연합이 완전히 끊겼다고 믿었던 어느 날, 우연히 하나의 자극으로 인해 다른 자극이 떠올라 조건 반응이 튀어나오기도 한다. 소거된 줄 알았던 연합이 여전히 남아 있다 재등장하는 일. 이런 현상을 학습심리학에서는 '자발적 회복'이라고 부른다.

　　　완벽하게 술을 끊었다고 믿었던 (전) 알코올 사용 장애 환자는 우연히 지하실로 내려가다가 매일 들렀던 지하 술집이 떠올라 다시 유혹에 빠지고, 금연에 성공한 줄 알았던 (전) 골초는 늘 담배 한 대 태우던 카페 야외석을 지나가다가 오랜만에 담배 생각이 간절해져 무너지고 만다. 우연히 들려온, 함께 본 영화 OST에 다 잊은 줄 알았던 옛 애인이 떠올라 울적해진다.

　　　연합은 소거되지만, 때로는 자발적으로 되살아난다. 그러니 소거를 맹신하면 안 된다. 언제든 충동이 우리를 사로잡을 수 있다는 경계를 품고 살아야 한다. 그러지 않으면 우연히 듣게 된 그때 그 노래에 흔들려 '자니?'라고 메시지를 보내는 흑역사를 또 하나 만들고 말지도 모른다.

일반화

우리 집 강아지는 정말 귀엽다. "앉아!" 할 때마다 바른 자세로 앉아 간식을 기다리는 녀석은 "은즈!" "앙주!" "온줘!"처럼 이상하게 말해도 찰떡같이 알아듣는다.

이렇게 귀여운 강아지가 가끔 이상한 행동을 보인다. 산책 중 갑자기 몸이 얼어붙어 가지 않겠다고 버티는 것인데, 그럴 때마다 주위를 살펴보면 할아버지가 길을 지나가고 있다. 병원에서는 아무래도 이전 주인에게서 학대를 당한 것 같다며, 주인이 노인이 아니었을까 조심스레 추측했다. 실제로 특정 성별이나 연령대의 대상에게 학대당한 동물은 비슷한 사람만 지나가도 소스라치게 놀란다.

'자라 보고 놀란 가슴 솥뚜껑 보고 놀란다'라는 속담처럼 한번 고전적 조건 형성이 이루어지면 조건 자극과 유사한 자극에도 같은 반응이 일어난다. 이를 '일반화'라고 한다.

일반화는 첫사랑을 닮은 사람에게 반하거나, 엄마 손맛이 나는 음식점의 단골이 되거나, 특정 말투를 쓰는 사람을 좋아하거나 싫어하는 모습 등으로 나타난다. 이미 좋아하는 사람의 특징은 그 특징을 가진 다른 사람에게도 일반화되기 때문이다.

사랑하는 대상이 많은 사람은 그와 닮은 모든 것을 사랑하게 된다. 그래서 세상이 아름답게 보인다. 반면에 미워하는 대상이 많은 사람은 그와 닮은 모든 것을 미워하게 된다. 좋아하는 것을 더 많이 만들어야 하는 이유다.

변별

처음 강아지가 집에 온 날, 우리는 다 함께 거실에서 드라마를 보고 있었고, 딩동! 하고 현관문 벨 소리가 울리는 장면이 나왔다. 그러자 강아지는 벌떡 일어나 현관으로 달려갔다. 누가 오나 싶어 갸우뚱거리는 모습은 정말 혼자 보기 아까운 사랑스러운 장면이었다. 하지만 이제는 드라마에서 딩동! 벨이 울려도 현관으로 달려 나가지 않는다. (대신 도어락 비밀번호 소리에 부리나케 달려간다.) 이처럼 조건 자극과 다르고 관련 없는 자극에는 반응하지 않는 것을 '변별'이라고 한다.

화재 사고 현장에 있던 사람은 가스레인지를 켜지 못하고, 물에 빠져 본 사람은 빗소리에도 위축된다. 폭력의 희생자였던 사람은 옆 사람의 기지개에도 과민 반응을 보이고, 짐승에게 물려 본 사람은 아무리 순한 강아지를 봐도 겁에 질린다. 일반화는 공포증의 영역을 확장한다. 이미 형성된 공포 자극과 유사한 자극을 구별하지 못하기 때문이다. 그러나 그 자극들은 나를 힘들게 하는 자극과 분명히 다르다.

수많은 자극으로 괴롭다면 '변별'이 필요한 순간이다. 토닥토닥 자신을 달래 줄 때이다. 그때 그 사건이 아니야, 그때 그 사람이 아니야, 이건 별개의 일이야, 다 지나간 거야. 그러니까 이제 괜찮아, 하고 말이다.

왓슨과 앨버트 실험

심리학 역사상 가장 잔인한 실험이 있다. 이 실험을 진행한 행동주의 심리학자 왓슨은 '나에게 건강한 아이 열두 명을 데려오면 의사, 변호사, 미술가, 심지어 도둑으로도 만들 수 있다'고 호언장담하던 교만한 인물이었다.

왓슨은 앨버트라는 아기를 실험 대상으로 삼았다. 앨버트는 동물에 대한 두려움이 없는 아기였다. 흰 쥐를 보고도 아무런 공포 반응을 보이지 않았고 오히려 호기심을 느끼며 만지려 했다. 그러나 왓슨은 앨버트가 흰쥐를 볼 때마다 망치로 쇠막대를 쳐서 공포심을 유발했다. 고작 일곱 번의 시도 만에 앨버트는 흰쥐만 봐도 울음을 터뜨리게 되었고 며칠이 지나자 토끼, 강아지, 심지어 모피 코트만 봐도 경기를 일으켰다. 일반화가 나타난 것이다.

왓슨은 새로운 조건 형성으로 앨버트를 원 상태로 돌려놓을 수 있다며 자신만만해했다. 그러나 동료와 불륜을 저지른 사실이 밝혀져 교수직을 박탈당했고 연구도 중단되었다. 이후 들려온 앨버트가 뇌수종으로 여섯 살에 숨졌다는 소식은 세상에 크나큰 충격을 안겨 주었다.

이후 왓슨은 합당한 벌을 받았을까? 아쉽게도 그는 승승장구했다. 휴식 하면 담배가 떠오르던 시대에 왓슨은 광고 회사에 취직해 커피와 휴식(커피 브레이크)을 연합하는 캠페인을 성공리에 마쳤다. '커피 한잔?' 하는 익숙한 안부 인사는 왓슨의 작품이다. 그의 호언장담은 근거 있는 자신감이었다.

체계적 둔감화

왓슨은 꼬마 앨버트를 어떻게 원 상태로 돌려 놓으려 했을까?

특정 대상에 대한 공포 반응이 일상생활을 방해하는 수준이라면 공포증으로 보고 치료적 개입을 시도한다. 이때 환자는 공포 대상과 두려움의 연합을 깨고 편안함과의 새로운 연합을 형성해야 한다. 이 편안함을 만드는 방법은 근육의 긴장을 완화시키는 '이완 훈련'을 활용하는 것이다. 공포 자극을 접할 때마다 이완 훈련을 하면 두려움이 아닌 안정감을 느낄 수 있다. 그러나 처음부터 너무 강한 공포 자극과 맞서면 이완이 되지 않고 오히려 부작용이 생길 수 있으므로 '공포 위계'를 설정해야 한다. 공포 위계란 공포 대상의 두려움을 수준별로 나열하는 것이다. 예를 들어 개 공포증이 있는 사람은 '개 그림 보기-개 사진 보기-움직이는 개 동영상 보기-짖는 개 동영상 보기-소형견 직접 보기-대형견 직접 보기-개 직접 만지기' 순으로 두려움이 강해질 것이다. 그렇다면 가장 낮은 단계인 개 그림을 보고 이완 훈련을 충분히 한다. 어느 정도 훈련이 되면 개 그림을 봐도 두려움이 느껴지지 않을 것이다. 이때 다음 단계인 개 사진을 보고 다시 한번 이완 훈련을 한다. 이처럼 두려움의 대상을 수준별로 나눠 점차 둔감화시키는 치료법을 '체계적 둔감화' 기법이라고 한다.

혐오적 역조건 형성

공포증과 반대로 쾌락의 대상을 혐오스럽게 바꿔야 하는 상황도 있다. 담배, 술, 성도착, 마약처럼 인간을 해치는 것에 중독되어 있을 때 그렇다.

술병이 심하게 난 뒤로 술 냄새만 맡아도 구역질이 났던 기억이 있을 것이다. 고통 경험과 술 냄새가 연합되기 때문에 나타나는 현상이다. 그렇다면 쾌락 자극에 숙취 같은 괴로움을 의도적으로 짝지으면 어떤 일이 벌어질까? '역조건 형성'은 혐오 자극과 연합을 통해 특정 자극에 대한 긍정적 인상을 부정적으로 대체하는 것이다.

알코올 사용 장애 치료법 중에는 술과 구토제를 함께 섭취하게 하는 방법이 있다. 술을 마신 후 메스꺼움을 느끼고 몇 분도 안 되어 구토하는 상황이 반복되면 알코올을 섭취할 때마다 몸에서 거부 반응이 나타난다. 혐오 자극은 구토 말고도 역겨운 심상, 전기 충격, 불쾌한 냄새 등으로 대체할 수 있다.

그러나 혐오적 역조건 형성은 소거가 일어날 가능성이 크다. 술병이 나도 며칠 지나면 아무렇지도 않게 술을 마시는 그대처럼 말이다! 그러므로 혐오적 역조건 형성은 보조 수단으로 사용하고, 그와 더불어 자기조절 훈련과 심리 상담 등 다양한 개입을 병행할 필요가 있다.

노출법

'사람들 앞에서 말하는 것이 떨리시나요?' 발표 불안이 심했던 나는 광고 문구에 현혹되어 스피치 학원에 등록했다. 그러나 아쉽게도 학원에서는 별다른 것을 알려 주지 않았다. 매주 주제를 주고 사람들 앞에서 15분간 발표를 시킬 뿐이었다.

처음 5주 정도는 사람들 앞에 설 때마다 학원을 그만두고 싶었다. 그러나 몇 주가 더 지나자 상황에 점점 적응하기 시작했다. 떨리는 마음은 점차 없어지고, 나중에는 귀찮아서 발표 준비도 하지 않고 즉흥적으로 튀어나오는 말을 뱉기도 했다. 발표 상황에 익숙해진 나는 어느 순간부터 학원이 아닌 학교에서도 담대하게 발표할 수 있게 되었다.

학습심리학에서는 이런 행동 수정법을 '노출법'이라고 부른다. 불안을 느끼는 상황에 반복해서 노출함으로써 더 이상 불안을 느끼지 않도록 만드는 것이다. 강박 장애가 있는 사람은 화장실 손잡이를 만지는 상황에 극도의 스트레스를 받는다. 그때마다 손을 못 씻게 한다면? 동물 공포증이 있는 사람을 동물원에 데려가서 하염없이 동물을 보게 한다면? 두려웠던 자극에 계속 노출되면 언젠가 둔감해지기 마련이다. 따라서 불안 반응도 자연스럽게 사라진다.

단, 극도의 불안 반응을 느끼는 자극의 경우 노출은 오히려 공포증을 형성할 수도 있기 때문에 점진적으로 조심스럽게 진행해야 한다.

月

효과의 법칙

　　　　새로운 도시로 이사 와서 가장 고민한 일은 입맛에 맞는 음식점을 찾는 것이었다. 리뷰를 참고해 이곳저곳 배달을 시키다 보니 맛있는 곳과 그렇지 않은 곳을 알게 됐다. 맛있는 곳에는 금세 단골이 되었지만 맛없는 곳에는 다시 주문하지 않았다.

　　정답을 모를 때 우리는 이런저런 시도를 한다. 결과가 만족스러우면 같은 선택을 반복하고, 그렇지 않으면 그만둔다. 손다이크는 이런 심리를 최초로 연구한 심리학자이다.

　　손다이크는 적절한 반응(레버 누르기, 줄 당기기, 발판 밟기)을 하면 문이 열리는 '문제 상자'에 굶주린 동물을 가두었다. 동물들은 이런저런 시도를 하다가 우연히 문을 열게 됐고, 그 결과 상자에서 탈출해 먹이를 배불리 먹을 수 있게 되었다. 어떤 시도가 문을 열게 하는지 학습한 동물들은 이후로 더 자주, 더 많이 그 행동을 하여 문을 열었다. 이처럼 만족스러운 결과가 따르는 행동은 더 잘 일어나고, 불만족스러운 결과가 수반되는 행동은 줄어드는 이 학습 원리를 손다이크는 '효과의 법칙'이라고 명명했다.

　　조개잡이를 다녀온 다음 날, 온몸이 두들겨 맞은 것처럼 쑤셨다. 몇 시간씩 쭈그려 앉아 조개를 주워 담았기 때문이다. 조개가 없었다면 멈추었을 텐데, 그놈의 조개는 개펄을 손으로 살짝만 훑어도 자꾸 나타났다. 자꾸 나타나 나를 멈출 수 없게 했다. 만족스러운 결과는 우리를 행동하게 한다. 계속―.

스키너 상자

누군가를 내가 원하는 행동만 하도록 만드는 방법이 있을까? 행동주의 심리학자 스키너는 좋은 결과가 따르는 행동이 반복된다면 역으로 만족스러운 결과를 주어 행동을 이끌어 낼 수 있지 않겠냐며 손다이크의 '효과의 법칙'을 진전시켰다.

스키너가 고안한 조작 챔버는 지렛대를 누르면 먹이가 나오게 설계된 장치로, 일명 '스키너 상자'라 불린다. (지렛대 외에도 빛이 나오는 버튼, 신호음이 나오는 스피커, 전기 충격이 발생하는 그물 등의 자극이 포함되어 있다.) 조작 챔버에 들어간 동물은 굶주림에서 벗어나기 위한 행동을 학습하고 그 행동을 반복했다. 이를테면 불 켜진 버튼을 부리로 쪼았을 때 낟알이 나오면 비둘기는 버튼을 미친 듯이 쪼아 댔다. 이처럼 바람직한 결과를 주어 행동을 이끌어 내는 학습 원리를 '조작적 조건 형성'이라고 불렀다.

자극이 자동적으로 반응을 유발하는 고전적 조건 형성과 달리, 유기체가 직접 환경을 조작하여 원하는 결과를 얻어 내는 과정이기 때문이다.

그러나 조작하는 주체는 과연 누구일까? 우리는 원하는 결과를 얻기 위해 세상을 조작한다고 여긴다. 그러나 세상이 먹잇감을 던지며 우리를 세상에 알맞은 사람으로 빚어내고 있는지도 모를 일이다.

미신 행동

강아지용 셀프 장난감이 있다. 기계의 홈에 공을 올리면 자동으로 공이 튀어 나가서 강아지 혼자 공놀이를 할 수 있게 세팅된 제품이다. 처음에 강아지는 기계의 원리를 알 수 없어 이 방법 저 방법 시도해 본다. 그러다 우연히 원리를 터득해 혼자만의 게임을 시작한다.

가끔은 엉뚱한 상황이 벌어지기도 한다. 공을 올리기 전에 우연히 제자리에서 두 번 뱅뱅 돈 강아지는 이 행동까지 하나의 절차로 착각한다. 그래서 매번 공을 올리기 전에 두 바퀴를 맴돈다. 이처럼 어떤 행동은 때때로 우연에 의해 증강되는데, 심리학에서는 이를 '미신 행동'이라고 부른다.

'징크스'라고 불리는 현상에 대응하는 것 역시 미신 행동의 일종이다. 우연히 빨간 팬티를 입고 시합에 우승한 선수는 중요한 날마다 그 팬티를 입고, 정리를 잘한 뒤에 좋은 성적을 받은 학생은 강박적으로 책상을 정돈한다. 집을 나서는 길에 청소차를 보고 돈을 주운 사람은 청소차를 볼 때마다 운이 좋다고 여기고, 흰나비를 보고 똥을 밟은 사람은 흰나비를 볼 때마다 재수 없다 생각하며 조심한다. 모든 것이 우연에 의한 학습이지만, 행동에 영향을 미친다.

징크스는 나쁜 것이 아니다. 미신적 믿음이 마음에 안정감을 주어 수행을 돕기 때문이다. 물론 돈이 많이 들거나 누군가를 해치는 심각한 미신은 안 되겠지만 말이다.

조성

난도가 높은 행동은 좋은 결과로 돌아올 가능성이 낮아 시도조차 어렵다. 그래서 어려운 목표 행동을 이루게 하려면 그 행동을 점차적으로 유도해야 한다. 이런 과정을 '조성'이라고 한다. 원하는 목표에 도달하지 않아도 그 과정마다 좋은 결과를 주며 일종의 유인을 하는 것이다. 처음부터 스스로 밥을 먹는 아기는 없다. 숟가락을 손에 쥐면 박수! 숟가락을 이유식에 꽂으면 칭찬! 숟가락을 입 쪽으로 옮기면 온갖 관심과 애정! 이렇게 연속적으로 접근된 행동은 궁극적인 목표 행동에 도달하도록 돕는다.

조성은 나쁜 행동에도 물을 준다. '울화 행동'이 전형적인 사례다. 공공장소에서 아이가 떼를 쓸 때, 처음에는 부모도 버텨 본다. 그러나 아이들은 쉽게 포기하지 않는다. 오히려 더 강하게 난리를 친다. 결국 부모는 아이에게 지고 만다. 난리를 쳐야 원하는 걸 얻을 수 있다는 사실을 학습한 아이는 갈수록 격한 행동을 보인다. 짜증은 성질로, 성질은 울고불고하는 난동으로, 난동은 바닥에 드러눕는 민폐로 점차 발전(?)한다.

성인 울화 행동의 끝판왕은 악성 댓글이다. 관심에 목마른 악플러는 이상한 소리를 통해 관심을 받고, 반응이 없어지면 악플의 강도를 점점 높인다. 그들에게 관심이라는 먹이를 주어서는 안 된다. 먹이는 악플러의 체력을 마구 키우기 때문이다. 울화 행동에는 무관심이 답이다.

강화

초등학교 3학년 때 선생님이 들고 온 보상 막대사탕을 보고, 나는 누구보다 바르게 허리를 곧추세웠다. 하지만 대학생이 되었을 때 토익학원 강사가 가져온 초콜릿을 보고는 콧방귀를 뀌었다. 그런데 이번에는 '학원비 면제'라는 보상이 제시되었다. 나는 다시 바르게 허리를 곧추세웠다. 보상의 효과는 보상을 받는 대상에 따라 다르며, 보상의 종류에 따라서도 달리 나타난다.

행동의 빈도를 증가시키고자 바람직한 결과를 제공하는 것을 '강화'라고 한다. 그리고 이때 제공되는 보상이 '강화물'이다. '일차 강화물'은 본능을 만족시키는 보상이다. 갈증 날 때 물을, 배고플 때 짜장면을 주는 것처럼 생리적인 요구를 만족시키는 자극물이다. 나이가 어릴수록, 상황이 열악할수록 일차 강화물의 효과는 크다.

'이차(조건) 강화물'은 일차 강화물과 연합된 보상이다. 당장에는 의미가 없어 보여도 원할 때 일차 강화물을 얻을 수 있는 수단으로, 가장 대표적인 것이 바로 돈이다. 우리는 돈을 통해 언제든 결핍을 채울 수 있으므로 돈을 갈망한다.

인정이나 칭찬도 마찬가지다. 사회적 동물에게 타인의 인정은 심리적 충족 그 이상을 의미한다. 책을 쓰는 작가는 독자의 인정을 통해 책 판매율을 높이고, 이는 수입으로 연결되어 일차적 강화물을 얻게 하는 수단이 된다.

정적 강화

탕후루에 중독되고 말았다. 고작 과일 네 알이 꽂힌 이 하찮은 꼬치가 오천 원에 육박한다는 사실은 차치하고라도, '과일+설탕 코팅'은 당 스파이크를 일으키는 치명적 조합이다. 먹으면 안 된다는 걸 알지만 한 입 베어 물 때마다 느끼는 쾌락을 거부할 수 없기에, 오늘도 탕후루 가게에서 카드를 내미는 나를 발견하고 만다. 유기체는 단순하다. 좋은 결과가 있으면 행동을 반복한다. 이것이 '정적 강화'다.

강화물은 충족 시점에 따라 구분되기도 한다. 탕후루, 떡볶이, 달밤에 치맥, 늦잠과 같이 지금의 나를 만족시키는 보상은 '즉시 강화물', 건강을 위해 먹는 건강한 식단, 자격증 시험 합격을 위한 공부, 미라클 모닝처럼 당장에는 괴로워도 미래의 나를 만족시켜 줄 보상은 '지연 강화물'이다.

즉시 강화물은 당장에 행복감을 주지만, 쌓이다 보면 자신을 파멸시킬 가능성이 크다. 다이어트 보조제로 쉽게 살을 뺀 사람의 간 수치가 상승해 간 손상을 입었다는 사례는 조금만 검색해 봐도 수두룩하다. 반면 운동 같은 지연 강화물은 현재의 어려움을 잘 견디기만 하면 엄청난 보상을 준다.

성공하는 사람은 즉시 강화물과 지연 강화물 중 어떤 것을 선호할까? 당연히 지연 강화물이다. 내가 쉽게 얻는 것을 누군가가 어렵게 얻을 리는 없다. 다시 말해 쉽게 얻는 것은 쉽게 잃게 된다는 뜻이다. 만약 즉시 강화물로 성공할 수 있다는 속삭임이 있다면 그것은 사기꾼의 꼬드김이라는 사실을 명심하자.

부적 강화

"살만 뺄 수 있다면, 시키는 일은 뭐든 다 할게
요!" 한 다이어터가 악마에게 이렇게 애원했다. 그러자 악마
가 대답했다. "그럼 운동을 해."

당신은 왜 운동하는가? 건강해지려고? 아니면 살을 빼
려고? 강화에는 두 가지 방식이 있다. 첫 번째는 만족스러운
상태를 제공하는 것이고(건강을 얻기 위한 운동), 두 번째는
불만족스러운 상태를 제거해 주는 것이다(현재 몸매에서 벗
어나기 위한 운동). 전자가 '정적 강화'라면 후자는 '부적 강
화'다. 부적 강화란 부정적인 상태에서 벗어나기 위해 행동의
빈도를 늘리는 것이다.

인간은 통증을 없애려 약을 먹고, 우울함에서 벗어나려
고 음악을 들으며, 부당한 대우를 피하기 위해 퇴사한다. 자
신의 결정을 통해 효과를 보았다고 느끼면 이 행동은 더 자주
나타난다. 다시 말해, 강화된다. 약을 더 자주 먹고, 음악을 더
많이 들으며, 버티지 못할 때마다 그만두는 것이다.

우리는 행복하기 위해서보다 불행에서 벗어나기 위해
더 잘 동기화된다. 행복은 없어도 그만이지만 불행은 있으면
큰일이기 때문이다. 그래서 부적 강화는 정적 강화보다 더 강
력하다. 건강을 위한 운동은 내일로 미루면서도, 한번 크게
아파 보면 최선을 다해 몸을 관리한다. 고통은 반드시 사라져
야 하니까. 그러니 달리 보면, 어려운 상황에 처해 있다는 건
나아갈 수 있는 원동력을 얻었다는 뜻은 아닐까?

강화 계획

       리뷰를 올리면 볶음밥을 주는 닭갈비 집이 있었는데 갑자기 그 서비스가 사라졌다. 어쩐지 손해 보는 기분이라 더는 주문하지 않게 됐다. 장사를 시작하는 단계에서의 서비스는 정적 강화물이 되어 주문 행동을 강화한다. 문제는 강화가 중단되면 행동도 멈춘다는 것이다. 그래서 강화를 할 때는 계획을 세워야 한다.

      강화 계획은 보상을 제공하는 횟수와 기간에 따라 네 가지 방식으로 구분할 수 있다. 먼저 '고정 비율 계획'은 일정한 횟수를 채운 뒤에 강화를 주는 것이다. 커피 쿠폰에 도장 10개를 찍으면 커피 한 잔 무료! 목표 횟수를 채우려 열정을 다하게 만들 수 있다. '변동 비율 계획'은 몇 번의 시도 후에 강화를 주는데, 이 '몇 번'이 몇 번인지는 아무도 모른다. 몇 번을 도전해야 성공하는지도 모르는 로또를 우리는 오늘도 시도한다. '고정 간격 계획'은 정해진 기간이 지나면 강화물을 주는 것이다. 정기적으로 나오는 월급은 29일 동안 품었던 사직서를 찢고 또 한 달을 버티게 한다. 마지막으로 '변동 간격 계획'은 얼마간의 시간이 지나고 강화를 하지만 '얼마간'이 얼마나인지 예측할 수 없는 것이다. 깜짝 세일이나 유튜브 쇼츠 조회수 폭발처럼 언제 터질지 모르는 순간을 기다리게 만드는 것이다.

      예측할 수 없는 강화는 행동을 유지시킨다. 매일 사랑한다고 말하는 애인보다 간간이 고백하는 사람에게 더 애가 타는 이유다.

처벌

　　　　　우리가 어떤 행동을 하지 않는 이유는 무엇일까? 이를테면 불을 만지지 않는 이유는? 만지자마자 '겁나' 뜨겁기 때문이다. 즉각적인 불쾌 경험은 쉽게 학습된다. 그래서 다시는 그 행동을 하지 않게 한다. 이처럼 부정적인 결과를 통해 행동의 빈도를 줄이는 것을 '처벌'이라고 한다.

　　사람들은 왜 잘못된 일을 저지를까? 그런 행동을 통해 보상을 얻기 때문이다. 범죄자는 도둑질로 재산을 얻고, 깡패는 폭력으로 원하는 결과를 이루고, 문제아는 문제 행동으로 스트레스를 해소한다. 이들은 잘못이 잘못인 줄 알고, 언젠가 걸릴 수 있다는 사실을 알면서도 범죄에 가담한다. 보상은 즉각적이지만 처벌은 지연된다고 믿(고 실제로도 그런 경우가 많)기 때문이다. 한 번만 봐주거나, 죄의 무게에 비해 터무니없이 약한 처벌(불의로 쌓은 이득보다 적은 벌금)은 효과가 없다.

　　가난한 부모가 굶고 있는 아이 때문에 분유를 훔치고 경찰서에 끌려갔다. 훈방 조치를 취한다 해도 그들이 도둑질을 멈출 수 없을 것이다. 어쩔 수 없는 상황에서 범하는 잘못은 고칠 방법이 없다. 대안이 없다면 잘못은 계속된다. 그래서 처벌에는 언제나 대안이 필요하다.

정적 처벌

　　　　대상이 원치 않는 상태에 처하도록 하여 행동을 감소시키는 것을 '정적 처벌'이라고 한다. '정적'이라는 말이 더한다는 의미를 품다 보니 이렇게 오해하는 사람도 있다. 어르고 달래서 나쁜 행동을 못 하게 하는 것. 절대 아니다. 정확한 정의는 '부정적 상태를 제공하여 행동 빈도를 줄이는' 것이다.

　　물리적 처벌은 대표적인 정적 처벌이다. 한 배우는 토크쇼에 출연해 어릴 적 이를 가는 습관을 고치게 된 계기를 이야기했는데, 이를 갈려고 할 때마다 다소 드셌던 어머니에게 뺨을 얻어맞았다는 것이다. 그리고 얼마 뒤에 신기하게도 이 가는 습관이 사라졌다고 한다. 정적 처벌은 이처럼 비자발적 행동마저 감소시킨다.

　　때로 꾸지람과 같은 비물리적 처벌도 정적 처벌이 된다. 아이들은 지긋지긋한 잔소리를 피하기 위해 잘못된 행동을 멈춘다. 문제는 잔소리가 없을 때 몰래 하는 행동까지 통제할 수는 없다는 것이다. 더 심각한 문제는 처벌이 때로 보상(관심)이 된다는 건데, 애정 결핍이 심한 아이는 꾸중마저 무관심보다 반갑게 느낀다. 그래서 꾸지람을 듣기 위해 일부러 문제 행동을 일으킨다. 감옥에 들어가기 위해 부러 범죄를 저지르는 사람들처럼 말이다. 학교에서도 혼난 후 친구들의 주목을 받는 걸 좋아하는 아이들은 튀는 행동을 반복한다. 처벌이 보상이 되지 않게 하려면, 감정을 배제하고 주목받지 않는 상황에서 따로 꾸짖는 것이 좋다.

부적 처벌

잘못된 행동을 할 때마다 소중한 무언가를 잃게 된다면 행동은 줄어든다. 그러므로 어떤 행동을 줄이고 싶다면, 그 행동이 나타날 때마다 그 사람의 소중한 것을 빼앗아 버리면 된다. 이것이 '부적 처벌'이다. 부적 처벌은 혐오 자극 없이도 행동을 감소시킬 수 있기에 유용한 행동 수정법이다.

요즘 아이들에게 가장 소중한 것은 무엇일까? 아이가 말대꾸할 때마다 스마트폰을 압수하거나 용돈을 철회해 보자. 아이는 괴로워하며 말대꾸를 멈출 것이다. 백날 하는 잔소리(정적 처벌)보다 효과적이다. '타임아웃'과 같이 아이를 공간적으로 분리하는 훈육법도 대표적인 부적 처벌 사례다. 자유롭게 즐길 수 있는 상황으로부터 아이를 배제시키기 때문이다. 그러나 문제는 '생각하는 의자'와 같은 부적 처벌을 정적 처벌처럼 잘못 사용한다는 것이다. 타임아웃, 생각하는 의자는 자유롭게 즐길 시간을 앗아 가는 것이지 괴로운 시간을 만들어 주는 게 아니다. 바른 자세로 앉으라고 호통을 치거나 공간에 가두어 공포심을 유발하는 것은 그 시간을 괴롭게 만드는 방법이며, 본질적 목표 달성을 훼방한다.

문제 학생의 불량한 태도 때문에 교실에서 복도로 타임아웃시키는 것은 오히려 부적 상태를 제거해 주는 '부적 강화'로 작용할 수 있다. 그 학생에게는 교실이 괴로운 장소였을 테니까. 이제 그 학생은 복도에 앉아 자유를 누리기 위해 최선을 다해 불량해질 것이다.

처벌의 문제점

처벌에는 네 가지 단점이 있다. 가장 큰 단점은 처벌로 근본적으로 문제를 고칠 수 없다는 데 있다. 처벌을 피하려 일시적으로 억제한 문제 행동은 나중에 더 크게 표출될 수 있다. 처벌은 응징의 개념일 뿐이라 근본적인 문제를 해결하려면 치료와 교화가 선행되어야 한다.

두 번째로 '정적' 처벌은 두려움을 학습시켜 아이를 주눅 들게 한다. 자주 혼나 본 아이, 특히 폭력에 노출된 아이는 사회적 상황에서 불안을 느끼고 긴장하며 살아간다. 더불어 처벌은 답습된다. 부모에게 처벌받은 아이는 동생이나 친구를 처벌한다. 처벌만이 문제를 해결하는 효과적인 방법이라고 학습하기 때문이다.

또한 처벌이 '부적 강화'가 된다는 점 또한 큰 문제다. 모든 잘못에 '언제나' 적절한 처벌이 이행될 수는 없다. 그렇다 보니 처벌을 피하는(안 걸렸다고 쾌재를 부르는!) 순간은 강화가 되고 만다. 물건을 훔치고 안 걸린 꼬마는 좀도둑이 될 것이고, 이런 아이가 자라면 지능 범죄에 능숙해져 법망을 요리조리 피해 원하는 것을 얻을 것이다.

조용히 하면서 떠들 수 없고, 훔치면서 돈을 낼 수 없고, 때리면서 안 때릴 수 없다. 잘하는 상태를 강화하면 잘못된 상태는 자연히 사라진다. 누군가의 성장을 위해 우리가 할 것은 악과 공존할 수 없는 선을 돕는 것이다.

프리맥의 원리

가족들과 모여 식사하는 자리에는 귀여운 골칫덩어리 두 녀석이 늘 함께한다. 바로 밥 먹기를 무진장 싫어하는 조카들이다. 그때마다 형부는 조카들에게 이렇게 말한다. "열 숟가락 먹으면 뽀로로 틀어 줄게!"

과거의 학습심리학은 특정 자극이 행동을 강화시킨다고 보았다. 그러나 실험심리학자 프리맥은 자극뿐만 아니라 행동 자체가 다른 행동을 강화시킬 수 있다고 주장했다. 높은 확률(쉽게 자주 하는)의 행동이 낮은 확률(드물게 하거나 하기 싫은)의 행동을 촉진한다는 주장인데, 이를 '프리맥의 원리'라고 부른다. 뽀로로 영상 보기로 유인하여 밥 먹기를 강화하는 것처럼 말이다.

좋아하는 행동을 하기 위해 다른 행동을 먼저 하도록 만드는 이 방식은 '할머니의 규칙'이라 불리기도 한다. 당근 먹으면 사탕 줄게, 방 치우면 게임하게 해 줄게, 숙제 다 하면 TV 틀어 줄게⋯⋯ 할머니가 손주를 어르고 달랠 때 자주 사용하는 방법 아닌가. 물론 프리맥의 원리는 성인에게도 효과적이다. 운동 마치고 맥주 한잔 시원하게 하자! 어떤가?

오늘 넷플릭스에서 드라마를 보는데 정말 재미있는 장면에서 딱 끝나 버렸다. 나는 나 자신과 이렇게 약속했다. 세 꼭지를 마무리한 다음 드라마를 마저 보자! 그래서인지 나는 평소보다 더 열심히 키보드를 두드린다.

잠재학습

고양이는 이름을 불러도 반응하지 않는 경우가 많다. 그래서 예전에는 고양이가 자기 이름을 인지하지 못한다고 생각했다. 그러나 요즘은 고양이가 부르는 줄 알면서도 무시하는 것이라는 입장이 우세하다. 할 수 있으면서 하지 않는 이유는 해도 딱히 좋을 것이 없기 때문이다.

행동주의 심리학자 톨먼은 쥐를 세 집단으로 나누어 16일 동안 미로를 통과하게 했다. 첫 번째 집단에게는 출구에 이르자마자 먹이를 주었고, 두 번째 집단에게는 출구로 나와도 먹이를 주지 않았다. 학습 효과는 보상의 유무에 따라 뚜렷한 차이를 보였다. 두 번째 집단에 비해 첫 번째 집단의 쥐들이 점점 더 실수 없이 출구에 도착한 것이다. 재미있는 것은 세 번째 집단이었다. 이 쥐들에게는 11일째부터 먹이를 주었다. 그러자 10일까지는 길을 헤매던 쥐들이 길을 잃지 않았다. 쥐들은 길을 몰랐던 것이 아니다. 나가봐야 아무것도 없으니 굳이 나가지 않은 것이다. 이처럼 이미 학습했지만 보상이 주어질 때까지 효과가 드러나지 않는 것을 '잠재학습'이라 부른다.

우리는 지금보다 더 잘하는 법을 알지만, 딱히 최선을 다하지 않는다. 열심히 일하나 대충 일하나 받는 월급은 같기 때문이다. 그러나 보너스가 주어진다면 우리는 세 번째 집단의 쥐처럼 헤매지 않고 능력을 발휘할 것이다.

관찰학습

　　　　　　만화영화 속 원시인 둘이서 술잔을 쨍 부딪치
며 건배하는 장면이 흥겨워 보였던(실제로 만화 속 원시인들
은 컵이 깨지자 서로를 보며 낄낄 웃었다) 여섯 살의 신고은
은 사촌 동생이 들고 있는 콜라 컵을 자기 컵으로 부딪쳐 박살
냈다. 모두가 신나게 웃을 줄 알았던 예상과 달리, 온 가족이
사색이 되어 나를 쳐다보았다. 몇 초간 정적이 흐른 뒤 "이게
무슨 짓이냐!" 호통이 터져 나왔고, 단단히 혼쭐이 나고야 사
건은 일단락되었다. 이 사건(?)은 만화영화가 얼마나 위험한
지 알려 주는 좋은 사례다.

　　반두라는 '보보 인형'이라 불리는 오뚝이 인형을 선생님
이 발로 차고 때려눕히고 주먹으로 치는 장면을 아이들에게
보여 주었다. 그러고 장난감이 가득한 방에 데려가 아이들의
행동을 지켜보았다. 폭력적인 행동을 본 아이들은 수많은 장
난감 중에서도 유독 보보 인형을 선택해 선생님이 했던 행동
을 그대로 흉내 냈다. 이를 통해 학습은 보는 것만으로도 이루
어질 수 있다는 '관찰학습'의 개념이 탄생했다.

　　저 정도쯤이야 봐도 되지 않나? 하면서 잔인한 장면을
아이들에게 보여 주는 경우가 종종 있다. 아이들이 뭘 아느냐
며 말이다. 그러나 조심해야 한다. 위인전이나 선한 시민의
행동을 보고 배우는 것도 가능하지만 나쁜 행동도 쉽게 학습
되기 때문이다. 자칫 방심했다가는 나처럼 힘차게 유리컵을
깨 버리는 순수한 악동이 생겨날지도 모른다.

대리 강화와 대리 처벌

유기체는 마주한 모든 장면을 따라할까? 그렇다면 이 세상은 범죄로 가득한 끔찍한 곳이 될 텐데 말이다.

'보보 인형 실험'에서 누군가 등장해 보보 인형을 괴롭히는 어른을 혼내자 아이들은 폭력 행동을 따라 하지 않았다. 반대로 보보 인형을 괴롭히는 어른이 칭찬을 받으니 아이들은 더 신나게 보보 인형을 괴롭혔다. 우리가 지켜보는 모델은 행위에 따라 강화 또는 처벌을 받는다. 이를 본 우리는 모델이 받는 강화와 처벌도 동시에 학습한다. 이를 '대리 강화/대리 처벌'이라고 한다. 행위의 과정이 괴로워 보여도 그 결과가 좋다면 따라 하고, 행위의 과정이 즐거워 보여도 끔찍한 결과를 맞이하면 따라 하지 않겠다고 마음먹는다.

젊은 세대가 열심히 하지 않는다고 비난할 수 있을까? 그들은 열심히 살았음에도 행복하지 않은 기성세대의 삶을 보았다. 해도 소용없다는 사실을 배웠다. '고생 끝에 낙이 온다'는 속담은 '고생 끝에 골병 든다'로 바뀐 지 오래다. '나 때는' 더 힘들었다는 말로 누군가를 가르칠 수 없다. '그래서 지금 만족하냐?'는 역습에 답할 수 없기 때문이다. 전통을 답습하게 하려면 보상이 따르는 결과 또한 증명해야 할 것이다.

폭력관찰 효과

TV, 영화, 유튜브, SNS 등을 통해 폭력물을 접하는 일이 쉬워졌다. 자극적인 매체의 위험성에 대한 경고가 끊이지 않지만 대다수는 고작 그런 걸 본다고 사람들이 따라 하겠냐고 반박한다. 정말 안 따라 할까?

'묻지 마 범죄'의 범행 방식은 그다지 창의적이지 않다. 드라마나 영화에서, 때로는 뉴스에서 본 방식을 '관찰학습'한다. '폭력관찰 효과'가 나타난 것이다.

그러나 모든 사람들이 학습한 범죄 장면을 실행에 옮기지 않는다. 보상이 따르지 않기 때문이다. 문제는 트리거가 될 만한 요인이 그들의 분노 버튼을 건드리고, 화를 풀지 않으면 안 되는 상태로 빠트렸을 때(화가 풀리는 것이 그들에게 보상이 된다)이다. 그때 그들은 '잠재학습' 한 범죄를 실행으로 옮긴다. 여기에 적절한 '처벌'이 따르지 않으면 '대리 부적 강화'가 된다. 그리하여 또 다른 잠재적 범죄자들이 모방 범죄를 일으키고 사회를 뒤흔든다.

인간은 자극을 추구하는 동물이고, 자극에 적응하는 동물이다. 자극은 짜릿하지만 이내 무더져 더 큰 자극을 좇게 한다. 이런 심리를 반영하여 매체는 더욱 잔인하고 자극적인 장면을 선보인다. 모든 자극이 사람들의 마음에 이미지로 남는다면, 범죄의 잠재적 씨앗이 될지도 모른다.

친사회적 모델 효과

한 다큐멘터리 프로그램에 출연한 소년 농부는 외모와 달리 구수한 사투리를 구사해 인기를 얻었다. 중학생답지 않은 할아버지스러운 말투에 더빙이 아니냐는 의혹까지 일었지만, 소년과 할아버지가 함께 등장한 장면 덕분에 의혹은 가라앉았다. 소년의 말투와 행동은 할아버지와 판박이였다.

할아버지와 함께 지내면 할아버지를 닮아 간다. 마찬가지로 좋은 사람과 함께하면 좋은 사람을 닮아 간다. 그러므로 내가 먼저 좋은 사람이 되는 것이 좋은 사람이 되라고 말하는 것보다 훨씬 효과적인 방법이다. 자녀를 남을 돕는 사람으로 키우고 싶다면 봉사하는 모습을 보여 주고, 친절한 사람으로 자라길 바란다면 아이 앞에서 친절한 행동을 하면 된다. 선한 행동은 보면 따라 하게 되어 있다. 이른바 '친사회적 모델 효과'이다.

"들어가서 책 읽어!" 호통치는 엄마에게 아이가 말한다. "엄마도 스마트폰만 보잖아!" 반박할 수 없는 사실에 엄마는 민망해진다. 모델의 말과 행동이 일치할 때 모방은 효과적으로 일어난다. 본인은 걸핏하면 화를 내면서 아이에게는 착하게 굴라고 윽박지른다면 그 말이 통할 리 없다. 모델의 위선은 위선 자체를 따라 하게 만든다. 아이는 부모가 입으로 하는 좋은 말을 따르는 대신, 말과 행동이 다른 모습을 흉내 낼 것이다.

뉴런

마음은 어디에 있을까? 많은 사람들이 마음, 하면 가슴을 떠올린다. 마음 아프다, 마음이 따뜻해진다, 이런 표현을 할 때 가슴 한구석에 세밀한 진동이 느껴지기 때문이다. 그러나 가슴에 존재하는 것은 심장이다. 심장은 결과적으로 뛸 뿐 마음에 관여하지 못한다.

마음의 위치는 다른 곳에 있다. 바로 뇌다. 현대 심리학에서는 마음이 곧 뇌라고 주장한다. 우리가 떠올리는 생각, 느끼는 감정, 그리고 이를 통해 나타나는 모든 행동이 뇌의 기능에 의한 것이기 때문이다.

그러면 이 마음의 가장 작은 단위는 무엇일까? 바로 '뉴런'이다. 뉴런은 신경계를 이루는 가장 작은 단위의 신경세포다. 뉴런은 머리와 꼬리에 촉이 징그럽게 많은 올챙이처럼 생겼다. 머리 부분에 해당하는 수상돌기는 다른 세포로부터 온 정보를 수용하고, 몸통에 해당하는 축색axon은 그 정보를 빠르게 이동시킨다. 그리고 꼬리 부분에는 다른 세포로 정보를 전달하는 축색의 종말가지가 있다.

뉴런은 여왕벌과 같아서 스스로 먹이를 구하지 않는다. 그래서 교세포라는 일벌이 영양분을 제공한다. 일벌들은 정보가 전달된 후 청소를 하기도 하고 학습과 사고를 책임지기도 한다. 똑똑한 생물은 뇌에서 뉴런과 교세포가 차지하는 비율이 늘어난다. 실제로 아인슈타인의 뇌는 교세포의 밀도가 평균에 비해 더 높았다고 한다.

시냅스

뉴런과 뉴런은 어떻게 정보를 주고받을까? 뉴런의 수는 너무나 많고, 서로서로 얽혀 있어서 관찰이 어렵다. 그래서 과거에는 뉴런과 뉴런이 서로 맞닿아 있을 것으로 예상했다. 호스에 다른 호스가 결합되어 물이 흘러가듯이 서로 이어진 뉴런을 통해 정보가 전달될 거라고. 그러나 한 뉴런의 종말가지와 다른 뉴런의 수상돌기는 물리적으로 닿아 있지 않다. 대신 뉴런과 뉴런 사이에 있는 시냅스를 통해 정보가 전달된다. 시인 다이앤 애커먼은 시냅스를 보고 '여성이 화장을 망가뜨리지 않으려고 에어 키스를 하듯, 수상돌기와 종말가지가 접촉 없이 키스한다'고 비유했다. 로맨틱하여라!

책을 읽거나 새로운 공부를 할 때, 운동을 배우거나 기술을 연마할 때 뇌에는 시냅스가 하나둘씩 늘어난다. 멀찍이 떨어져 있던 뉴런들이 생성된 시냅스를 통해 서로 연결되면서 처음에는 버벅거리던 정보 교류가 점점 빠르고 명확해진다.

도전의 시작이 어려운 까닭은 그때는 시냅스가 만들어지는 과정이기 때문이다. 그러나 꾸준히 포기하지 않고 노력한다면 우리의 뇌는 신기하게도 학습의 길을 트고, 그 길은 갈수록 어여쁘게 포장되어 쭉쭉 뻗은 고속도로처럼 우리를 달리게 만들 것이다.

세로토닌

편두통이 심한 나는 신경외과에서 처방받은 편두통 약을 먹는다. 이 약은 내성이 강해 한 달에 열 알 이상 먹어선 안 되는데, 신경 쓰이는 일이 많은 달에는 열 번이 넘게 두통이 찾아온다. 그땐 편두통 예방약을 추가로 처방받는다. 예방약은 아이러니하게도 항우울제다. 항우울제가 편두통 유발 원인을 제거하는 데 도움을 주기 때문이다.

항우울제 중 가장 대표적인 것은 '선택적 세로토닌 재흡수 억제제'SSRI로, 여기서 '세로토닌'은 감정, 기분, 배고픔, 수면 및 각성에 관여하는 '신경전달물질'의 한 종류다. 신경전달물질은 쉽게 말하면 뇌에서 호르몬과 같은 역할을 하는 친구다. 시냅스에서 정보를 주고받으며 전기, 화학 신호가 생겨날 때 방출되는 이 물질은 각자의 기능에 맞게 감정과 행동에 영향을 주는데, 어느 정도 정보를 전달하고 나면 원래 신경세포로 다시 흡수된다. 세로토닌의 재흡수 양이 많아지면 시냅스에 잔류하는 양이 적어져 감정 조절에 어려움을 겪게 된다. 이때 선택적 세로토닌 재흡수 억제제를 복용하면 세로토닌의 재흡수를 막아 시냅스에 좀 더 오랫동안 세로토닌이 머물게끔 하여 감정 상태를 잘 관리할 수 있게 도울 수 있다.

각각의 신경전달물질은 감정, 기억, 행동, 사고에 영향을 미친다. '호르몬의 노예'라는 말도 있는 것처럼 이는 의지로 통제할 수 없는 부분이다. 그러니 심리적 어려움을 겪을 때는 정신과에 가서 관련 약물을 처방받자.

엔도르핀

통증은 우리에게 위험을 알리는 신호다. 칼에 베이면 통증을 느껴 얼른 피하고, 음식을 먹다 탈이 나면 더 이상 그 음식을 먹지 않으면서 우리를 지킬 수 있다. 그러나 신호를 받고 신체를 보호한 이후에도 지속되는 통증은 아무 짝에도 쓸모가 없다. 역할을 다한 통증은 멈춰야만 한다.

선조들은 양귀비에서 추출한 모르핀에 진통 효과가 있다는 사실을 알고 전쟁에서 얻은 부상의 고통을 줄이는 데 사용했다. 이를 계기로 지금 우리도 아편성 약물을 투여해 지속되는 통증을 차단한다.

그런데 현대 연구자들이 모르핀보다 훨씬 더 강력한 물질이 우리 뇌에서 방출된다는 사실을 알아냈다. 바로 '엔도르핀'이다. 엔도르핀은 내인성endogenous 모르핀morphine, 즉 몸에서 나오는 모르핀이라는 뜻으로 진통의 효과를 가져다주는 신경전달물질이다. 일단 고통이 찾아오면, 우리 뇌는 엔도르핀을 방출하여 통증을 차단해 준다.

엔도르핀 하면 어떤 이미지가 떠오르는가? 엔도르핀은 행복의 아이콘으로 오해를 받고 있다. 그러나 순수한 행복보다는 통증이 사라지는 쾌감의 아이콘에 가깝다. 그래서인지 어떤 고통에는 중독된다. 이를테면 다친 상태에서도 운동을 끊지 못하는 것처럼 말이다. 좀 더 익숙한 건 매운맛 중독이다. 매운맛은 미각이 아니라 통각이다. 매운 것을 먹으면 고통스럽고, 엔도르핀이 방출되어 기분이 좋아진다. 그래서 우리는 스트레스를 받으면 매운맛을 찾게 되는 것이다. 떡볶이가 당기는 날이면 나에게 묻는다. 너 많이 힘드니?

옥시토신

아기를 보고 있으면 마음이 따뜻해진다. '옥시토신'의 기능 때문이다. 옥시토신은 아기를 분만할 때 자궁을 수축하고, 출산 후 유선을 자극하여 모유를 분비하는 호르몬으로, 엄마가 아기에게 유대감을 갖게끔 돕는다. 또한 관계의 호르몬이기도 해서 사회적 관계를 형성하는 데 도움을 주고, 오르가슴을 느낄 때도 분비되어 남녀가 친밀한 사이를 유지하는 데에도 도움을 준다.

옥시토신은 모든 관계에 긍정적인 효과를 보일까? 한 연구에서는 게임의 상대를 신뢰하는 데 옥시토신이 도움을 주는지 알아보았다. 게임의 규칙은 진행자에게 받은 돈의 일부(혹은 전부)를 상대에게 주는 것인데, 상대는 당신이 주는 돈의 세 배를 받고 이후 원하는 만큼 당신에게 돈을 돌려줄 수 있다. 마치 내가 산 로또 중 몇 장을 친구에게 주면 당첨금 중 일부를 돌려받는 것과 같다(줄지 안 줄지, 또 얼마를 줄지는 모른다). 실험 결과 옥시토신을 투여받은 사람은 신뢰할 만한 사람에게 더 많은 돈을 주었다. 그러나 모든 사람을 신뢰한 것은 아니다. 공격적이고 폭력적으로 보이는 사람에게는 오히려 돈을 주려 하지 않았다.

옥시토신은 '사랑의 호르몬'이라 불린다. 그러나 옥시토신은 큐피드의 화살이 아니어서 사랑에 빠지게 만들지는 않는다. 이미 사랑하게 된 대상을 더 사랑하게 만들 뿐이다.

약물

　　　　어릴 때 도무지 이해되지 않는 말이 있었다. '두통, 치통, 생리통에 게보린!' 아니 이 작은 분홍색 알약이 입으로 들어가는데 어떻게 아픈 곳에 가서 정확하게 일을 하지? 생리통 때문에 약을 먹었는데, 머리로 갈 수도 있잖아!

　　　　약물은 증상이 있는 부위에 가서 작용하는 것이 아니다. 정확히는 뇌로 가서 시냅스의 전달을 촉진하거나 억제한다. '길항제'는 시냅스 전달을 방해하여 신경전달물질의 분비를 차단하고, '효능제'는 시냅스 전달을 촉진하여 신경전달물질 분비를 증가시킨다. '혼합 효능-길항제'는 신경전달물질을 구분하여 어떤 것은 촉진하고 어떤 것은 차단하는 맞춤형 약물이다.

　　　　'자극제' 또는 '흥분제'로 분류되는 약물은 흥분, 각성을 일으켜 기분을 고양시키면서 피로를 감소시킨다. 자극제는 시냅스 종말에서 행복의 호르몬인 '도파민'을 증가시키고, 재흡수를 막아 효과를 지속시킨다(도파민은 정서, 학습, 주의력 등에 관여하는 신경전달물질로 과다하면 조현병을, 부족하면 파킨슨병을 유발한다고 알려져 있다). 대표적인 자극제가 암페타민과 코카인이다. 저용량의 암페타민은 ADHD의 치료제로 사용되지만, 고용량을 투약할 경우 주의력을 떨어뜨려 학습을 저해한다. 일명 히로뽕(필로폰)이라 불리는 약물 메스암페타민은 암페타민보다 훨씬 더 강력한 효과를 낸다.

니코틴과 카페인

극도의 스트레스 상황에서 마음을 가라앉히기 위해 담배 한 대를 무는 사람이 있다. 담배는 우리를 이완시키는 것처럼 보인다. 그러나 담배 속 화합물 '니코틴'은 근육 활동, 학습, 기억 등에 관여하는 신경전달물질 '아세틸콜린' 수용체를 자극하고, 도파민의 방출을 증가시킨다. 다시 말해 담배는 우리를 각성하고 흥분하게 만드는 자극제(흥분제)이다.

도파민이 방출될수록 행복감을 느끼니 담배에 중독될 수밖에 없다. 게다가 니코틴에 반복적으로 노출될수록 니코틴에 대한 반응은 민감해지는 한편, 다른 자극에 대해서는 반응이 떨어진다. 담배를 다른 쾌감으로 대체할 수 없게 되는 것이다. 이는 니코틴뿐만 아니라 대부분의 흥분제에서 나타나는 패턴이다.

잠이 깨지 않을 때, 잠시 휴식을 통해 주의를 환기시킬 때 "담배 한 대 피우고 오자"라는 말이 인사처럼 행해지던 시기가 있었다. 그러나 요즘은 그 말 대신에 "커피 한잔할까?"라는 말이 더 쉽게 나온다. 행동주의 심리학자 왓슨▼의 작품이기도 하지만, 담배 속 니코틴과 커피 속 카페인의 기능이 다르지 않기 때문이다. '카페인'은 기민성을 증가시켜 졸리고 피곤할 때 집중력 향상을 돕는다. 뻔한 소리지만, 다량 복용 시 불안 증상과 불면 증세를 일으키기 때문에 적당히 조절하여 섭취해야 한다.

▼ 9월 27일 왓슨과 앨버트 실험 참고.

환각제

　　　　우리나라가 마약 청정국이라는 말은 옛말이 되었다. 사람들은 각성을 위해 잘못된 선택을 한다. 그러나 각성보다 더 큰 쾌락이 있다. 존재하지 않는 감각을 느끼는 것, 환각이다.

　　　　LSD와 같은 '환각제'는 기분, 감정, 수면 및 각성에 기능하는 세로토닌과 유사한 역할을 한다. 다만 부적절한 방향으로 오랜 시간 동안 지속된다. LSD는 다른 마약과 달리 슬픔과 기쁨을 동시에 느끼게 한다. 특히 환청 때문에 자신을 특별한 존재로 잘못 인식하여 옥상에서 뛰어내리는 등 위험 행동을 감행하는 경우가 많아 인명 사고를 자주 일으키는 약물이다.

　　　　속칭 엑스터시라고 불리는 MDMA는 조금만 복용할 때는 도파민의 분비를 증가시켜 암페타민과 코카인처럼 흥분제로 작용하지만, 용량을 높이면 세로토닌이 함께 분비되어 지각과 인지를 왜곡하는 환각제가 된다.

　　　　단시간에 에너지를 충전하거나 자극적인 쾌락을 얻고자 환각제를 복용하는 사람이 늘고 있다. 그러나 환각제의 가장 큰 문제는 효과가 다하면 심각한 무기력과 우울감이 나타난다는 점이다. 이 때문에 다시 환각을 찾게 되는 악순환이 이어진다.

　　　　인간은 자극에 둔감해지는 존재다. 자극에 노출될수록 더 큰 자극 없이는 만족하지 못한다. 그러나 자극을 멀리하면, 작은 자극에도 신선한 즐거움을 느낄 수 있다. 크림 라테 한 잔만 마셔도 짜릿함을 느끼는 나처럼 말이다.

알코올

술 마시면 개가 된다고 한다. 발밑에서 노곤노곤 코를 골고 있는 중인 우리 집 개를 보니 그 말은 일리가 있다. 알코올은 우리를 이완시키는 '진정제'다. 그래서 술을 마시고 머리를 떨구며 잠드는 모습을 쉽게 볼 수 있다. 술에 취하면 위험 행동을 감행하는 경우가 많아 '알코올'을 자극제(흥분제)라고 생각하는 사람도 많다. 그래서 (미친) 개가 된다고 표현하는 것일 테다. 그러나 술을 먹고 흥분한 것처럼 보이는 이유는 뇌의 위험 행동을 억제하는 부위를 알코올이 다시 억제하고 진정시키기 때문이다. 다시 말해 알코올은 억제를 억제하고, 진정을 진정시킨다.

바쁜 일상을 끝마치고 TV 앞에 앉아 마시는 시원한 맥주는 우리를 편안하게 만든다. 적정량의 알코올은 사람을 이완시키고 불안을 줄인다. 그러나 어디까지나 적당량을 마실 때의 이야기다. 알코올이 신체를 이완시키는 데서 멈추지 않고, 정신까지 이완시키기 시작하면 돌이킬 수 없는 사태가 발생할 수 있다. 알코올은 역사가다. 전 애인에게 '자니?'와 같은 문자를 보내는 흑역사를 써 내려가기 때문이다. 그래서 알코올은 판단력을 흐리게 하여 실수 상황을 빚는, 관계와 사회생활을 방해하는 악독한 약물이기도 하다.

더 큰 문제는 알코올 의존이다. 일단 알코올에 중독되고 나면, 알코올을 끊으려 시도할 때마다 불안감이 엄습한다. 그래서 불안을 낮추기 위해 술잔을 기울인다. 계속 그렇게 진정만 하다가, 인생의 진정서를 써야 할 날이 찾아올지도 모른다.

중독

　　　　　　카페에서 일하는 동안 하루에 커피를 여덟 잔 넘게 마셨다. 그래도 잠만 잘 자던 시절이 있었다. 약물의 효과는 약물을 많이 복용할수록 감소한다. 이런 상태를 '내성'이라고 한다. 내성은 약물의 사용량과 빈도를 점차 늘린다. 적당한 커피로 각성이 어려워진 직장인은 1리터 커피에 고카페인 에너지 드링크를 더하며 하루하루를 버틴다. 이런 과정에서 점차 약물에 의존하게 되어 끊을 수 없게 되는 것이 바로 '중독'이다.

　　중독자는 대부분 중독이 얼마나 유해한지 인식하고 있다. 그러나 끊으려는 시도를 방해하는 '금단' 증세 때문에 단호히 칼을 들지 못한다. 진통 효과가 있는 아편제를 끊으면 불안, 발한, 구토 증세 등이 나타나고, 알코올을 끊으면 신경질, 피로, 메스꺼움, 몸 떨림 증세를 보이거나 심한 경우 환각, 경련에 시달리기도 한다. 니코틴의 금단 증세로는 신경질, 피로, 불면, 두통, 집중력 저하 등이 있다.

　　물론 약물에만 중독되는 것은 아니다. 탄수화물은 기분 조절에 관여하는 세로토닌과 쾌락을 느끼게 하는 도파민을 방출시켜 중독을 일으키고 건강한 섭식 습관을 방해한다. 게임, 폭식, 도박 등 행동에 중독되는 경우에도 금단 증상이 나타난다. 지금 당장 휴대전화를 장롱에 넣어 놓고 오늘 밤 열두 시까지 버텨 보라. 당신의 손도 부들부들 떨릴지 모른다.

말초신경계

　　　　뉴런이 네트워크를 이루면 신경계가 형성된다. 신경계 중에서 '말초신경계'는 눈, 코, 입, 피부 등 감각 기관을 통해 얻은 정보를 뇌로 보내거나, 뇌의 명령을 근육 등에 전달한다.

　　말초신경계는 다시 둘로 나뉜다. 손가락을 움직이고 두 다리로 걷고 셀카를 찍으며 입술을 닭똥집 모양으로 만드는 건 모두 의도적으로 취할 수 있는 행동이다. 이처럼 골격근을 의식적으로 통제하는 신경계를 '체성신경계'라고 부른다.

　　그러나 당신은 마음먹는다 해서 열을 내릴 수 없다. 이처럼 인간에게는 노력으로 통제할 수 없는 영역도 있다. 눈 깜박임, 심장 박동, 소화처럼 말이다. 수의적 통제가 불가능하여 자율적으로 활동하게 하는 것이 '자율신경계'의 기능이다.

　　자꾸 나눠서 미안하지만, 자율신경계는 또다시 둘로 나뉜다. 밤늦게 홀로 집에 오는 길에 누군가 뒤를 따라온다면 심장이 뛰고 동공이 커지고 근육에 힘이 들어간다. 위험에 최적화된 상태로 진화하는 것이다. 각성을 담당하는 '교감신경계'의 작품이다. 그러나 한없이 각성된 상태로 살아가다가는 에너지가 소진되어 죽어 버릴지도 모른다. 이때 '부교감신경계'가 등장해 각성되었던 모든 시스템을 이완시킨다. 그래서 중요한 일을 마치고 나면 온몸의 긴장이 풀리는 느낌이 든다. 이때 우리는 소모된 에너지를 충전할 수 있다.

척수와 반사

        척수는 뇌와 말초신경계를 연결하는 신경계다. 쉽게 말하면 USB 포트와 같다. 척수는 소프트웨어인 뇌가 내린 명령을 전달하여 하드웨어인 말초신경계를 움직이게 만들거나, 반대로 하드웨어인 말초신경계의 작업을 뇌에 저장하기 위한 과정에서 정보를 이동시키는 '통로' 역할을 한다.

        척수의 역할은 고작 이뿐인 건가? 한 가지가 더 있다. 한 남자가 다리를 꼰 채 버스에 앉아 있었다. 그 앞에 서 있던 여성의 손에는 가방이 들려 있었고, 버스가 흔들릴 때마다 여자의 가방이 남자의 무릎을 톡톡 건드렸다. 어느 순간 남자의 무릎이 그만 반사를 일으켰다. 그의 발이 쭉 뻗어 나가는 속도는 통제 불가능할 정도로 빨랐고, 발끝에 걸친 슬리퍼는 열려 있던 창밖으로 날아갔다. 이 모든 게 척수가 한 일이다.

        척수는 뇌까지 정보를 전달할 필요가 없는 상황이 오면 자기 선에서 임무를 해치운다. 그것이 바로 '반사' 기능이다. 예를 들어 '통각 반사'를 생각해 보자. 통각 반사는 감각에 대한 반응으로 나타나는 반사다. 캠프장에서 뒷걸음질 치다가 실수로 모닥불에 손이 닿으면, 거짓말 조금 보태서 빛의 속도로 "앗! 뜨거워" 하며 손을 뗀다. 피부에서 느낀 뜨거운 감각 정보를 뇌까지 보냈다가 손을 떼라는 명령을 받기까지 기다린다면 살은 그새 다 타 버릴 것이다. 그러나 영리한 비서 척수가 지체하지 않고 해결하기에 우리는 위험으로부터 스스로를 신속히 지킬 수 있다.

피니어스 게이지

피니어스 게이지는 심리학 역사에서 끊임없이 언급되는 중요한 인물이다. 원래 그는 평범한 철도 공사 노동자였다, 1848년 9월 13일 그 사건이 있기 전까지.

사건이 일어나던 날 피니어스 게이지는 공사 현장에서 바위를 부수려고 화약을 다져 넣고 있었다. 그런데 순간 불꽃이 튀면서 폭발 사고가 일어났다. 그가 사용하던 쇠막대기가 그의 볼을 지나 뇌까지 관통했고, 다들 그가 죽을 줄 알았지만 그는 기적적으로 살아났다.

문제는 여기서 끝나지 않았다. 평소 온순하고 다정하던 그가 사고 이후 정반대의 성격으로 바뀐 것이다. 그가 괴팍하고 공격적으로 돌변한 이유는 그의 머리를 관통한 쇠막대기가 가장 인간다운 사고를 하는 전두엽을 손상시켰기 때문이다. 이후로 피니어스 게이지의 이야기는 뇌의 특정 부위가 사람의 성격과 행동에 관여한다는 사실을 밝힌 전설적 사건으로 남아 있다.

우리는 의지와 공을 들여 마음과 행동을 통제할 수 있다고 믿고, 그래서 어떤 사람에게 더 큰 노력을 요구하기도 한다. 그러나 성격과 행동의 많은 부분을 뇌가 결정한다는 사실을 간과해서는 안 된다. 우리의 많은 부분을 생물학적 요인이 결정하는 걸 알면 강요보다 이해가 앞서는 성숙한 태도로 타인을 대할 수 있을 것이다.

月

구뇌

　　　　뇌라고 하면 구불구불한 조직이 마구 뭉쳐진 이미지를 쉽게 떠올릴 것이다. 하지만 구불구불한 부위는 사실 껍질(피질)이고 그 속에 아주 중요한 구조들이 숨어 있다. 바로 구뇌, 일차적 생존에 필요한 뇌 조직이다. 그래서 구뇌는 '포유류의 오래된 뇌'라고도 불린다.

　　구뇌의 일부인 '뇌간'은 척수가 두개골로 들어가는 통로에 존재하는 부위로, 생존에 가장 중요한 기능을 담당하기 때문에 깊은 곳에 숨겨져 있다. 뇌간의 '연수'와 '뇌교'는 심장 박동과 호흡, 구토, 재채기 등 의식과 관련 없이 생존에 필요한 기능에 관여한다. 또한 뇌간에서는 대부분의 신경이 교차하기 때문에, 신체 정보는 반대편 뇌에서 처리한다. 이를테면 왼손이 한 일은 우뇌가, 오른손이 한 일은 좌뇌가 처리하는 것이다.

　　'시상'은 후각을 제외한 모든 감각을 수용하여 다른 영역으로 보내는 허브 역할을 하고, '망상체'는 필요 없는 정보를 여과하고 중요한 정보만 뇌로 전달하는 중계소이자 생명 유지와 관련된 반사를 담당하는 중요 기관이다. 뇌 속의 작은 뇌 '소뇌'는 비언어적 학습과 기억을 돕는다.

　　'변연계'는 편도체, 해마 시상하부로 구성되어 있는데 콩처럼 생긴 '편도체'는 공격성과 공포를 담당해 이 영역이 기능하지 못하면 화를 내지 않거나 두려움을 느낄 수 없게 된다. 동물 해마를 닮은 '해마'는 학습과 관련 없는 기억을 담당하고, '시상하부'는 갈증을 줄이고 정상 체온을 유지하며 건강한 성 행동을 이끄는 등 안정적인 내적 상태를 만드는 데 도움을 준다.

대뇌피질

우리에게 구뇌만 있다면 오직 생존과 번식만을 위한 단순한 삶을 살 것이다. 그러나 다행히 우리에게는 더욱 고차원적인 뇌 영역이 존재한다. 의학 드라마 등에서 만났던 구불구불한 조직, 바로 '대뇌피질(신뇌, 신피질)'이다.

대뇌피질은 네 가지 하위 영역(이중 측두엽은 양쪽에 하나씩 있으므로 총 다섯 영역이다)으로 나뉜다. 먼저, 이마 쪽에 해당하는 '전두엽'은 가장 고차원적 기능을 담당한다. 정교한 운동 통제, 계획, 이성적 판단에 관여하는데 다른 동물에 비해 인간과 유인원이 이 부위가 크다. 누군가가 개념 없이 행동해 비난할 때 "너 무無뇌냐?" 하는데, 정확한 표현은 "너 무無전두엽이냐?"가 맞다.

'두정엽'은 정수리 쪽에 해당하는 영역으로 머리 꼭대기에서 우리의 신체를 통제한다. 두정엽에서는 촉각 정보를 받아들이고, 신체 위치와 균형에 대한 감각 신호를 처리한다.

'후두엽'은 뒤통수 쪽에 해당한다. 안구를 통해 받아들이는 시각 자극은 안쪽 깊은 곳으로 쭉– 들어와 뇌의 가장 뒤편인 후두엽에서 처리한다.

마지막으로 '측두엽'은 양쪽 귀 부근에 있는 영역으로 반대편 귀로부터 들어오는 청각 정보를 수용한다. 왼쪽 귀에서 들리는 소리는 우뇌가, 오른쪽 귀에서 들리는 소리는 좌뇌가 처리하는 것이다. 좌뇌는 언어 처리에 우수한 것으로 알려져 있다. 그래서 시끄러운 공간에서는 왼쪽 귀보다 오른쪽 귀에다 대고 말할 때 더 잘 들린다.

분리뇌

좌반구와 우반구는 '뇌량'이라 불리는 두꺼운 신경 다발로 연결되어 있다. 그런데 1940년, '뇌량'이 지나치게 활동하여 뇌전증을 일으킨다고 여긴 의사가 뇌량 절단 수술을 감행했다. 예상은 적중했다. 발작 증세는 사라졌고, 심지어 뇌를 반으로 나눠 놨는데도 성격이나 지능에 어떠한 영향도 주지 않았다.

연구진은 '분리뇌'의 기능적 문제가 없는지 실험을 진행했다. 뇌가 분리된 환자들에게 좌측 시야에는 HE, 우측 시야에는 ART라는 단어를 보여 주었다. 두 눈으로 보면 HEART라는 단어가 보이도록 말이다. 그리고 환자들에게 본 단어를 '읽어 보라고' 요청했을 때 그들은 HEART가 아닌 ART라고 소리 내어 대답했다. 그러나 본 단어를 '왼손으로 선택'해 달라고 하자 이번에는 HE라는 단어를 가리켰다

양 눈으로 들어온 정보는 뇌간의 신경 교차로 인해 각각 반대편 뇌로 입력되고, 이후 뇌량을 통해 정보가 교류하면서 좌우뇌에서 동시에 처리된다. 그러나 분리뇌 환자의 경우 일단 정보가 반대편 뇌로 입력되면, 끊어진 뇌량으로 인해 좌우뇌의 정보 교류가 불가능하다. 따라서 좌측 시야로 들어온 정보(HE)는 우반구에서만, 우측 시야로 들어온 정보(ART)는 좌반구에서만 처리할 수 있다. 이를 통해 우반구는 운동을, 좌반구는 언어를 담당한다는 사실을 발견하게 되었다. 이처럼 좌뇌와 우뇌의 기능이 분리된 것을 '편재화'라고 한다.

강화 민감성 이론

　　　　　내 마음에는 늘 두 가지 마음이 공존한다. 강의를 하고 집에서 책을 쓰며 지금의 생활을 안정적으로 이어가자는 마음과 전투적으로 새 사업을 벌이고 심리학계의 유명인사가 되어 큰돈을 벌고 싶은 마음이다. 도전에 실패하면 인생이 무너질까 두려우면서도 현실에 안주하여 살기에는 어쩐지 지루하다. 둘 다 아쉬운 점이 있기에 늘 고민만 하다 오늘도 똑같은 하루를 살아간다.

　　심리학자 그레이의 '강화 민감성 이론'에 따르면 인간의 뇌에는 행동 반응을 통제하는 몇 가지 체계가 존재한다. 먼저 '행동 접근(활성화) 체계'는 보상과 관련된 체계로 '도파민' 분비와 관련되어 있다. 이 영역이 크게 활성화되는 사람은 원하는 것을 얻는 단서에 민감하게 반응한다. 반대로 '행동 억제 체계'는 위협 관련 단서에 반응하는 체계로 처벌이나 공포 상황을 회피하게 한다.

　　행동 접근 체계가 활성화되면 행복을 위한 선택을 과감하게 실행하는데, 심할 경우 조증이 생길 수 있다. 만약 행동 접근 체계가 활성화되지 않으면 긍정적인 경험을 할 수 없어 부정적인 정서에 빠지고, 무기력해지며 우울증에 걸리기도 한다. 반면에 행동 억제 체계가 활성화되면 부정 정서를 회피하는 방어적 선택을 하게 되고, 심각할 경우 불안 장애나 공포증이 생긴다.

　　쾌락을 추구하는 것도 지나치게 몸을 사리는 것도 성격이고, 그 성격은 뇌의 활성화 수준에 따라 결정된다.

실어증

　　　　　사고의 충격으로 말을 잃는 장면을 드라마에서 많이 보았을 것이다. 이런 경우를 우리는 '실어증'이라고 한다. 그러나 말을 입 밖으로 꺼내지 못하는 것만이 실어증은 아니다.

　　우리 뇌에는 언어를 담당하는 두 가지 영역이 있다. 외과 의사 브로카가 발견한 '브로카 영역'은 좌반구 전두엽 쪽에 위치하며, 이 부위에 문제가 생겨 나타나는 증상을 '브로카 실어증'이라 부른다. 뇌의 혈류가 막혀 브로카 영역이 손상된 환자들은 문법(전치사, 접속사, 대명사 등)과 관련한 문제를 보인다. 단어의 의미는 이해하나 문법에 취약해지는 것이다. 예를 들어 'The dog was bitten by the man'이라는 문장을 Dog, Bite, Man으로, 즉 '사람'에게 '개'가 '물렸다'는 문장을 '개가 사람을 물었다'는 뜻으로 이해한다.

　　반면 신경정신과 의사 베르니케가 발견한 '베르니케 영역'은 좌반구 측두엽 쪽에 위치하며, 이 부위가 손상되면 '달변 실어증(베르니케 실어증)'이 나타난다. 얼핏 듣기엔 굉장히 유창하게 말을 풀어내는 것처럼 보이지만, 내용을 들어 보면 도무지 알아들을 수 없는 횡설수설이다. 단어 선택을 어려워하여 '어' '음' '그러니까' 같은 식으로 말을 이어 가거나, 사탕을 '달콤하고 빨아 먹는 것'이라고 말하는 것처럼 단어를 문장으로 우회해 표현한다. '학교가 학생에 갔다'처럼 단어의 순서를 잘못 나열하기도 하고, 전혀 상관없는 단어를 사용하는 '명칭 실어증'이 나타나기도 한다.

환상지

사고로 신체 일부를 잃은 사람들이 있다. 그들의 고통은 존재해야 할 것의 부재 때문에 찾아오지만, 때로는 부재해야 할 것이 존재하기 때문에 생겨나기도 한다.

'환상지'幻像肢는 신체 일부가 절단된 환자에게 나타나는 증상으로, 없는 신체의 감각이 느껴지는 것이다. 하반신을 잃은 사람이 다리 감각을 느끼거나, 팔이 없는 사람이 손가락에서 감각을 느끼는 것처럼 말이다. 보통 팔다리에서 느껴지는 증상인데 어느 부위에서든 나타날 수 있다.

환상지 통증은 따끔거리거나 타는 듯한 작열감, 칼로 베이는 통증, 쥐어짜는 느낌 같은 다양한 양상으로 나타난다. 절단 환자의 50퍼센트가 사고 이후 24시간 내에 환상지 통증을 경험하는데, 이 통증이 때로는 사라지지 않고 수년 혹은 평생토록 지속되기도 한다.

과거에는 환상지 통증의 원인을 몰라 환자를 이해하기가 어려웠다. 극심한 고통 이후 나타나는 심리적인 문제로 여기기도 했다. 그러나 환상지 통증은 감각에 관여하는 대뇌피질이 재조직화하여 나타나는 생리적 문제다. 만약 손이 절단되면 손의 감각에 관여하는 뇌 부위가 그 근처에 있는 얼굴 감각에 관여하는 부위로 재조직되는 것이다. 그러면 얼굴을 만져도 손의 감각을 느끼게 된다. 환상지 증상이 나타나면 위로와 안정이 아닌 치료를 시도해야 한다. 증상 발생 초기에 의학적 도움을 받으면 증상이 호전될 수 있다.

뇌 가소성

어린 시절 나무에서 떨어져서 바보가 되었다는 말을 농담처럼 전해 듣곤 했다. 그러나 우스개로만 여길 수도 없는 얘기다. 머리를 다치면 정말 돌이킬 수 없기 때문이다.

흉이 생겨도 며칠이면 새살이 돋는 것처럼, 대부분의 신체 조직은 자발적으로 재생된다. 그러나 척수는 한번 손상되면 그걸로 끝이다. 척수가 손상되면 뇌의 명령을 말초신경계로 전달할 수 없고, 척수는 재생되지 않기 때문이다.

뇌 역시 재생되지 않아서 한 영역이 손상되면 더 이상 그 영역은 기능 할 수 없게 된다. 그러나 어느 한 명이 그만둬도 다른 사람이 그 일까지 맡아 회사는 어떻게든 돌아간다는 (슬픈) 사연처럼, 뇌 일부가 손상되면 원래 그 기능을 하지 않던 근처의 뇌 영역이 그 일을 맡는다. 이를 '뇌 가소성'이라 부른다.

촉각으로 감각을 처리하는 시각장애인의 뇌를 들여다보면, 촉각 영역이 시각피질까지 확장되어 있다. 시각피질이 시각을 더 이상 처리할 수 없게 되자, 맞닿아 있던 있던 촉각 영역이 시각피질이 해야 할 일을 도맡아 하기 시작한 것이다. 그래서 시각에 문제가 생긴 사람들은 대신 촉각의 예민함을 얻게 된다.

우리의 뇌는 손상되면 돌이킬 수 없지만, 뇌 전체가 손상되지 않는 이상 다른 영역이 어떻게든 기능하게 돕는다. 뇌의 기능은 놀랍다!

수면

　　　　　잠은 죽어서도 충분히 잘 수 있다며 수면 시간을 줄여 성공하자는 말을 종종 듣는다. 그럼에도 불구하고 우리는 대부분은 잠을 택한다. 잠은 왜 필요할까?

　　먼저, 수면은 우리를 보호한다. 잠을 자지 않고 24시간 깨어 있으면 어둠 속에서도 생활해야 한다. 그러나 지금 우리와는 달리, 선조들에게 어둠은 매우 위협적이었다. 맹수가 돌아다니는 것은 물론 울퉁불퉁한 바위와 가파른 절벽을 비춰줄 가로등 하나 없었으니까. 밤에 잠을 자는 사람은 생존에 유리했고, 그 기능이 지금까지 남아 있을 것이다.

　　수면은 원기를 회복시키는 기능도 한다. 우리는 생활하는 내내 에너지를 소진하는데, 잠을 자는 동안 뇌세포가 회복하고 소진한 에너지가 충전된다. 또한 수면을 취하는 동안 우리 뇌에서는 근육 발달에 필요한 호르몬이 분비된다.

　　밤을 새워 공부하는 것보다 잠시라도 자고 일어나는 것이 훨씬 도움이 되는데, 자는 동안 우리의 뇌 속에서 깨어 있을 때 입력된 정보를 차곡차곡 정리하여 쌓는 과정이 진행되기 때문이다. 밤샘 공부하면 시험 망친다!

　　수면의 이점은 이렇게나 많다. 혹시라도 책을 덮고 유튜브, 틱톡, SNS를 할 생각이었다면, 더 좋은 선택은 당신에게 달려 있다. 나와 함께 꿈나라로 떠나는 것은 어떠신지? zzZ

렘수면

수면은 눈 감고 의식을 잃었다가, 눈을 비비면 의식이 돌아오는 단순한 과정일까? 수면의 주기는 90분 정도로, 이 주기가 여러 차례 반복되어 몇 시간의 잠이 유지된다. 수면 주기의 초반에는 잠에 점점 깊게 빠져들었다가 중간부터는 다시 각성 상태로 돌아온다. 이 때문에 무조건 오랜 시간을 자는 것보다 수면 주기에 맞춰 일어나는 것이 더 개운하게 느껴진다.

수면 주기 동안에는 무슨 일이 일어날까? 수면의 깊이를 측정하기 위한 관찰 결과, 잠을 자는 도중 갑작스럽게 안구 운동이 일어나는 시기가 있다는 사실을 알게 됐다. 잠들어 있는 사람들은 이때가 되면 마치 무엇을 보고 있는 듯 열심히 눈알을 굴렸고, 뇌파 역시 불규칙하고 빠르게 움직였다. 그러나 잠에서 깼다고 보기에는 어려운 것이, 이때의 근육은 다른 수면 시기에 비해 훨씬 더 이완되어 있었기 때문이다. 의식은 깨어 있는 듯하고 신체는 잠들어 있는 듯한 이 상태를 '역설수면' 혹은 '렘REM, Rapid Eye Movement수면'이라 부른다.

렘수면 단계에 보이는 안구 움직임은 꿈을 알리는 신호다. 꿈을 기억하는 사람은 렘수면 단계에서 깼을 가능성이 큰데, 이 상태에서 일어나면 상당히 피곤한 느낌이 든다. 렘수면은 수면 주기의 중간에 나타나기 때문이다. 그래서 꿈을 많이 꾸면 피곤하다고 하는 모양이다.

많이 자는 게 능사는 아니다. 잘 자는 것은 잘 깨는 것이다.

주요 수면장애

　　　　잠은 선택받은 자의 것이다. 다양한 수면장애로부터 자유롭게끔 선택된 자 말이다.

　　'불면증'은 정상적인 수면 욕구가 있음에도 잠들기 어렵거나 애써 잠들어도 수면 상태를 유지하는 데 문제가 생기는 경우다. 그렇다고 수면제나 술에 의존하기 시작하면 렘수면이 감소되어 다음 날 더욱 피곤해진다.

　　'기면 발작증'은 발작 증세처럼 적절하지 않은 순간에 갑자기 잠에 빠지는 수면장애다. 이를테면 TV에서 웃긴 장면을 보고 크게 웃다가, 화가 나서 소리를 지르다가, 심지어 성관계를 하다가 잠들어 버리기도 한다.

　　'수면 무호흡증'은 자는 동안 숨을 간헐적으로 멈추는 게 주된 질환이다. 코골이가 심한 사람이 갑자기 조용해지면, 식구들은 깜짝 놀라 귀를 기울인다. 이내 푸~ 하고 숨을 내뱉으면 마음이 놓인 식구들은 그를 우스갯감 삼아 놀려 댄다. 그러나 웃을 일이 아니다. 호흡이 멈추는 동안 혈액 내 산소가 줄어들고 잠에서 깨는 과정이 반복되면서 수면의 질이 떨어지기 때문이다. 수면 무호흡 환자 대부분이 피로감, 우울감 등을 호소한다.

　　아이들에게는 자다가 갑자기 소리를 지르거나 화들짝 놀라는 '야경증' 그리고 자면서 돌아다니거나 심한 잠꼬대를 하는 '몽유병'이 주로 나타나는데, 다행히 이 증상은 성장하면서 자연스레 사라진다.

투쟁-도피 반응

매일 밤 오가는 산책길에서 마주치는 아저씨가 있다. 언제나 산책로 중간에 설치된 벤치에 앉아 휴대전화로 유튜브 영상을 본다. 30분쯤 걷고 돌아와도 아저씨는 여전히 그 자리에 있다. 늦은 시간에 나와도 이른 시간에 나와도 마찬가지다. 옷이 날마다 바뀌는 것을 보면 노숙인은 아니다. 아저씨는 왜 항상 그 자리에 있는 걸까? 집에 들어가기 싫은 걸까?

스트레스는 현대인의 적이다. 적을 마주하면 우리는 두 가지 옵션 중 하나를 선택한다. 1)싸운다. 2)도망간다. 운전 중에 누군가 시비를 걸어 오면? 선택을 해야 한다. 1)상향등을 쏘고 클랙슨을 울리며 싸운다. 2)더이상 시비 걸 수 없도록 지나친다. 배우자와 사이가 좋지 않으면 집이 지옥 같을 터. 역시 선택해야 한다. 1)피 터지게 물건을 던지고 욕하며 싸운다. 2)에라이! 하고 집을 나간다. 이런 과정을 '투쟁-도피 반응'이라 부른다.

싸우든 도망가든 우리에게 필요한 것은 에너지다. 스트레스에 저항할 때만 에너지가 필요한 것처럼 보이지만, 도망가려 할 때 오히려 더 큰 에너지가 필요하기도 하다. 직장 생활을 버티는 것보다 사직서를 던지는 데 더 큰 용기가 필요한 것처럼 말이다. 도망가든, 맞서 싸우든 스트레스 상황에서는 에너지를 총동원하여 문제를 대비한다. 엄청난 스트레스 상황에서 초인적인 힘을 발휘하는 놀라운 장면은 드물지 않게 목격된다. 투쟁-도피 반응이 우리를 살리는 장면이다.

일반 적응 증후군

　　　　사람들이 묻는다. 어떻게 그렇게 쉬지 않고 글을 쓰세요? 글 쓰는 일이 힘들지 않나요? 그러면 나는 이렇게 묻게 된다. 어떻게 직장을 다니세요? 회사 생활은 힘들지 않나요?

　　저마다 견디기 힘든 일이 다를 순 있지만, 스트레스에 따른 반응은 일반적으로 유사하다. 그래서 내분비학자 셀리에는 스트레스의 3단계 반응을 두고 '일반 적응 증후군'이라 불렀다. 스트레스가 시작되는 '경계' 단계에서는 스트레스 상황에 대비해 에너지가 총동원되는데, 이때 교감신경계▼가 신체 기능을 각성시켜 투쟁-도피 반응을 준비한다. '저항' 단계에서는 총동원한 에너지를 활용하여 문제에 직접 대응한다. 이 단계에서 스트레스원이 사라진다면 부교감신경계가 활성화되어 소진된 에너지를 충전하고 안정 상태에 접어든다. 그러나 스트레스가 만성적으로 지속되면 교감신경계만 끊임없이 활성화되어 '탈진' 단계에 접어든다. 문제는 인간이 탈진 상태에 적응해 버리는 것이다. 힘들지 않은 사람이 어디 있냐며 버텨 내다 보면, 새로운 스트레스를 맞닥뜨리는 날이 찾아와 다시 '경계' 단계로 들어간다. 그러나 '앵꼬' 난 상태에서 급발진하면 차가 멈춰 버리듯, 우리의 신체도 총동원할 에너지가 없어 멈추고 만다. 이것이 우리가 잘 아는 '과로사'다.

▼ 10월 29일 말초신경계 참고.

자가면역질환

　　　　　대학원 시절, 신경성 위염이 반복되자 내과 의사가 말했다. 하는 일 중 하나는 그만두세요. 나는 콧방귀를 뀌었다. 의사 선생님! 선생님만큼 벌이가 되어야 힘들 때 그만둘 수 있는 거죠. 우리 같은 사람은 힘들어도 견뎌야 해요. 그리고 정확히 3년 뒤, 나는 희귀난치병 환자가 되었다. '자가면역질환'의 일종이었다.

　　면역계는 세균이나 바이러스로부터 우리를 지키는 존재다. 약간의 스트레스는 면역계를 활성화해 우리를 보호한다. 그러나 스트레스의 강도가 강해지면 면역계는 약해진다. 그래서 스트레스가 심할 때 병에 잘 걸리고 상처 회복도 더디다. 문제는 만성적인 스트레스가 지속되어 일반 적응 증후군의 탈진 단계에 도달하는 것인데, 이때 심각해지면 면역계가 고장 나서 세균과 바이러스 대신 신체를 공격하기 시작한다. 이것이 자가면역질환이다. 자가면역질환은 공격받는 부위에 따라 다른 질병이 된다. 류마티스 관절염은 관절을, 원형 탈모는 머리카락을 바이러스로 오인하는 것이다.

　　진단을 받고 나서야 모든 일을 그만두었다. 소 잃고 고친 외양간이었지만, 소만 잃는 데서 멈춰야 했다. 건강은 잃었어도 '나'는 잃지 말아야 했다. 수입이 없으면 바로 거리에 나앉을 줄 알았지만 살아 보니 살아졌다. 견디지 않고 할 수 있는 일을 하는 날도 만났다. 그렇게 조금씩 회복 중이다. 그래서 나는 말한다. 힘들면 쉬라고, 어떻게든 살아진다고. 건강을 잃으면서 얻어야 하는 것은 아무것도 없다고.

위약 효과

　　　　　　새로 생긴 안경점에서 맞춘 렌즈가 불편했다. 몇 차례 가서 렌즈를 바꿨지만 여전히 나아지지 않았다. 결국 안경사는 최고급 렌즈를 무료로 제공해 주었다. 그러자 신기하게도 눈이 편안해졌다. 안경사는 며칠 동안 전화로 불편한 점이 없냐고 물었고, 나는 편안히 잘 끼고 있다며 감사를 전했다. 그러자 안경사는 충격적인 사실을 고했다. 사실 지금 쓰고 있는 렌즈가 가장 처음에 썼던 렌즈라지 않나. 렌즈를 처음 사용하는 사람은 심리적 불편함을 느낀다고, 심리적으로 안정감을 주면 불편도 없어진다는 것이 그의 생각이었다. 안경사의 지혜와 친절에 감동한 나는 십 년 단골이 되었다.

　　　　효과가 없어도 있다고 믿으면 정말로 효과가 나타날 때가 있다. 이를 '위약(플라시보) 효과'라고 한다. 위약은 효력이 없지만 진짜 약과 똑같은 형태로 만든 밀가루 덩어리 약이다. 신약을 개발하면서 약효를 알아보기 위해 한 집단에게는 진짜 약을, 다른 집단에게는 위약을 투여하는 실험을 한다. 그러나 신기하게도 위약 집단의 통증이 실제 약을 복용하는 집단처럼 감소하는 장면이 여러 연구를 통해 발견된다.

　　　　위약도 치료 효과가 있는 걸까? 실제 약을 복용하면 감각피질이 반응한다. 그러나 위약을 복용하면 정서를 담당하는 피질만 반응한다. 다시 말해, 위약이 문제를 해결하는 것은 아니다. 하지만 정서적으로 사람을 이완시키니 자연히 통증도 감소하는 것이다. '마음먹기 나름'이라는 말이 괜히 나온 건 아닌 듯싶다.

변화맹

　　　아니, 언제 저기 저 건물이 들어섰지? 변화를 뒤늦게 알아차리고 퍼뜩 놀랄 때가 있다. 그러나 때로는 엄청난 변화를 끝까지 눈치채지 못하기도 한다. 변화를 알아채려면 주의가 선행되어야 하는데 관심이 없는 대상은 주의조차 끌지 못하기 때문이다.

　　이처럼 변화를 알아차리지 못하는 현상을 '변화맹'變化盲이라 한다. 변화맹을 확인할 수 있는 재미난 실험이 있었다. 편의점 점원이나 병원의 의사 또는 길을 물어보던 사람과 대화하던 사람들은 (책상 밑에 떨어진 뭔가를 줍느라 몸을 숙이거나, 두 사람 사이에 큰 물건이 지나가는 순간을 틈타) 대화하던 상대가 갑자기 다른 사람으로 바뀌어도 대부분 알아채지 못하고 말을 이어 나갔다. 심지어 남성이 여성으로 바뀌어도 말이다. 물론 눈앞에 있던 남성이 다른 사람으로 바뀌자 몹시 당황한 여성도 있었는데, 처음 남성에게 호감을 느꼈기 때문은 아니었을지? (변화맹 현상은 관심이 없는 자극에 한해서 나타난다.)

　　관심 없는 데에서 변화를 알아차리기란 쉽지 않다. "나 오늘 어디 달라진 데 없어?"라는 질문이 당신의 관심을 테스트하려는 함정이라 해도 할 말이 없다. 그러나 한 가지 빠져나갈 구멍이 있다. 마술사가 한 손으로 관객의 흥미를 끌면서 다른 손으로 속임수를 쓰듯, 강렬한 관심사가 튀어나오면 다른 일은 시야에 들어오지 않는다. "너는 항상 너무 예쁘잖아, 달라진 것도 모를 만큼." 이 정도 대답이면 얼렁뚱땅 넘어갈 수 있을지도.

이상심리

　　　　정상과 이상은 어떻게 구별할 수 있을까? 이상심리학에서는 다음 다섯 가지 기준을 근거로 정상과 이상을 구분한다.

1. 주관적 고통. 남들과 다른 것이 이상은 아니다. 머리가 지나치게 길든, 취향이 지나치게 독특하든, 밥을 지나치게 조금 먹든 아무 문제 없다. 그러나 그런 모습을 숨기려 하고 들킬까 불안해하며 고통을 호소한다면 이상 범주로 볼 수 있다.

2. 심리적 부적응. 새로운 환경에 적응하는 것이 쉬운 일은 아니지만, 어느 정도의 시간이 흐르면 대부분은 마주한 상황에 적응해 낸다. 그러나 (건강한 조직이라는 가정 하에) 끝내 주어진 환경에 적응하지 못한다면 이상 범주에 해당하는 것으로 본다.

3. 통계적 일탈. 미친 사람들 사이에서는 안 미친 사람이 이상한 사람이라는 말이 있다. 다시 말해 통계적으로 평균에서 벗어난다면 이상으로 분류한다. 단, 정상 범주에서 벗어난다고 해서 무조건 부정적으로 볼 필요는 없다. 이상 범주가 곧 평균 미달은 아니기 때문이다. 이를테면, IQ 180인 사람 역시 정상은 아니다.

4. 사회문화적 규준 위반. 누드 비치에서 옷을 벗고 다니는 것은 정상이다. 그러나 지하철에서 옷을 벗고 다니면 이상이다.

5. 위험성. 문제 행동이 자신과 타인을 위해할 가능성이 있다면 이는 이상 범주에 해당한다고 볼 수 있다.

지적 장애

드라마 『무빙』은 국정원에서 국가기밀 임무를 완수하기 위해 숨어 있는 초능력자들을 찾는 이야기다. 괴력을 지닌 재만도 국정원 비밀요원 후보였지만, 지능이 낮다는 이유로 제외된다. 재만은 사람들과 정상적인 대화가 어렵고, 쉽게 흥분하며, 상황 판단력이 떨어져 초능력을 함부로 사용했다가 정체를 들키기도 한다.

'지적 장애'는 지적 기능이 평균보다 낮아(IQ 70 미만) 학습을 비롯한 대부분의 적응 행동에 문제가 나타나는 신경 발달 장애의 일종이다. 과거에는 '정신지체'라고 불렸으나 낙인 효과로 인해 지적 장애라는 용어로 변경되었다.

지적 장애는 추론이나 문제 해결, 계획, 추상적 사고, 학습 능력 등에 결함이 있다. 독립적인 생활이 불가능하며 사회적 책임감이 필요한 상황에 적응이 어렵다. 의사소통 기술이 부족하여 파괴적이고 공격적인 행동을 보이기도 한다.

지정 장애가 생기는 원인 중 하나로는 다운증후군과 같은 유전자 이상이 있고, 산모의 음주로 태아에게 문제가 나타나는 태아 알코올 증후군과도 관련 있는 것으로 보고된다. 출산 후에는 저산소증, 두부 손상, 중독과 같은 물리적 원인과 적절한 자극을 제공하지 못한 양육 환경 또는 아동 학대가 원인이 될 수도 있다. 아직까지 지적 장애는 치료가 쉽지 않지만, 지적 장애인에게 다양한 적응 기술을 학습시키려는 시도가 지속되고 있다.

자폐 스펙트럼 장애

'자폐'란 '스스로 닫는다'는 뜻으로 외부 세상과 소통을 차단하는 것을 말한다. 자폐의 모습은 단순하지 않다. 유아기 자폐증, 아동기 자폐증, 고기능 자폐증, 아스퍼거 장애 등 수많은 자폐 성향이 존재한다. 자폐 '스펙트럼' 장애라고 부르는 이유도 이 때문이다.

자폐 스펙트럼 장애의 공통된 증상은 사회적 상호작용이 불가능하다는 것이다. 이들은 사회적 놀이나 모방을 하지 못하고, 점심은 늘 김밥만 먹는 드라마 『이상한 변호사 우영우』 속 주인공 우영우처럼 융통성 없이 똑같은 것만 고집한다. 손가락으로 벽을 두드리는 것처럼 특정 행동을 반복하는 단순행동 상동증常同症이나, 들리는 말을 그대로 따라하는 반향어 증상 등을 보이기도 한다.

자폐 스펙트럼 장애의 원인은 생물학적으로는 뇌 구조나 기능의 이상에 기인한다고 여겨지며 사회문화적 원인으로 가장 영향력 있는 설명은 마음 이론▼ 발달에 문제가 있다는 것으로, 자폐증을 가진 사람은 다른 사람의 마음을 읽는 데 어려움을 겪는 것으로 확인된다.

약물로 자폐 증상을 치료할 수는 없지만 정서적 흥분을 가라앉히기 위해 약물을 사용할 때가 있으며, 자폐로 어려움을 겪는 이들의 사회 적응을 돕기 위한 다양한 교육 프로그램이 개발되고 있다.

▼ 4월 2일 마음 이론 참고.

주의력결핍 과잉행동 장애

　　　유난히 산만하고 충동적이며 자기통제가 불가능한 아이가 있다. 이런 경우 인성에 문제가 있다고 낙인찍는 경우가 있지만, 사실은 주의력결핍 과잉행동 장애ADHD일 가능성이 크다.

　　주의력결핍 과잉행동 장애는 말 그대로 '주의력이 결핍'되고 '행동이 과잉된' 특징을 가진 신경발달 장애의 일종이다. 이 장애는 작은 자극에도 금세 주의가 산만해지고, 긴 시간 집중하지 못하는 모습으로 발현된다. 물건을 자주 잃어버리고, 맡은 일을 힘겨워해 금세 포기하거나 애초에 회피하기도 한다. 제자리에 가만히 있지 못해서 계속 꼼지락거리고, 쉼 없이 활동하기 때문에 '브레이크 없는 자동차'에 비유되기도 한다. 말도 많고, 특히 상대의 질문이 끝나기 전에 대답하거나 차례를 기다리지 못하고 말을 가로채는 등 타인과 원활한 상호작용에도 어려움을 겪는다. ADHD 증상은 주로 아동기에 많이 나타나지만 성인기까지 지속되기도 한다. 성인의 경우 과잉행동은 줄어들지만, 좌불안석, 부주의, 충동적 행동, 계획성 부족 등의 문제가 나타난다.

　　ADHD의 원인으로는 출생 시 뇌 손상 또는 출생 후 감염, 신경전달물질의 비정상적 활동 등이 꼽힌다. 집중력 향상에 큰 도움을 주는 메틸페니데이트라는 약물이 치료제로 쓰이는데, ADHD 증상이 없는 정상 아동과 청소년이 공부에 집중하기 위한 용도로 약을 남용하는 경우가 많아 큰 문제가 되고 있다.

틱 장애

정용준의 단편소설 「이코」에는 저도 모르게 입 밖으로 튀어나오는 욕설 때문에 자기 입을 재갈로 틀어막고 숨어 사는 남자가 등장한다. 그처럼 원하지 않는 말이 자동으로 나오는 일이 실제로 있을까?

'틱 장애'란 이유 없이, 의지와 상관없이 알 수 없는 소리를 내거나 신체 일부를 반복적으로 움직이는 신경발달 장애다. 주로 부자연스럽게 눈을 깜빡거리거나 고개를 흔들거나 어깨를 들썩이는 증상(운동 틱) 또는 킁킁, 쯧쯧 같은 소리나 헛기침을 되풀이하는 증상(음성 틱)을 보인다. 때로는 외설적인 말 또는 비방을 내뱉는 '욕설증'이 나타나기도 한다.

틱 장애 중 '뚜렛 장애'Tourette's Disorder는 1년 이상 운동 틱과 음성 틱이 모두 나타나는 경우를 말한다. 이때 운동 틱과 음성 틱은 동시에 나타나기도 하고 번갈아 가며 나타나기도 한다.

틱 장애 치료에는 항정신성 약물이 사용되는데 특히 도파민 억제제가 증상 완화에 효과적이다. '습관 반전 훈련'이라는 행동주의 치료를 병행하기도 하는데, 이는 틱 증상과 양립할 수 없는 반대 행동을 연습하는 것이다. 예컨대 고개를 좌우로 흔드는 운동 틱이 있다면 고개를 가슴까지 끌어당기는 습관을 들이고, 운동 틱이 나타나려 할 때마다 습관 행동으로 이를 막게끔 한다. 이런 훈련을 반복하면 자신의 틱을 탐색하고 방지하는 데 도움이 된다.

조현병

사회적 편견을 불러일으킨다는 이유로 '정신분열증'이라는 정신질환의 명칭이 '조현병'으로 변경되었다. '조현'은 현악기 줄을 고른다는 뜻으로 조현병 환자의 모습이 조율되지 않은 현악기와 같다고 하여 붙여진 이름이다.

조현병 증상은 크게 두 가지다. 먼저 '양성 증상'은 없어야 할 것이 있는 것으로, '망상'이 대표적인데, 누군가 자신을 해하려 한다는 피해망상, 여러 가지 상황이 자신과 연관되어 있다고 믿는 관계망상 등이 있다. 존재하지 않는 감각을 느끼는 '환각'도 양성 증상이다. 목소리나 이상한 소리를 듣는 환청이 가장 많이 나타나고, 귀신을 보거나(환시), 몸에 냄새가 난다며 강박적으로 씻거나(환후), 몸에 벌레가 기어 다니는 듯한 느낌(환촉)으로 고통을 호소하기도 한다.

'음성 증상'은 있어야 할 것이 없는 것이다. 적당한 수준의 동기가 없는 무의욕증, 쾌락을 느끼지 못하는 무쾌감증, 그리고 언어나 감정 표현의 결함 증상 등으로 나타난다.

조현병은 약물 치료의 효과가 큰 것으로 알려져 있으나 피해망상 때문에 약을 거부하거나, 조현병 환자와 범죄자를 연관 지어 생각하는 사회적 시선 때문에 자신의 병을 숨기다가 초기 치료를 놓치는 경우가 많다. 그러나 조현병 환자의 범죄 비중은 일반인의 범죄에 대비해 1/5 정도로 낮다. 환자들이 적극적으로 치료를 받을 수 있도록 편견의 시선을 거두려는 노력이 필요하다.

망상 장애

1988년, 생방송 뉴스 진행 도중 한 남성이 난입해 괴상한 소리를 해 댔다. "여러분! 제 귀에 도청 장치가 들어 있습니다!" 단순히 관심을 끌려는 행동이었을까?

'망상 장애'는 현실이 아닌 것을 현실로 믿는 정신병적 장애로 망상의 주제에 따라 다양한 유형으로 나타난다. 영화 『조커』를 보면 조커가 같은 층에 사는 여성과 자신이 연인 관계라고 믿는 장면이 있다. 이처럼 누군가가 자신을 사랑한다고 믿는 것을 '색정형' 망상이라고 한다. 실제로 색정형 환자 중에는 연예인과 사귀는데 소속사의 방해로 못 만나고 있다는 망상에 빠져 사는 경우가 많다. '질투형' 망상은 연인의 외도를 의심하는 형태로 나타난다. 의심이 확신이 되어 휴대전화나 이메일을 몰래 뒤지고, 위협이나 과도한 집착으로 이어지다가 상대 배우자에 의해 병원에 끌려가 진단받게 되는 경우가 많다(망상에 대한 강한 믿음 때문에 스스로 문제를 인정하거나 진단과 치료를 받는 경우가 드문 편이다). '피해형' 망상은 '내 귀에 도청 장치' 사건처럼 누군가 자신을 감시하거나 미행하고 있다고 믿고, 자신을 해치려는 세력이 있다고 생각하며 두려워하는 모습으로 나타난다. 그 밖에도 자신이 초능력자나 대단한 인물이라고 믿는 '과대형', 신체 일부가 기형이라며 불안해하는 '신체형' 망상도 있다.

망상 장애는 조현병과 비슷해 보이지만, 망상 외의 환각이나 음성 증상이 없을 때 망상 장애로 진단한다.

주요 우울 장애

흔히 우울증으로 알려진 '주요 우울 장애'는 2주 이상 날마다 우울감을 느끼고 매사에 의욕과 흥미가 없는 증상이 나타나는 기분 관련 장애다. 우울감이 지속되어 식욕이 떨어지고, 수면의 질이 나빠져 피로감이 쌓이며, 그런 자신이 무가치하다는 생각에 빠지거나 죄책감을 느끼기도 한다. 아울러 죽음에 대한 생각이 반복되어 자살을 계획하고 시도하는 위험 상태에 이르기도 한다. 실패와 좌절 경험으로 우울감이 생긴다면 당연한 정서 반응으로 볼 수 있지만, 우울할 일이 없는데도 우울감이 지속되어 일상적인 생활이 불가능해질 때는 주요 우울 장애 진단을 받는다. 가을이나 겨울처럼 계절에 따라 찾아오는 '계절성 우울 장애'도 있는데, 봄이 되면 개선된다는 특징이 있다.

우울 장애는 때때로 다른 모습으로 위장하고 나타난다. 원인 모를 복통과 두통 같이 신체적으로 불편함을 느끼거나, 단순한 자극을 예민하게 받아들이거나, 잦은 짜증을 부리고 욱하는 정도가 심해지거나⋯⋯ 이런 모습은 활력을 잃은 것처럼 보이지는 않기에 진단을 방해하기도 한다.

우울 장애는 흔히 발병하는 기분장애라서 '마음의 감기'에 비유되곤 한다. 다만 이는 우울장애 환자가 스스로를 다독이려고 할 수 있는 말이지 곁에서 지켜보는 이가 건네는 '위로'의 표현으로는 적합하지 않다. 당사자의 고통을 축소하여 공감에 반하는 표현이 될 수 있기 때문이다.

양극성 장애

조울증으로 알려진 '양극성 장애'는 감정 기복이 양극단을 오가는 기분 장애로, 특정 기간 동안 비정상적으로 들뜨는 '조증 삽화'와 심하게 가라앉는 '울증 삽화'가 번갈아 나타난다.

조증 삽화 동안에는 기분이 몹시 불안정하다. 금세 정상에 도달할 것처럼 각성하고, 하늘을 날 것처럼 고양된다. 의욕이 치솟기 때문에 새로운 일을 쉽게 벌이는 경향이 있다. 그러나 감당할 수 없는 수준으로 일을 벌여 수습이 어려워진다. 각성 수준이 높아지니 며칠 동안 밤을 새우기 일쑤라 에너지가 쉽게 소진된다. 또한 사고의 흐름이 빨라지는데 이를 언어 표현 속도가 따라가지 못하다 보니 대화 주제가 급변하고, 엄청나게 많은 말을 쏟아 내며, 과장된 농담이나 제스처, 엉뚱한 말장난, 말실수 등이 잦아진다. 이 시기에는 자존감이 한껏 치솟는 동시에 충동 억제가 잘되지 않아 이성에게 (특히 치료자에게) 성적 유혹을 하는 경우도 있다.

조증은 그 심각성을 간과하는 경우가 많다. 지나치다고 한들 밝은 모습 자체를 문제 삼는 경우는 거의 없기 때문이다. 또한 주요 우울 장애로 오인하였다가, 조증 삽화를 우울 장애의 호전으로 착각하여 치료를 중단하는 문제도 발생한다.

조증 삽화 역시 일상생활에 방해가 되므로 치료적 개입이 필요하고, 조증 삽화가 끝나면 또다시 극도의 우울감이 찾아오기 때문에 주의 깊게 살펴야 한다.

분리불안 장애

유기견 출신인 우리 집 강아지는 내가 두 시간 이상 집을 비우면 배변 실수를 한다. 병원에서는 불안감 때문에 배변 통제력이 떨어지는 것으로 추측했다. 전 주인처럼 나도 돌아오지 않을까 두려운 걸까? 강아지뿐만 아니라 사람에게도 비슷한 증상이 나타난다.

'분리불안 장애'는 애착 대상과 분리되는 상황에서 과도한 공포를 느끼는 장애다. 대개 양육자로부터 갑작스레 분리된 아동뿐 아니라 성인에게도 나타난다. 대표 증상은 애착 대상과 분리될 때 과도한 고통을 느끼는 것, 분리될지도 모른다는 생각에 두려움이 지속되는 것, 혼자 있기를 거부하는 것, 분리와 관련된 악몽을 반복적으로 꾸는 것, 분리된 후 두통·복통·구토와 같은 신체 증상이 나타나는 것 등이다.

준비되지 않은 상태에서 소중한 사람 또는 반려동물의 죽음을 맞이하거나, 어린 시절에 겪은 전학 또는 부모의 이혼 등 분리 상황에서 받은 스트레스가 분리불안 장애의 발병 가능성을 높인다. 지나친 간섭이나 과잉보호를 받다가 독립해야 하는 상황을 맞닥뜨릴 때도 두려움을 느낀다.

분리불안 장애를 겪는 아동은 자주 아프고 학교에 가기도 힘들어한다. 기본 교육이 불가능해질 수 있으니 놀이치료와 같은 적극적 개입이 필요하다. 성인의 경우 인지행동치료가 효과적이다.

선택적 함구증

드라마 『아무것도 하고 싶지 않아』의 주인공 대범은 시골 마을 도서관에서 근무하는 사서다. 여름이라는 친구가 이사 오고, 책을 좋아하는 여름은 날마다 도서관으로 출근해 대범에게 말을 건넨다. 그러나 대범은 말 대신 쪽지로 답을 한다. 여름은 대범이 말을 못 한다고 여겨 조심스럽게 대한다. 그러나 얼마 지나지 않아 대범은 여름에게 아무렇지도 않게 말을 건다. 알고 보니 그동안 다른 사람들과도 일상적으로 대화를 나누며 지내 왔다. 대범은 왜 여름에게 쪽지로 말을 건넸을까?

'선택적 함구증'은 정상적인 언어 능력을 갖추고 있는데도 특정 상황에서 말을 꺼내지 못하는 불안장애를 말한다. 가깝다고 느끼는 사람 앞에서는 편히 말하지만, 낯선 상황에서나 모르는 사람들과는 언어적 소통을 어려워한다. 그렇다고 대화를 거부하는 것은 아니어서, 글을 쓰거나 손으로 가리키면서 소통을 위해 노력한다.

선택적 함구증은 언어 능력이나 사회적 소통 기술의 문제도, 브로카/베르니케 실어증▼과 같은 생물학적 문제도 아닌 것으로 보인다. 따라서 특정 상황을 제외하면 소통에 문제가 없는 경우가 많다. 현재 선택적 함구증에 관한 연구는 부족한 실정이지만, 신경증적 경향성과 사회불안 장애▼▼와 관련된 것으로 추측된다.

▼ 11월 5일 실어증 참고.
▼▼ 11월 28일 사회불안 장애 참고.

특정 공포증

애견 동반이 가능한 백화점에 다녀온 고객이 한 커뮤니티에 불만 글을 남겼다. 고객이 안고 있던 개와 눈이 마주쳤는데 너무 무서웠다면서 견주를 비난하는 글이었다. 눈을 마주친 것뿐인데, 그마저도 안 된다고 하면 반려동물을 키우는 사람들이 어떻게 해 줘야 하느냐는 답변들이 달리기 시작했다. 그 고객은, 자신은 어린 시절 개에 물린 적이 있어 극심한 공포를 느낀다며 자신을 이해하지 못하는 사람들에게 분노했다.

특정 상황이나 대상에만 극도의 공포를 느끼는 것을 '특정 공포증'이라 한다. 비행기, 높은 곳, 특정 동물, 주사, 물, 질식 상황 등 어떤 것도 공포의 대상이 될 수 있다. 공포 대상과 마주하면 즉각적으로 공포 반응이 나타나고, 실제로 위험에 처할 가능성이 없거나 적음에도 불구하고 극심한 공포를 느끼며, 회피하려 한다. 이들이 두려워하는 공포 대상은 누구나 두려워할 수 있는 대상이지만, 이들이 느끼는 공포의 수준은 사회적으로 받아들여지기 어려운 수준이다.

특정 공포증은 약물 치료의 효과가 크지 않은 편으로 알려져 있다. 노출법▼, 체계적 둔감법▼▼을 통해 공포 대상에 대해 둔감해지는 훈련을 하는 것이 효과적이다.

▼ 9월 30일 노출법 참고.
▼▼ 9월 28일 체계적 둔감화 참고.

사회불안 장애

서울 한복판에 신기한 카페가 생겼다. 입구도 없고, 오로지 테이크아웃만 가능하다. 주문은 작은 구멍이 난 창문을 통해서만 할 수 있다. 직원은 구멍으로 손만 내미는데, 그 손이 귀엽게도 곰 발바닥이다. 다큐멘터리『곰손카페』이 야기다. 곰손카페는 사회에 적응하지 못하는 사람들을 세상으로 한 걸음 나오게 하려는 특별 프로젝트다. 출연자들은 대부분 집 밖으로 나가는 것조차 어려워하는 은둔형 외톨이다. 그들은 왜 스스로를 가두었을까?

'사회불안 장애'는 특정 사회적 상황(사람들 앞에서 발표하거나, 대중교통을 타거나, 식당에서 밥을 먹는 상황 등)을 두려워하는 불안장애다. 이들은 특정 상황에서 남에게 안 좋은 평가를 받는 것 자체를 두려워하기도 하지만, 그럴 때 당황하는 자신의 모습으로 수치심을 느낄지 모른다는 불안을 더욱 크게 느껴 스스로를 가둔다.

사회불안 장애는 특정 상황에서 실패하거나 비난당한 경험에서 비롯되는 경우가 많고, 타인이 평가받는 모습을 목격하며 관찰학습▼되기도 한다. 불안을 유발하는 사회적 상황과 긍정적 결과를 연합하여 재학습시키는 훈련을 통해 나아질 수 있다. 더불어 불안 증세를 감소시키는 항우울제나 항불안제를 처방하는 약물치료를 병행하는 것도 도움이 된다.

▼ 10월 15일 관찰학습 참고.

공황 장애

공황 장애를 호소하는 사람이 유행처럼 많아졌다. 환자의 수가 많아졌다기보다는 공황 장애가 자주 언급되면서 증상을 자각하고 진단받을 기회가 늘어났을 뿐이다.

'공황'은 이유를 알 수 없는 불안과 공포가 갑작스럽게 밀려드는 심리 상태로, 심박수 증가·발한·몸의 떨림·질식할 듯한 느낌·가슴 통증·현기증 같은 신체적 고통과 함께 죽을 것 같은 공포감 등의 심리적 증상이 나타난다. 공황 발작은 일생 동안 몇 번은 겪을 수 있는 흔한 증상이지만 공황 발작이 반복적으로 나타나 일상 생활이 어려워지면 '공황 장애'로 진단한다.

공황 장애의 원인 중 하나는 감각을 잘못 해석하는 것이다. 예를 들어 스트레스 상황에서 찾아오는 과호흡을 질식할 것 같다고 착각해 강한 공포감을 느낄 수 있는데, 비슷한 감각이 또 찾아올지 모른다는 불안 때문에 별것 아닌 신체 변화도 예민하게 받아들이게 되어 신체는 더욱 각성되는 악순환이 일어난다. 다시 말해, 별것 아니었을 자연스러운 신체 반응이 예민한 지각과 불안으로 인해 공황 발작으로 이어지는 것이다.

신체 감각에 의도적으로 노출하면서 그 감각이 재앙적인 결과를 일으키지 않는다는 사실을 경험하는 것이 도움이 되며, 더불어 항불안제를 활용한 약물 치료를 병행하는 것도 효과적이다.

범불안 장애

옛날에 중국 기나라에 하늘이 무너질까, 땅이 꺼질까, 별의별 걱정을 다하는 사람이 살았다. 걱정 많은 그를 친구가 다독이며 이렇게 말했다. 하늘에는 공기가 가득 차서 무너질 수 없으며, 땅은 흙으로 단단히 덮여 꺼지지 않는다네. 이 이야기가 퍼지면서 사람들은 쓸데없는 걱정을 '기우'(기나라의 걱정)라고 부르게 됐다.

'범불안 장애'는 기나라 사람처럼 모든 일에서 불안을 느끼는 정신장애다. 건강·재정·직업적 책임·가족의 위험 같은 심각한 걱정부터 약속에 늦거나 집안일을 제대로 해낼 수 없다는 사소한 걱정까지, 온갖 걱정에 휩싸여 안절부절못한다. 이로 인해 집중력이 떨어지며 쉽게 피로를 느끼고, 과민해진 나머지 근육이 긴장하고 수면에 방해를 받기도 한다. 이러한 과도한 불안감이 일상 활동 중에도 지속되어 사회적·직업적 기능 영역에서 상당한 고통이나 손상을 초래할 때 범불안 장애로 진단한다.

걱정에는 안 좋은 일을 미연에 방지하거나 대책을 마련하게 한다는 순기능이 있다. 그러나 걱정의 수준이 통제 불가능한 정도에 이르면 일상생활이 불가능해진다. 범불안장애를 치료하려면 쓸데없는 걱정에 대한 자동적 사고와 비합리적 신념을 바로잡는 적절한 인지 치료▼ 등이 개입되어야 한다.

▼ 2월 8일 인지 치료 참고.

月

흰곰 효과

공포 영화를 본 날 잠자리에 들면 무서운 장면이 떠오른다. 생각하지 말자, 다짐하면 다짐할수록 낮에 봤던 귀신이 더욱 선명하게 머릿속을 맴돈다.

하버드대학교 심리학 교수 웨그너는 실험을 통해 이 아이러니한 현상을 증명했다. 실험 참여 집단 중 한 집단에게는 흰곰을 떠올리지 말라고 하고, 다른 집단에게는 흰곰을 떠올려도 괜찮다고 했다. 그리고 흰곰이 떠오를 때마다 눈앞에 있는 종을 치도록 했다. 살면서 흰곰을 떠올릴 일은 그리 많지 않다. 그러나 흰곰을 떠올리지 않으려는 사람들의 종은 쉴 새 없이 울렸다. 이처럼 무언가를 생각하지 않으려고 노력할수록 그 생각에 더 강력하게 사로잡히는데, 이를 '흰곰 효과' 혹은 '정신적 아이러니 효과'라고 한다.

걱정도 마찬가지다. 걱정을 한다고 문제가 해결되는 경우는 거의 없다. 오히려 걱정은 마음을 무겁게 하여 걱정을 더욱 키우기 마련이다. 그 사실을 아는 우리는 걱정하지 말자고 스스로를 토닥여 보지만, 그럴수록 걱정은 더욱 심해진다.

흰곰 효과를 해결하는 방법은 간단하다. 생각하지 '않는' 것에 초점을 두는 대신, 생각하지 않으려는 대상이 마음속에 파고들지 못하게끔 '다른 것'을 생각하면 된다. 흰곰 생각을 안 하려고 애쓰는 대신 다른 생각을 하는 것이다. 점심에 뭘 먹을까 고민해 보라. 흰곰 생각은 자연히 사라질 것이다.

강박 장애

전 농구선수 서장훈이 어느 방송 프로그램에서 결벽증이 있다고 털어놓았다. 선수 시절 중요한 경기를 앞두고 불안을 다스리기 위해 방을 정리하던 습관이 점점 결벽이 되어 정리 강박증이 생긴 것이다.

'강박 장애'는 '강박 사고'와 '강박 행동'이 주 증상이다. 강박 사고는 오염된 장면이나 폭력적 장면, 공격하고 싶은 충동과 같이 자신을 괴롭히는 생각이 통제할 수 없이 침습해 불안감을 유발하는 것이고, 강박 행동은 그 사고를 억제하려는 행동을 반복적으로 시도하는 것이다. 예를 들어 세균 생각이 멈추지 않는 사람은 손을 씻고 또 씻으며 불안을 해소하려 한다. 사소한 수준의 강박은 누구에게나 있다. 앞사람 등에 붙은 머리카락이 신경 쓰여 수업에 집중하지 못하는 것처럼 말이다. 그러나 강박 사고가 심각한 수준에 이르면 일상생활이 어려울 정도로 시간과 에너지가 소진되고, 강박 행동이 반복되면 신체에 상해를 입는 상황에 이를 수도 있다. 때문에 심각하다고 느껴질 경우 만성적으로 이어지기 전에 치료를 받아야 한다.

강박 사고에서 벗어나려는 시도는 흰곰효과를 불러일으킨다. 강박 치료에는 항우울제가 효과가 있으며, 강박을 일으키는 상황에 노출해 불안을 줄이는 체계적 둔감화▼ 기법이 도움이 된다.

▼ 9월 28일 체계적 둔감화 참고.

신체변형 장애

　　　　자기 외모 가운데 마음에 안 드는 부분은 누구나 있게 마련이다. 하지만 이런 심리가 심각해진다면 정신질환으로 분류되기도 한다.

　　'신체변형 장애'는 자신의 외모를 있는 그대로 보지 못하는 심리장애다. 남이 보기에 큰 흉이 아니거나 전혀 문제가 없는 외모에서 엄청난 결함을 찾아내고, 존재하지도 않는 문제를 상상해 가며 자신의 외모를 비하하는 것이 주 증상이다. 보통은 한 부위에 집착하는 식으로 나타나는데, 코가 너무 크다거나 눈이 너무 찢어졌다고 느끼는 것처럼 말이다. 외모 자신감이 떨어져 사람들 앞에 서는 것이 두려운 나머지 우울증이나 공황 장애가 동반되기도 한다.

　　최근에는 셀카 속 인물을 본모습으로 믿고 후방 카메라에 비친 자신의 모습을 부정하는 사람들이 늘어나 '셀카변형 장애'라는 용어가 등장하기도 했다. 비현실적으로 갸름하게 수정한 얼굴형과 비율이 맞지 않는 이목구비, 한 줌에 잡힐 듯한 허리와 9척 귀신을 연상시키는 다리, 이를 보며 내 모습이라 믿는다면 과연 행복할까? 현실과의 괴리감으로 좌절감만 더 커질 것이다.

　　이왕이면 아름다운 것이 좋다. 그러나 우리는 거푸집에 찍어 낸 인형이 아니기에 완벽한 얼굴을 가질 수 없다. 진정한 아름다움은 디테일이 아닌, 자신을 사랑하는 진심에서 뿜어져 나온다.

저장 장애

놀라운 사연을 소개하는 프로그램을 보면 집 안에 발 디딜 틈 없이 어지러이 물건이 쌓여 있는 경우를 종종 본다. '저장 장애' 혹은 '수집광'이라 불리는 강박 장애의 결과다.

저장 장애를 가진 사람들은 신문, 책, 오래된 옷과 같은 물건이나 우표, 유리병, 여행지에서 가져온 안내 책자 등을 모아 놓는다. 그들에게는 물건 하나하나가 지닌 의미가 남다르다. 물건 안에 세월과 추억, 심지어 자기 자신이 담겨 있다고 믿는 것이다. 물건을 버리는 일은 시도조차 못 하고, 버리는 상상만 해도 크나큰 심리적 고통을 느낀다. 그래서 일상생활이 불가능할 정도로 물건을 쌓아 두고, 결국 집이 물건에 잡아먹히는 지경이 되고 만다. 이들은 가족에게 불편함을 주는 것은 물론, 악취로 주민들에게 피해를 준다. 특히 시간이나 경제력이 없는데도 많은 동물을 집에 들이는 행태를 거듭하는 '동물 수집광'은 감당할 수 없을 만큼의 동물들을 보호라는 명목으로 모으고 질병에 노출시키거나 죽음을 맞이하도록 방치한다. 심지어 동물의 사체마저 어쩌지 못해 같은 공간에서 살아간다.

저장 장애의 원인으로는 결단력 있게 행동하지 못하는 우유부단한 기질이 꼽히며, 외상 사건을 경험한 후 특정 대상에 집착하면서 발병하는 경우도 많다.

털뽑기 장애

　　　　중학교 시절 내 책상에는 항상 족집게가 있었다. 팔뚝과 종아리는 물론 손가락, 발가락에 있는 털까지 뽑지 않으면 불안해서 참을 수가 없었기 때문이다. 수업 시간에도 신체 어딘가에 있는 털이 상상되면서 뽑아야만 한다는 강박에 사로잡혀 늘 산만했고, 집으로 달려오면 바로 족집게부터 찾았다. 시간이 지나고서야 이것이 '털뽑기 장애'(발모광) 증세였음을 알게 됐다.

　　털뽑기 장애는 몸에 난 털을 습관적으로 뽑아 대는 강박 장애다. 나처럼 팔이나 다리에 있는 털을 뽑는 것은 물론, 머리카락·눈썹·속눈썹처럼 있어야만 하는 털을 뽑기도 해서 미관상 좋지 않다. 또한 털이 뽑힌 부위를 반복해서 자극하고, 피부에 박힌 털을 파내어 뽑는 행위를 반복하면서 피부에 염증을 낸다.

　　대개는 털 뽑는 강박 행동이 잘못되었다는 사실을 자각하고 수치심을 느껴 이 행위를 멈추기 위해 애써 본다. 하지만 그럴수록 털을 뽑고 싶다는 욕구가 강해지고, 참다 참다 충동적으로 다시 털을 뽑을 때의 만족감으로 털 뽑는 행위에 중독되어 버린다. 털을 뽑고 나서는 후회와 수치심이 밀려와 털을 먹기도 하는데 다행히 나는 이 정도는 아니었다. 털을 지속적으로 먹을 경우 복통, 토혈, 구토, 심할 경우 장폐색이나 장 천공과 같은 신체적 문제도 유발할 수 있으므로 적극적 치료가 필요하다.

피부뜯기 장애

        온몸에 상처가 사라질 날이 없는 분, 주목하세요! 피부를 끊임없이 뜯어내는 강박장애를 '피부뜯기 장애'라고 한다. 손톱 주변 거스러미를 살이 너덜너덜해지도록 뜯고, 뾰루지를 무리하게 짠 다음 딱지가 아물기도 전에 뜯는다. 입술의 각질이나 손, 발의 굳은살을 물어뜯기도 한다.

        처음 피부를 뜯을 때는 손톱이나 치아를 쓰다가 나중에는 족집게나 핀, 가위 같은 도구를 쓴다. 이런 행동이 하루 수 시간씩 수개월 이상 지속되면 피부 병변이 생기며, 강박 행동에 수치심이 뒤따라 다친 피부를 숨기려 한다.

        피부뜯기 장애는 피부를 뜯기 전에 지루함을 느끼고, 피부를 뜯는 행위로 지루함을 깨고 싶다는 충동에 빠져들면서 시작된다. 충동에 저항하려 할수록 더 간절해지고, 끝내 못 참고 피부를 뜯으면 쾌감과 만족감은 배가 되고…… 이런 식으로 강박 행동이 자꾸만 강화된다.

        털을 뽑거나 피부를 뜯는 행동에 중독되는 사람은 적지 않다. 그러나 다른 강박 장애에 비해 심각하게 여겨지지 않아 적극적 치료를 받지 않는 경우가 대부분이고, 관련 연구도 많이 진행되지 않아 이 증상에는 이 치료다! 하는 전형적인 치료법이 알려지지 않은 상태다. 그렇다면 흰곰 효과를 활용해 보자. 피부를 뜯으려는 충동이 일어날 때마다 주의를 다른 곳으로 돌리면 도움이 될 것이다.

외상 후 스트레스 장애

'외상'(트라우마)이란 가까운 이의 죽음, 심각한 부상, 성폭력과 같이 극단적 사건이 남긴 심리적 상처를 뜻한다. 어떤 상처는 시간이 지나도 흔적이 남는 것처럼 외상도 마찬가지다. 외상을 일으킨 사건이 지나간 뒤에도 그로 인한 극도의 스트레스가 사라지지 않아 일상생활에 어려움을 겪는 경우가 있는데, 이를 '외상 후 스트레스 장애'PTSD라고 한다.

외상 후 스트레스 장애는 외상 사건을 목격하거나 전해 듣고 나타날 수도 있다. 충격적인 장면이 뉴스를 통해 전파될 때 트라우마가 생기기도 하는데, 어떤 사람은 시간이 지나도 그 사건에 빠져 큰 고통을 호소한다.

주된 증상은 외상과 관련된 기억이 갑작스럽고 강박적으로 떠오르는 침습적 사고, 관련된 악몽의 반복, 외상 사건을 떠올리는 단서를 마주하기만 해도 느껴지는 고통이다. 예를 들어 물에 빠져 죽을 뻔한 사람은 그날의 기억이 계속 파고들고, 물에 빠지는 악몽이 반복되고, 샤워기 물줄기만 봐도 고통을 호소한다.

자연재해나 사고 현장을 자주 접하는 PTSD 위험 집단에게는 외상 사건 노출에 둔감해지도록 예방 교육을 해야 한다. 또 외상 사건을 경험한 후에는 후유증에서 벗어날 수 있는 정서적 지원 프로그램을 제공해야 한다.

해리성 정체 장애

드라마 『킬미힐미』의 주인공 차도현은, 까칠하고 터프한 신세기, 여유롭고 유머러스한 페리 박, 소심한 안요섭, 여중생 안요나 등 다양한 인격이 교차하여 나타나는 다중인격자다. 이 캐릭터처럼 우리가 보통 '다중인격'이라 부르는 장애의 정식 명칭은 '해리성 정체 장애'이다.

해리성 정체 장애의 특징은 두 개 이상의 독립된 성격이 교대로 나타나는 것이다. 이 장애를 가진 사람은 여러 인격을 바꿔 가며 살아가는 듯 보인다. 신내림을 받아 자신이 사라지고 신이 발현하는 것과도 유사한 현상이기에 '빙의'로 설명되기도 한다.

어제는 친절하다가 오늘은 무례하고, 어제는 무뚝뚝하다가 오늘은 살갑고…… 이렇듯 일관적인 태도를 보이지 않는 사람에게 다중인격이라고 비난하는 경우가 있다. 그러나 해리성 정체 장애는 하나의 정체성이 나타날 때 다른 정체성은 완전히 사라지고 서로가 서로를 의식하지 못하는 식으로 나타나므로 다중적인 태도와는 구별된다.

해리성 정체 장애는 드라마, 영화, 소설 속 캐릭터 설정에 종종 사용되는 소재이지만 현실에서 보기 드문 장애라서 허구적인 장애라는 주장도 있다. 특히 우리나라에서는 아직 보고된 사례가 없다(2017년 조사 기준). 사례가 부족하니 연구도 진행되지 않았고, 일반화하기 어려운 장애라고 할 수 있다.

해리성 기억 상실증

　　　　　뇌 손상이나 지능에 문제가 없는데도 최근 몇 년 간의 기억을 잃어버리는 사람이 있는가 하면, 자신이 왜 여기에 있는지 모르는 상태로 낯선 장소에서 발견되는 사람도 있다. 이처럼 통상적으로 기억해 내야 할 정보를 회상하지 못하는 상태에 빠지는 것을 '해리성 기억 상실증'이라고 한다.

　　　해리성 기억 상실증은 시간이 지나면서 기억 속에 저장된 정보를 자연히 잊는 망각과는 달리, 스트레스성 사건을 겪고 정보를 회상하는 능력이 상실되는 장애다. 쉽게 말해, 장기 기억 어딘가에 분명히 저장되어 있는 기억을 떠올릴 수 없는 상태에 빠진 것이다. 해리성 기억 상실증은 잃어버린 기억의 범위에 따라 두 종류로 구분되는데 소중한 사람이 당한 사고의 기억과 같이 특정 사건에 대한 기억만 잊는 '국소적(선택적) 기억 상실'과 자신의 정체성과 생활을 모두 잊는 '전반적 기억 상실'로 나뉜다.

　　　해리성 기억 상실증은 신경학적 문제나 약물로 인한 결과가 아니라 심리적인 원인에 의해 발생한다. 특히 믿었던 사람으로부터 배신당하는 '배신 외상' 이후 촉발되는 경우가 많다. 시간이 지나면 자연히 기억이 돌아오기도 하지만, 외상에 대한 무의식적 왜곡을 돌려놓는 인지 치료나 최면 치료를 통해 증상의 강도를 조절하기도 한다.

신경성 식욕부진증

　　'개말라' '뼈말라'라는 신조어가 있다. 강조의 표현인 '개(엄청)' 혹은 '뼈가 보일 정도로' 말랐다는 뜻으로 다이어트의 목표로 삼는 몸 상태를 뜻하는 말이다.

　　외모 지상주의 시대를 살아가면서 날씬한 몸에 강박적으로 집착하는 사람들이 많아졌다. 음식을 먹는 일에 거부감이나 극도의 공포를 느껴 죽지 않을 정도로만 음식을 섭취하는 '신경성 식욕부진증'(일명 거식증)을 호소하는 이들도 늘고 있다.

　　신경성 식욕부진증의 핵심 증상은 체중 증가에 극도의 공포를 느껴 음식 섭취가 불가능한 심리 상태에 빠지는 것이다. 거식증을 앓는 이들이 기대하는 체중은 평균에 비해 지나치게 낮고, 이미 저체중임에도 불구하고 자신이 뚱뚱하다는 왜곡된 믿음을 갖고 있다.

　　신경성 식욕부진증 환자들은 강박적으로 체중을 재고 체중이 감소하면 성취감을 느꼈다가, 체중이 조금이라도 증가하면 자존감이 떨어져 우울감에 빠진다. 심리적 문제는 차치하고라도, 영양실조로 인해 건강에 큰 이상이 생기거나 사망에 이를 수도 있는 무서운 심리장애다.

　　신경성 식욕부진증은 일란성 쌍둥이에게 함께 발병하는 경우가 많아 취약한 유전자가 존재하는 것으로 보고되어 있다. 이 증상에서 벗어나려면 자신의 신체에 대한 그릇된 지각을 멈추고, 몸매가 모든 성공과 애정의 결정 인자라고 믿는 잘못된 신념을 바꿔야 한다.

신경성 폭식증

글쓰기 진도가 나가지 않는 날에는 숨이 찰 만큼 떡볶이를 먹는다. 그럴수록 속은 더부룩해지고 머리는 멍해져 역효과를 낳을 뿐이다. 우리는 스트레스를 받으면 때때로 소화가 안 될 만큼 미련하게 음식을 삼킨 뒤 후회한다. 익숙한 모습처럼 보이지만, 이런 일이 잦아진다면 심리적으로나 신체적으로나 심각한 문제가 생길 수 있다.

'신경성 폭식증'은 조절 능력이 상실되어 음식을 어마어마하게 섭취하고, 한번 먹기 시작하면 멈추지 못하는 폭식 삽화가 잦은 것이 특징인 섭식장애다. 많이 먹는 것에서 멈추지 않고 체중 증가에 대한 공포, 자신의 체형에 대한 왜곡된 평가 때문에 죄책감을 덜기 위한 보상 행동이 따른다. 이를테면 손가락이나 도구를 이용하여 구토를 유도하거나, 관장제를 먹거나, 몇 끼를 굶어 체중을 되돌리거나, 건강을 해치는 수준의 운동을 반복하기 등이 신경성 폭식증 환자에게서 흔하게 나타나는 보상 행동이다.

주로 스트레스 사건으로 생겨난 부정적 정서가 폭식을 유발하는데, 폭식을 하고 나면 부정적 정서가 더욱 강해지기 때문에 이를 해결하기 위한 폭식이 또다시 뒤따르면서 증상이 더욱 악화된다.

신경성 폭식증에는 부정적 보상 행동을 하지 못하도록 하는 인지행동 치료가 효과적이다. 먹은 음식을 건강하게 소화시켜도 아무 일도 일어나지 않는다는 경험을 통해 불안을 사라지게 할 수 있다.

변태성욕 장애

카페 여사장을 보며 테이블 아래서 자위행위를 하다 걸린 남성이 공문을 샀다. 이처럼 바람직하지 않은 상황에서 바람직하지 않은 대상에게 바람직하지 않은 방식으로 성 충동을 느끼는 것을 '변태성욕 장애'라 한다.

변태성욕 장애의 종류는 성 충동을 느끼는 대상과 방식에 따라 다양하다. 먼저 '관음 장애'는 CCTV를 설치하거나 창문을 통해 타인의 삶을 염탐하며 성적 흥분을 하는 것이다. '노출 장애'는 바바리맨처럼 누군가에게 자신의 성기를 노출하면서, '마찰도착 장애'는 사람들이 많은 공공장소에서 동의하지 않은 상대에게 자신의 신체를 문지르며 성적으로 흥분한다.

'성적피학 장애'는 고통을 받으며 '성적가학 장애'는 고통을 가하며 흥분한다. 둘이 만나 서로 행복하다면 무슨 문제가 있겠느냐마는, 불로 지지다 화상을 입고 목을 조르다 질식사 하는 등 큰 사고로 이어지는 경우도 적지 않게 발생한다.

그 밖에도 사춘기 이전 아동에게 성적 흥분을 느끼는 '소아성애 장애', 스타킹이나 인형처럼 무생물에 흥분을 느끼는 '물품음란 장애', 이성의 옷을 입으며 흥분하는 '복장도착 장애', 시체와 관계를 추구하는 '시체애증', 배설물을 통해 흥분하는 '분변애증'과 '소변애증', 야한 말을 하며 흥분하는 '외설증', 동물과 성행위를 즐기는 '동물애증'과 같은 엽기적인 종류도 보고되어 있다.

성격장애의 분류

성격이 이상하다고 해서 성격장애로 볼 수 있을까? 그렇진 않다. 그러나 성격의 패턴이 지나치게 완고하고 부적응적이어서 인간관계에 문제를 일으키고 업무에 악영향을 끼치며 스스로 괴로워한다면 '성격장애'라고 진단할 수 있다. 다양한 성격장애의 개별 특징을 알아보기 전에 성격장애를 어떻게 분류하는지 밑그림을 그려 보자.

DSM-5에서는 성격장애를 세 가지 군집과 열 가지 하위 유형으로 분류한다. 첫 번째 군집인 'A군 성격장애'에 해당하는 유형은 편집성, 조현성, 조현형 성격장애로, 이상하고 기이한 모습과 행동 패턴을 보이면서 사회적으로 고립되는 것이 특징이다. 'B군 성격장애'는 반사회성, 자기애성, 경계선, 연극성 성격장애로, 격정적이고 충동적이며 변덕이 심한 모습으로 나타난다는 특징이 있다. 'C군 성격장애'인 회피성, 강박성, 의존성 성격장애는 불안과 두려움을 쉽게 느끼며 소심한 행동 패턴을 보이는 것이 특징이다.

얼핏 보면 성격장애는 다른 심리 질환과 구분이 어렵다. 그러나 심리 질환은 특정 사건을 겪은 뒤에 또는 생물학적 원인으로 발병하며 증상이 일시적일 수 있다는 데 반해, 성격장애는 태어날 때부터 지닌 부적응적인 성격 자체가 원인이어서 문제의 패턴이 일생에 걸쳐 지속된다. 따라서 진단과 치료(변화)도 쉽지 않다.

편집성 성격장애

애인이 늦는다. '언제 올까?' 생각하면 사랑이지만 '누구랑 있기에 늦게 오지?' 하는 생각이 든다면 집착이다. '편집성 성격장애'의 대표적 특징은 의심과 불신이다. 이들은 생각이 지나치게 많고, 의심이 심하며, 이용당할지도 모른다는 불안 때문에 친밀한 관계를 형성하지 않는다. 상대방의 말을 있는 그대로 받아들이지 못하고 숨은 의도를 찾으려 하는 경향이 있어 오해가 쌓이고, 평범한 농담도 모욕으로 받아들여 분위기를 불편하게 만드는 것은 물론, 사소한 실수도 의도적 사기로 해석해서 분노한다.

타인을 신뢰하지 못하는 만큼 건전한 비판도 받아들이지 못해 변화가 어렵고, 내면의 문제를 타인에게 돌리는 투사▼ 방어기제를 사용하여 잦은 언쟁에 휘말린다. 부부 사이에서는 의처증/의부증이 나타나거나 질투형 망상 장애로 발전해 건강한 가정생활이 어려워지는 경우가 많다.

자신의 잘못을 인정하지 않는 탓에 자발적으로 치료받는 경우는 드물고, 치료를 시작한다 해도 불신 탓에 치료적 관계를 맺는 것 자체가 어렵다. 따라서 치료자와 신뢰 관계를 형성하는 것이 우선적인 목표가 되며, 다행히 치료자와의 관계가 잘 형성된다면 긍정적인 치료 효과를 기대할 수 있다.

▼ 6월 28일 투사 참고.

조현성 성격장애

　　'조현성 성격장애'의 특징은 관계 자체에 관심이 없어 고립된 상태에 머무는 것이다. 관계에 대한 욕구를 도무지 느끼지 못하고, 어울리는 일에 만족감도 느끼지 못한다. 평가와 시선에 대한 두려움 때문에 스스로 고립되는 '사회불안 장애'◀와 달리 정말로 인간관계에 관심이 없고 즐겁지 않아서 혼자 있기를 선택하는 것이다.

　　게임을 하거나 뭔가를 만드는 것처럼 혼자 할 수 있는 취미를 즐기고, 이성에 대한 관심이 없어 연애를 하는 경우도 드물지만 어쩌다 결혼을 하더라도 성적인 관계에 관심을 보이지 않는다. 칭찬에도 반응이 없고 비난에도 무덤덤하며 타인의 시선 자체에 신경을 쓰지 않는다. 사회적 신호에 둔감하고 사회적 기술이 서툴러 대인 관계에 문제가 있다.

　　이들은 사회에서 고립되어 있기 때문에, 건강에 이상을 느끼거나 알코올 중독 같은 문제가 생기고 나서야 치료기관을 찾으면서 조현성 성격장애 진단을 받곤 한다. 그러나 관계에 무감각하므로 치료의 필요성을 느끼지 못하고 라포◀◀ 형성도 어렵다. 이 경우 치료자는 먼저 환자의 사생활을 존중하고 인내심 있게 접근하여 신뢰 관계를 형성해야 한다. 그런 다음 사회적 기술을 습득하는 훈련과 인지 치료를 꾸준히 받는다면 나아질 수 있다.

◀ 11월 28일 사회불안 장애 참고.
◀◀ 치료자(상담자)와 환자(내담자) 사이 생기는 신뢰 관계.

조현형 성격장애

저 사람은 왜 저런 말을 하지? 왜 저런 옷을 입을까? 아무래도 정상이 아닌 것 같아.

모든 것이 평균에서 벗어나 괴짜 소리를 듣는 사람이 있다. 추상적인 단어나 남들이 잘 안 쓰는 독특한 언어 표현을 하고, 문화적으로 동떨어진 옷이나 개성을 뛰어넘는 괴상한 스타일의 옷으로 자신을 치장한다. 초자연적 현상에 관심이 많고, 미신, 천리안, 텔레파시 같은 비과학적 사고에 빠져 있다. 우연히 일어난 사건을 자신과 연관시켜 특별한 의미로 해석하고, 자신에게 초능력이 있다고 믿기도 한다. 독특함의 수준이 개성을 넘어 괴상할 지경에 이르러 관계 형성이 어렵고 타인에게 불편감을 주며 직장 생활의 부적응을 겪는다면 '조현형 성격장애'로 진단할 수 있다. 이들의 뇌에서는 조현병에서 나타나는 생물학적 요인들이 많이 발견되며, 실제로 조현병과 유사한 특징을 보인다.

다른 성격장애와 마찬가지로 조현형 성격장애는 치료가 쉽지 않다. 따라서 일반인이 이런 사람의 성격을 고쳐 보려는 시도는 쉽지 않은(혹은 더 큰 저항을 일으켜 위험한) 일이다. 그러나 부적절한 행동이나 괴상한 사고, 표현은 살아가는 데 큰 문제를 일으킬 수 있으므로 훈련받은 전문가의 도움을 받도록 격려해 주는 시도가 필요하다. 조현형 성격장애에는 사회적 자극을 받고 관계 기술을 배우는 것이 도움이 될 수 있다. 또한 약물 치료를 통해 효과를 볼 수 있다.

반사회적 성격장애

목적을 이루기 위해서라면 타인을 해치거나 이용하는 데 죄책감을 느끼지 않는 사람들이 있다. 전세 사기처럼 형편이 어려운 사람의 인생을 곤두박질치게 하는 것은 물론, 폭행이나 살인처럼 타인에게 직접적 고통을 주고도 만족감이 앞선다. 이처럼 타인의 권리를 침해하고 무시하는 행위를 반복적으로 하는 사람은 '반사회적 성격장애'로 의심해 볼 수 있다.

반사회적 성격장애는 자신의 쾌락과 이익을 위해 사회적 규범을 어기고 범법 행위를 일삼으며 거짓말이나 사기에 능숙하다는 특징을 보인다. 충동적이고 무모하여 멀리 보지 않고 일을 벌이며 그 방식은 공격적이다. 타인에게 주는 피해에 전혀 가책을 느끼지 않을뿐더러 그럴 수밖에 없었다면 합리화를 하기도 한다.

반사회적 성격장애의 대표 유형인 사이코패스와 소시오패스는 공감 능력이 결여된 것이 특징이다. '사이코패스'는 선천적으로 뇌 기능에 결함이 있어 공감을 할 수 없는 반면 '소시오패스'는 경험을 통해 공감하지 않는 것이 자신에게 이롭다는 사실을 학습한 케이스로, 오히려 남의 마음을 이해할 줄 알고 이를 악용한다. 그래서 소시오패스는 목표 대상에게 매력적으로 자신을 어필하고 자기 사람으로 만든 뒤 지능적으로 이용하거나 해친다. 공감력을 키우는 인지 치료와 훈련을 시도해 볼 수 있으나 효과는 그리 크지 않다.

경계선 성격장애

어제는 신랄하게 애인을 욕하더니 오늘은 사랑꾼이라며 찬양하는 친구를 보고 어리둥절했던 적이 있는가? 타인을 대하는 태도에는 당연히 기복이 있기 마련이지만 정도가 심해 건강한 방식으로 생활하지 못한다면 '경계선 성격장애'를 의심해 볼 수 있다.

경계선 성격장애는 거절 민감성이 높아 관계로 인한 스트레스를 크게 받는 사람에게 나타나는 성격장애다. 경계선 성격장애 환자의 특징은 관계에 대한 태도가 굉장히 불안정하다는 것이다. 상대가 자신을 사랑한다고 믿을 때는 이상화, 신격화까지 하면서 추앙하다가도, 자신을 충분히 돌봐 주지 않는다는 느낌이 들면 순식간에 태도를 바꿔 쓰레기, 인간 말종으로 취급해 버린다.

이들은 '나는 약하고 상처받기 쉬운 존재다'라는 왜곡된 신념을 강하게 갖고 있다. 또한 타인에게 버림받지 않으려고 필사적으로 노력하는데 그 방식이 성숙하지 않아 자해나 자살 시도를 자주 한다. 이런 행동은 진심으로 죽고 싶다는 마음이 들어서라기보다는 상대를 조종하기 위한 협박의 수단으로 활용된다.

경계선 성격장애의 원인은 어린 시절 부모로부터 충분한 사랑을 받지 못한 경험, 분리 개별화의 실패 등으로 보고 있다. 치료자에게도 의존과 분노를 반복하기 때문에 사실상 치료 효과를 크게 기대하기가 어렵다.

연극성 성격장애

일상생활에서도 무대에 선 뮤지컬 배우처럼 과장된 모습을 보이는 사람이 있다. '연극성 성격장애'의 전형적인 특징으로, 이들은 과한 행동으로 타인의 관심을 끌기 위해 노력한다. 인정과 사랑이 돌아오지 않는 것을 참지 못하고, 자신이 주인공이 아닌 상황을 견디지 못한다.

관심을 끌기 위해 과장된 감정 표현을 하는 것은 물론, 외모를 꾸미는 데 에너지를 많이 쓰고 육체적 매력을 활용하여 상대를 유혹하려 한다. 이들과 대화하다 보면 인상적이고 극적인 표현을 많이 쓰는 듯하지만 실상 내용을 들여다보면 대부분 알맹이가 없고 피상적이다. 또한 보이는 것을 중요하게 여겨 허영심이 많다.

이들은 내면에 '모든 사람에게 사랑받아야 한다' '사랑과 애정만이 나를 행복하게 한다'와 같은 역기능적 신념이 강하게 자리 잡고 있어 신념에 어긋나는 상황을 참지 못하고, 사랑받기 위해 더욱 과장된 행동을 하게 된다.

이들은 다른 성격장애 환자와 달리 자발적으로 치료하러 찾아오는 경우가 많다. 그러나 치료자에게도 사랑받고 싶은 마음이 강하기 때문에 노력하는 '척'만 할 뿐 내면이 쉽게 변화하지는 않는다. 또한 치료자를 성적으로 유혹하려 할 경우 치료적 경계를 유지하기 어려워지는 문제가 일어나기도 한다.

자기애성 성격장애

호수에 비친 자신의 모습에 반해 매일 수면만 바라보다가 결국 물에 빠져 죽고 말았다는 나르키소스. 그리스 로마 신화에서 유래한 나르시시즘은 자신에 대한 사랑이 과한 '자기애성 성격장애'의 다른 말이다.

조용히 자신만을 사랑했던 나르키소스와 달리 자기애성 성격장애의 특징은 자기가 스스로를 사랑하는 만큼 타인 역시 자신을 사랑하라고 요구한다는 것이다. 이들은 자신을 과대평가하고 특권 의식을 지닌 채 오만하게 행동하며 타인을 무시한다. 스스로를 높이는 만큼 다른 사람도 자신을 치켜세워 주길 바라며 적당한 인정이 아닌 '숭배' 수준의 대우를 요구한다. 대인 관계에서는 착취하는 입장에 서는 것을 당연하게 생각하고 공감 능력이 상당히 떨어지는 편이다.

얼핏 보기에는 자존감이 높아 보이지만 실제로는 그렇지 않다. 건강하게 자신을 사랑하는 사람은 부족함마저도 인정하는 법이다. 그런데 이들은 사랑과 인정이 결핍된 환경에서 자라 실제로는 자존감이 낮지만 자기상을 보호하기 위해 병적인 자기애를 지니게 된 것으로 보인다. 반대로 어린 시절 과잉보호를 받으며 단 한 번도 자기상의 좌절을 경험하지 못했을 때 과장된 자기애가 유지되기도 한다.

자신의 취약성을 인식하는 데 서툴고, 타인의 평가를 '네가 감히?' 하며 받아들이지 않기 때문에 피드백을 통한 변화가 어려운 편이다.

회피성 성격장애

영화 『김씨 표류기』 속 여자 김씨는 방이라는 공간에 표류하는 캐릭터로 등장한다. 집 밖에 나가지 못하는 것은 물론 가족들과 교류하는 것마저 힘들어한다. 문 밖에 놓인 음식을 어머니가 없을 때 조심스레 들고 들어가고, 아버지가 출근하기 전까지는 화장실도 갈 수 없어 배를 부여잡고 방 안에서 발만 동동 구른다.

'회피성 성격장애'는 사회적 상황에 대한 두려움을 유난히 크게 느끼는 성격장애로, 창피함을 겪거나 비난받고 거부당하는 상황을 지레 걱정해 대인 관계에서 위축되는 것이 특징이다.

평가를 받는 것은 누구에게나 그리 유쾌하지는 않다. 하지만 이들은 평가에 대한 긴장 수준이 적응 불가능할 정도로 높기 때문에 타인과 마주치는 상황을 최대한 회피한다. 관계의 기회를 스스로 차단하기 때문에 긍정적인 피드백을 받을 기회를 놓치고, 그럴수록 자신에 대한 부정적 시선은 완고해진다.

회피성 성격장애는 수줍고 억제적인 성향, 민감성이 높은 기질 그리고 어린 시절 거절당하거나 창피당한 경험이 상호작용하여 생겨났을 가능성이 크다. 이들에게는 수치심과 당혹감을 지나치게 두려워할 필요 없다는 사실을 알리고, 스스로에 대한 긍정적인 신념을 높이게끔 해야 한다. 또한 자기주장 기술을 단련시킴으로써 사회적 상호작용이 가능하도록 도울 수 있다.

의존성 성격장애

대학원생 시절, 나보다 네 살 많은 예비 신입생이 누나를 통해 학과 사무실로 문의했다는 이야기를 들었다. 대학 신입생의 부모가 새벽에 시험 범위를 묻는 문자를 보낸 것보다도 충격적이었다. 날이 갈수록 나잇값(?) 못 하고 혼자서는 아무것도 해내지 못하는 사람이 많아지는 듯하다.

'의존성 성격장애'는 어떤 옷을 입을지, 어떤 메뉴를 고를지 같은 작은 결정도 스스로 내리지 못하고, 혼자서는 아무것도 할 수 없다는 두려움 때문에 타인에게 의존하는 특징을 보인다. 심부름 한번 해 본 적 없는 어린아이처럼 자신을 돌봐줄 누군가가 사라질까 전전긍긍이다. 곁에 있는 사람을 잃지 않으려 매달리고, 불쾌한 일을 감수하면서까지 관계를 지키려 한다. 그 대상이 떠나가도 스스로 독립하지 못하고 급하게 새로운 의존 대상을 찾아 나선다.

과잉보호로 인해 '나는 이 세상을 홀로 헤쳐 나갈 수 없다' '보호자는 반드시 필요하다'와 같은 역기능적 신념이 자리 잡으면서 의존성 성격장애가 형성되는 것으로 보인다. 이를 치료하려면 자신의 삶은 자신이 통제할 수 있다는 신념을 갖는 것이 무엇보다 중요하다. 자기주장을 통해 독립심을 키우는 경험을 해 보고, 특히 처지가 비슷한 사람들과 함께 어려움을 공유하는 집단 상담을 통해 도움을 받을 수 있다.

강박성 성격장애

완벽주의 성향이 강하고 조금이라도 흐트러지는 모습에 견딜 수 없이 괴로워하는 사람이 있다. '강박성 성격장애'는 완벽, 정돈, 통제에 집착하는 증상을 보이는 성격장애다.

강박성 성격장애 환자는 모든 상황이 자신의 통제 안에 있지 않으면 불안해 견디지 못한다. 세부 사항 하나하나를 정하는 데 에너지를 잔뜩 쏟고, 정해진 계획이나 규칙에서 벗어나기를 어려워한다. 유연하게 생각하는 법, 효율적으로 조율하는 것을 받아들이지 못한다.

자유 시간을 주면 자유 시간을 어떻게 보낼지 고민하며 또 자유롭지 못한 상태에 빠진다. 심지어 놀이마저도 하나의 일처럼 여겨 시간, 장소, 활동을 세세하게 계획하고, 계획대로 이루어지지 않으면 몹시 괴로워한다. 돈에도 인색해서 형편에 맞는 절약이 아닌 궁상에 가까운 생활을 한다. 그 이유는 (일어날 가능성이 크지 않은 미래의) 재앙에 대비하기 위해서다.

시야가 협소하여 새로운 의견을 받아 들이지 않으며, 경직된 윤리관과 가치관을 지닌 탓에 타인에게 지나치게 엄격하다. 강박적인 확인을 하면서 주변 사람들을 지치게 하지만, 정작 자신은 불편함을 느끼지 않아 치료의 필요성을 느끼지 못하는 편이다. 강박성 성격장애에는 완벽주의, 인색한 태도, 만성적인 걱정 등을 완화시키는 인지 치료가 도움이 되며, 항우울제나 항불안제로 증상을 완화할 수 있다.

심리 상담과 정신과 진료

마음이 아플 때는 병원에 가야 할까, 상담을 받아야 할까? 그때는 자신의 문제가 무엇인지부터 확인해야 한다. 마음의 병은 여러 이유로 생겨난다. 예를 들어 정서를 조절하는 신경전달물질 방출에 문제가 생겼다면, 뇌와 신경계에 의학적 개입이 필요하기 때문에 정신의학 전문 병원에서 '치료'를 받아야 한다. 반면에 반복되는 실패, 사건 사고 등으로 심리적 문제가 야기될 때는 내면을 깊이 들여다보는 과정이 필요하다. 이때 훈련된 전문가의 도움을 받는 것이 '상담'이다.

어떤 사람은 비용이 부담스러워 정신과를 찾는다. 그러나 정신과 의사의 직무는 상담이 아니기 때문에 기대만큼의 심리 서비스를 받을 수 없다. 반대로 어떤 사람은 정신과 기록이 남을까 봐 상담 센터를 찾는다. 그러나 신경적 문제를 상담으로 해결하려는 것은 고열 상태에서 해열제를 먹는 대신 의지로 열을 내리겠다는 것이나 다름없다. 정신과 진료는 질병 치료의 일종으로, 그 기록은 사회생활에 불이익을 줄 수도 없을뿐더러 제3자 열람이 불가능하니 걱정 말고 진료를 받아도 된다.

심리적 문제에 명백한 원인이 있을 때에는 심리 상담 센터를 먼저 찾는 것이 좋고, 원인을 모른 채 정신적 문제를 겪고 있다면 정신과 진료가 필요하다. 정답은 없으니 나에게 가장 좋은 방법을 찾아 나가는 과정을 거쳐야 한다.

심리 상담 과정

　　　　　마음은 신체와 달라서 CT 촬영이나 혈액 검사로 문제를 진단할 수 없다. 따라서 심리 상담에는 어느 정도 기간이 필요하다. 상담은 주로 일주일에 1회 50분 정도로 받으며, 짧게는 10회 미만, 길게는 몇 년에 걸쳐 진행되기도 한다.

　　모든 심리 상담은 기간과 상관없이 세 단계로 구분된다. '초기 단계'는 문제를 파악하고 기대 효과를 알아보는 기간이다. 이 시기에 내담자와 상담자는 라포를 형성하고, 치료 계획, 상담 비용과 일정 등 세부적인 계획을 구조화한다. 초기 단계에서는 적극적 개입이 시작되지 않기 때문에, 극적인 변화가 없어도 믿고 기다려 보는 것이 좋다.

　　'중기 단계'에 들어서면 직접적인 치료가 시작된다. 물론 치료가 시작된다고 기적처럼 매주 변화와 성장이 일어나는 것은 아니다. 어떤 날은 나아지고, 어떤 날은 그대로고, 심지어 어떤 날은 악화되는 것처럼 느껴진다. 하지만 이런 파도를 계속 타다 보면 너울이 차츰 잠잠해지는 것을 느끼게 된다.

　　'종결 단계'는 마무리 과정이다. 아이가 독립하려면 성인이 되기까지 준비 과정이 필요하듯이, 내담자가 상담자에게 의존하지 않고 독립적인 삶을 영위하려면 마무리 과정이 매우 중요하다. 둘 중 한 사람이라도 확신이 없는 상태에서 중단하면 큰 혼란에 휩쓸릴 수 있다. 내담자가 스스로 만족하거나 상담자가 괜찮다고 판단할 때 두 사람이 합의하여 종결을 준비한다.

가족의 삼각관계화

　　　　　가정불화로 어려움을 겪은 이들의 목소리를
들어 보면 갈등의 주체가 자신이 아니었다고, 그래서 더 괴롭
다고 고백하는 경우가 많다. 예를 들어 아버지와 어머니의 관
계가 좋지 않을 때, 어머니는 자녀에게 가서 아버지를 흉보고
자기 편을 들어 주길 원한다. 이처럼 가족 내에서 갈등의 대상
인 두 사람이 직접 소통하여 문제를 해결하지 않고 가족 내 제
3자를 끌어들이는 것을 '가족의 삼각관계화'라고 한다.

　　심리학자 보웬의 '가족체계 이론'에 따르면, 제3자를 끌
어들이는 가족원은 그와 연합을 맺어 나머지 한 사람을 따돌
리거나 외톨이로 만들고, 자신뿐만 아니라 가족 전체의 갈등
을 심화시킨다. 이는 스스로 가족을 파괴하는 행위나 다름없
다. 이런 관계에 종속된 자녀들은 독립성 발달에 문제가 생기
며 스트레스로 괴로움을 겪는다.

　　누구도 가족의 파멸을 원하지 않는다. 삼각관계를 만드
는 사람 역시 그저 공감과 위로를 바라는 의미에서 제3자를
끌어들였을 것이다. 그러나 그 과정에서 자신의 마음을 솔직
히 털어놓기보다 상대의 문제를 비난하는 방식을 사용하기
에, 제3자는 본의 아니게 공감을 하느라 또 다른 가족을 미워
하는 데 동참해야 하는 딜레마에 빠진다. 나의 아픔도 중요하
지만 우리의 행복이 더욱 중요하다는 사실을 염두에 두어야
한다.

정서적 단절

아이를 소유물로 생각하는 경우가 있다. 그러나 인생의 주된 목표는 하나의 독립적인 존재로 살아가는 법을 배우는 것이다. 만약 부모가 아이의 독립을 응원하지 못하고 자신과 아이를 하나의 존재로 인식하며 통제한다면 어떤 일이 벌어질까?

적당한 관계에서 문제는 말다툼과 같은 작은 부딪힘으로도 해결된다. 그러나 주고받는 소통이 불가능한 관계가 있다. 서운함을 토로해도 수용해 주지 않고, 아픔에 공감해 주지 않고, 요구를 들어주지 않고, 일방적으로 바라는 것만 전하고…… 전혀 대화가 통하지 않을 때 자녀는 무기력감을 느끼고 '정서적 단절'을 선택한다. 정서적 단절은 정서적 불편감을 회피하기 위해 대화를 피하거나 가족을 아예 떠나 버리는 것이다. 부모가 자녀를 소유물로 생각할 때, 저항에 실패한 자녀는 아직 독립할 형편이 못 되면 문 닫고 방에 틀어박혀 지내다가, 빨리 결혼해서 집을 나가 버린다. 그런데 결혼의 목적이 사랑의 완성이 아니라 원가족으로부터의 탈출이라면? 배우자가 원가족보다 나은 사람인지 아닌지 신중하게 생각하고 결정할 수 있을까? 불행은 결국 반복된다.

사람은 물건이 아니다. 가지려 하면 할수록 더욱 멀어진다. 부모가 결정하고 이끌어 주는 것이 아니라, 자녀의 인생을 자녀의 것으로 존중하고, 자녀의 삶을 응원하고, 자녀의 선택에 스스로 책임을 지게 하자. 그렇게 적당한 거리를 지키는 것이 부모 자식이 멀어지지 않는 유일한 방법이다.

경계선

관계의 핵심은 선을 지키는 것이다. 이는 가족 구성원들 간에도 적용되어야, 아니 더욱 중요하게 적용되어야 한다. 가족 구성원끼리 접촉과 개입을 허용하는 선을 '경계선'이라 부른다.

'융합된 가족'은 경계선이 불분명해 서로에게 과도하게 개입하고 간섭하는 경우로, 이 유형의 구성원들은 서로의 일에 사사건건 참견하고 그의 선택을 통제하려 든다. 자식이 배우자를 선택할 때 과하게 반대한다든지, 학과 선택이나 취업, 이사 같은 인생사의 중요한 결정권을 부모가 쥐고 있는 가족이 이에 해당한다.

때로는 남보다 못한 가족 관계를 볼 때도 있다. '유리된 가족'은 경계선이 지나치게 경직되어 개별 구성원 간에 의사소통이 이루어지지 않는 경우다. 어떻게 살아가는지 안부를 묻지 않는 것은 물론, 중요한 인생사에 대한 소식도 주고받지 않는다. 심지어 누군가 이사를 가도 새로운 집 주소를 알지 못하고, 지금 어떤 일을 하고 있는지 모를 수도 있다. 이들은 서로 독립적으로 자신의 삶을 꾸리며, 서로의 이야기를 나누지 않는다. 선을 지키는 룸메이트처럼 갈등도 없으나 애정과 지지도 부족하다.

가족은 하나도 아니지만, 그렇다고 개별도 아니다. 너무 멀어서도 안 되지만, 완전히 겹쳐지지도 않는 적당한 거리를 두며 서로를 보살피며 존중해 주어야 한다.

마음챙김

　　　　밤마다 남편과 산책에 나선다. 그런데 어제는 남편이 침대에서 나올 생각을 하지 않았다. 콧물도 훌쩍거렸다. 그러면 그저 피곤한 모양이구나, 콧물이 나오나 보다, 하면 되는 것을 나가기 귀찮아서 핑계 대는 거 아냐? 하고 의심했다. 있는 그대로 바라보는 일은 왜 이토록 어려울까?

　　　　몇 해 전부터 심리 상담 현장에서는 '마음챙김'이라는 용어가 유행하고 있다. 마음챙김은 자신의 마음에 떠오르는 현상을 있는 그대로 바라보는 행위다. 건포도 한 알을 두고 색깔과 질감을 관찰하고 냄새를 맡자. 건포도를 입에 넣고 바로 씹지 않은 채 천천히 혀로 질감을 느끼자. 건포도를 살짝 씹어 겉과 속의 질감을 느끼자. 천천히 씹으며 건포도의 맛과 느낌을 알아보자. 이런 훈련은 평소에 느끼지 못했던 감각을 경험하게 해 준다. 이런 경험이 쌓이며 감각을 느끼는 것이 몸에 익으면 현재 나의 느낌을 관찰할 수 있게 된다. 내 마음을 챙기는 법을 알게 되는 것이다.

　　　　우리는 과거를 후회하거나 미련을 남긴 채 살아가고, 오지 않을 미래를 불안해하고 준비하며 살아간다. 그러나 현재의 경험은 중요하게 여기지 않고, 현재의 마음 상태는 못 본 척한다. 마음챙김은 반대로 현재에 초점을 두고 경험을 있는 그대로 받아들이며 알아차릴 수 있게 하는 시도다.

탈동일시

　　　　드라마 속 주인공이 감정에 휩쓸려 잘못된 선택을 하면 그 모습을 보고 우리는 답답함을 느낀다. 그러나 우리 역시 그 상황에 처하면 어떻게 행동할지 알 수 없다. 상황 속에 있는 나와 상황 밖에서 바라보는 나는 거리가 있기 때문이다.

　　　우리의 자아는 '실제로 현상을 체험하는 자아'와 '그런 나를 관찰하는 자아'로 구분할 수 있는데, 이 둘이 명확히 구분되지 않으면 당장 나의 경험을 객관적으로 바라볼 수 없다. 마음챙김의 기능 중 하나는 관찰자아와 체험자아를 분리하는 것이다. 이것이 바로 '탈동일시'脫同一視다.

　　　관찰자아가 체험자아에 함몰되지 않는다면 나의 모습을 거리를 두고 바라볼 수 있다. 주인공을 지켜보는 시청자처럼 정서 반응으로 인한 평정 상태가 무너지는 일 없이 나를 있는 그대로를 바라보게 된다. 사회심리학에서는 이런 효과를 '벽에 붙은 파리 효과'라고도 부른다. 벽에 붙은 파리의 입장에서 내가 처한 현실을 바라보면, 나 자신과 정서적으로 분리되어 객관적으로 상황을 인지할 수 있다. 실제로 벽에 붙은 파리가 되는 상상은 같은 상황에서도 더 적은 스트레스와 분노를 유발한다. 인생은 멀리서 보면 희극, 가까이서 보면 비극이라 했다. 그렇다면 굳이 가까이 가서 슬퍼할 이유가 없지 않은가?

회복탄력성

좋은 머리 고무줄은 여러 번 써도 짱짱하다. 그러나 좋지 않은 고무줄은 한두 번 머리를 묶고 나면 다 늘어나 다시 쓸 수 없게 된다. 우리 마음도 마찬가지다. 고통을 겪고 너덜너덜한 상태에 머무는 사람이 있는가 하면, 얼마 지나지 않아 고통받기 전의 상태로 돌아가는 사람도 있다. '회복탄력성'은 개인이 스트레스 받기 전의 적응 수준으로 돌아갈 수 있는 심리적 능력이다.

인생을 살면서 역경에 처하지 않을 수는 없다. 역경 그 자체는 피할 수 없는 상황이다. 그러나 어떤 사람은 고난 앞에 좌절하고 위축되는 반면, 어떤 사람은 오히려 더 분발한다. 어려움을 기회로 삼아 한 단계 더 성장하는 것이다. 역경에 어떻게 반응하느냐는 우리의 선택에 달려 있고, 그 선택은 '회복탄력성'에 달려 있다.

연구에 따르면 회복탄력성이 높은 사람들은 살아온 환경이 어려웠을지라도 인생에 한 가지 자랑거리를 반드시 가지고 있었다. 바로 무조건적으로 수용해 주는 어른이다. 실패해도 괜찮아, 라고 말해 주는 누군가의 격려가 늘어난 마음의 고무줄을 쫀쫀하게 만들어 다시 기능하게 한 것이다. 오늘 누군가의 말 한마디가 나를 회복하게 하고, 오늘 나의 한마디가 누군가를 회복하게 할 수 있다.

지금 실패의 길을 걷고 있다면, 그래도 괜찮다. 당신도, 나도 괜찮다.

찾아보기

하루 심리 공부
: 마음의 작동 원리를 이해하는 기초 지식 365

2024년 1월 4일   초판 1쇄 발행
2024년 5월 14일   초판 3쇄 발행

지은이
신고은

펴낸이   **펴낸곳**   **등록**
조성웅   도서출판 유유   제406-2010-000032호(2010년 4월 2일)

                주소
                경기도 파주시 돌곶이길 180-38, 2층 (우편번호 10881)

전화   **팩스**   **홈페이지**   **전자우편**
031-946-6869   0303-3444-4645 uupress.co.kr   uupress@gmail.com

                페이스북   **트위터**   **인스타그램**
                facebook.com   twitter.com   instagram.com
                /uupress   /uu_press   /uupress

편집   **디자인**   **조판**   **마케팅**
인수, 조은   이기준   정은정   전민영

제작   **인쇄**   **제책**   **물류**
제이오   (주)민언프린텍   다온바인텍   책과일터

ISBN 979-11-6770-079-7 03180